U0819257

权威·前沿·原创

皮书系列为

“十二五”“十三五”国家重点图书出版规划项目

中三角蓝皮书
BLUE BOOK OF CHANGJIANG MIDDLE REACHES MEGALOPOLIS

长江中游城市群发展报告（2018）

DEVELOPMENT REPORT ON CHANGJIANG MIDDLE REACHES MEGALOPOLIS (2018)

推动现代化经济体系建设

主　编／秦尊文
副主编／彭智敏　张　静

社会科学文献出版社
SOCIAL SCIENCES ACADEMIC PRESS (CHINA)

图书在版编目（CIP）数据

长江中游城市群发展报告．2018/秦尊文主编．--
北京：社会科学文献出版社，2018.9
（中三角蓝皮书）
ISBN 978-7-5201-3310-4

Ⅰ．①长… Ⅱ．①秦… Ⅲ．①长江中下游-城市群-
发展-研究报告-2018 Ⅳ．①F299.275

中国版本图书馆 CIP 数据核字（2018）第 192630 号

中三角蓝皮书
长江中游城市群发展报告（2018）

主　　编／秦尊文
副 主 编／彭智敏　张　静

出 版 人／谢寿光
项目统筹／邓泳红　吴　敏
责任编辑／宋　静

出　　版／社会科学文献出版社·皮书出版分社（010）59367127
　　　　　地址：北京市北三环中路甲 29 号院华龙大厦　邮编：100029
　　　　　网址：www.ssap.com.cn
发　　行／市场营销中心（010）59367081　59367018
印　　装／三河市龙林印务有限公司

规　　格／开　本：787mm×1092mm　1/16
　　　　　印　张：20.5　字　数：311 千字
版　　次／2018 年 9 月第 1 版　2018 年 9 月第 1 次印刷
书　　号／ISBN 978-7-5201-3310-4
定　　价／99.00 元

皮书序列号／PSN B-2014-417-1/1

中三角蓝皮书编委会

刘　陶　湖北省社会科学院长江流域经济研究所副研究员

汤鹏飞　湖北省社会科学院长江流域经济研究所副研究员

顾晓焱　武汉市社会科学院城市经济研究所副研究员

主要编撰者简介

秦尊文 湖北省社会科学院党组成员、副院长，博士生导师，长江中游城市群研究中心主任；“中国区域经济50人论坛”成员，中国社会科学院生态文明研究智库研究员，科技部特聘专家，中国城市经济学会副会长；湖北省人大立法顾问，湖北省政府咨询委员，湖北省政府学位委员会学科评议组成员，湖北省区域经济学会会长，武汉大学、中国地质大学、中南财经政法大学、中南民族大学、长江大学、江汉大学等单位兼职教授（研究员），武汉、长沙、南昌、合肥四市人民政府联合聘请的长江中游城市群专家委员会成员，《长江中游城市群发展规划》《长江中游区域市场发展规划》编制专家组组长。科研成果获湖北省委、省政府颁发的一等奖2项、二等奖4项、三等奖4项，其中长江中游城市群研究系列论文获湖北省社会科学优秀成果奖一等奖，长江中游城市群研究专著获湖北省社会科学优秀成果奖二等奖。

彭智敏 湖北省社会科学院长江流域经济研究所所长，研究员，区域经济学专业硕士研究生导师组组长，长江中游城市群研究中心副主任；湖北省人民政府参事，湖北省区域经济学会副会长兼秘书长。参与了长江中游城市群发展规划研究和发展战略研究。

张　静 湖北省社会科学院长江流域经济研究所副所长，副研究员，硕士生导师，长江中游城市群研究中心副主任。近年来主持国家社科基金课题和国家社科基金重大招标项目子课题各一项。湖北省社会科学院首届和第二届青年学术骨干，先后获湖北省社会科学院第一届、第二届李达青年学术奖。参与了长江中游城市群发展规划研究和发展战略研究。

路洪卫　湖北省社会科学院财贸研究所副所长，副研究员，长江中游城市群研究中心副主任，赛马彩票研究中心副主任。湖北省社会科学院首届青年学术骨干。曾主持省社科基金课题“长江中游城市群体制机制创新研究”和“复兴大武汉与长江中游城市群协同发展战略研究”等。科研成果获省政府颁发的二等奖2项、三等奖2项，其中完善长江经济带协调体制机制系列论文获湖北省社会科学优秀成果奖二等奖。

摘　要

建设现代化经济体系，是党的十九大报告作出的关于我国经济建设的一项重大战略部署，建立与高质量发展阶段相适应的现代化产业体系是当前我国经济发展的迫切要求和战略目标。2018 年 4 月 26 日，习近平总书记在武汉召开的深入推动长江经济带发展座谈会上进一步明确指出：正确把握破除旧动能和培育新动能的关系，推动长江经济带建设现代化经济体系。因此，推动长江中游城市群现代化经济体系建设具有重大现实意义。

全书由总报告、专题报告、区域报告和附录四三部分组成，共计 15 篇研究报告。总报告重点对长江中游城市群现代化经济体系进行评价研究，通过深入剖析新时代现代化经济体系的内涵，构建一套较为完善的评价指标体系；科学、客观地评价长江中游城市群现代化经济体系水平以及建设情况，并提出未来应着力推进的实施路径。总报告还研究了湖北在现代化经济体系建设中应破解的难题，提出塑造更多引领型发展的对策建议。专题报告由 5 篇报告构成，主要从长江中游城市群区域生态建设、基本公共服务、通用航空产业发展、城镇化和协同创新发展等方面进行专题研究。区域报告由 9 篇报告构成，分别研究湖北、湖南和江西三省建设现代化经济体系的具体做法和经验借鉴，主要对城市组团发展、军民融合、技术创新发展、产业提质升级等方面进行研究。在区域报告中，湖北省研究内容主要侧重于城市组团和“一主两副多极”区域格局建设等方面；湖南省研究内容是高新技术产业和文化产业发展路径推进以及技术创新发展；江西省研究内容主要包括乡村振兴等方面；报告中还介绍了武汉优化长江主轴引领长江经济带高质量发展的思路，南昌通过创新驱动工业转型升级为其建设现代化经济体系添砖加瓦。

长江中游城市群在已取得成就的基础上，积极构建和完善现代化经济体系，使得长江中游城市群保持旺盛和强大的发展后劲，为中国经济新增长极的发展提供不竭动力。

目 录

Ⅰ 总报告

Ⅱ 专题报告

Ⅲ 区域报告

Ⅳ 附录

皮书数据库阅读**使用指南**

总 报 告

General Report

B.1

长江中游城市群现代化经济体系建设研究

秦尊文　刘 陶　路洪卫*

摘　要： 习近平总书记提出“推动长江经济带建设现代化经济体系”，作为长江经济带三大增长极之一的长江中游城市群在国家和长江经济带现代化经济体系建设中具有十分重要的地位。应认真分析形势，扬长补短，协同推进长江中游城市群建设现代化经济体系，努力实现引领型发展、高质量发展。

关键词： 长江中游城市群　现代化经济体系　引领型发展

* 秦尊文，湖北省社会科学院副院长，长江中游城市群研究中心主任，研究员，博士生导师；刘陶，湖北省社会科学院长江流域经济研究所副研究员；路洪卫，湖北省社会科学院财贸研究所副所长，长江中游城市群研究中心副主任，副研究员。

建设现代化经济体系，是党的十九大报告作出的关于我国经济建设的一项重大战略部署。2018 年 4 月 26 日，习近平在武汉召开的深入推动长江经济带发展座谈会上进一步明确指出：正确把握破除旧动能和培育新动能的关系，推动长江经济带建设现代化经济体系。因此，推动长江中游城市群现代化经济体系建设具有重大现实意义。本报告通过深入剖析新时代现代化经济体系的内涵，科学、客观地评价长江中游城市群现代化经济体系水平，并提出未来应着力推进的实施路径。同时，鉴于习近平总书记对湖北专门提出了要求，本报告还研究了湖北在现代化经济体系建设中应破解的难题，提出塑造更多引领型发展的对策建议。

一　新时代现代化经济体系的内涵及评价指标系统

“现代化经济体系”是十九大报告提出的一个全新的概念，本报告在充分诠释和认识其内涵的基础上，综合各类不同类型指标，构建了一套较为完善的评价指标系统，用于评价长江中游城市群区域当前的现代化经济体系水平。

（一）新时代现代化经济体系的内涵特征

党的十九大报告指出：“我国经济已由高速增长阶段转向高质量发展阶段，正处在转变发展方式、优化经济结构、转换增长动力的攻关期，建设现代化经济体系是跨越关口的迫切要求和我国发展的战略目标。”因此，“建设现代化经济体系”是中央根据新时代的历史方位、主要矛盾和发展目标，对经济发展作出的总体部署和扎实安排，其内涵特征十分丰富。

当前，社会各界纷纷展开了对“现代化经济体系”的热烈讨论与内涵诠释。夏杰长认为，我国社会主要矛盾的变化，是中国特色社会主义进入新时代的一个重要标志，必须更高水平发展生产力、更大力度调整和完善生产关系、积极推进现代化经济，这是我们党提出建设现代化经济体系战略目标最主要的原因。牛犁指出，建设现代化经济战略体系与 2020 年、2035 年、

2050年的战略目标一脉相承。贾晋京认为，市场经济体系建设，是现代化经济体系当中的重要内容。王辉耀总结了现代化经济体系的六个特征：更高效益的经济水平和经济增速；更高质量的经济增长方式；更平衡的区域和城乡发展格局；更完善的市场经济体制；更全面的对外开放；更完善的现代化产业体系、空间布局结构和协调程度。

在学术界，许多学者也对现代化经济体系的内涵与建设路径发表了自己的见解。张俊山以新时代中国特色社会主义的时代内涵为出发点，指出我国现代化经济体系以实体经济为中心，建立在最新科技成果的应用基础之上，以质量第一为评价标准，并有着与之相适应的社会主义消费方式。迟福林从高质量发展、完善社会主义市场经济体制、全面开放新格局等三个维度阐述了现代化经济体系的特征与主要任务。周波认为现代化经济体系是引导中国实现高质量发展的重要抓手，并从供给侧结构性改革新思路、创新驱动发展新高度、城乡结合构筑新平衡、经济体制改革新局面、全面对外开放新格局等五个方面进行了阐释。洪银兴认为，我国现代化经济体系的特征，除了具备罗斯托所论述的现代化一般特征外，还有一些特殊特征——以人民为中心的社会主义现代化、超越西方发达国家的现代化、生态文明时代的现代化，并指出新时代的现代化的领域涉及新型工业化、信息化、城镇化和农业现代化，为实现新时代现代化所建设的现代化经济体系最为关键的是创新体系、供给体系和制度体系。简新华通过梳理评价理论界关于现代化经济体系的各类观点，从国民经济体系视角，指出我国现代化经济体系具备七大特征：产业结构以服务业为主体（服务业在国民经济中所占的比重达到70%以上），以现代服务业和高新技术产业为主导，基本实现优化（合理化和高度化），工业和农业都实现现代化，制造业处于世界产业价值链的高端，农业综合机械化率达到80%，工农差别基本消失；城市化率达到70%以上，城乡差别基本消除，实现城乡经济一体化；地区经济分工合作、协调发展，差别基本消失或者不大；以现代化的实体经济为基础，虚拟经济合理发展；国际经济联系比较紧密；社会经济活动普遍采用先进科学技术和现代经营组织方式，创新力和竞争力强；社会经济发展呈现出资源节约、环境友好、高质量、高效益、可持续的特点，人均国民年收入达到12000美元。

综合上述研究成果，本报告认为现代化经济体系具有以下七大特征。

1. 经济发展总体质量不断提高

经济发展具备现代化水平是现代化经济体系的首要特征，即一个区域的经济发展在总体上应当呈现更高效益的经济水平和经济增速，以及更高质量的经济增长方式。这一总体特征是其他六大特征存在的基础与前提，同时其他六大特征亦从六个不同层面践行高质量经济增长方式，从而进一步丰富与完善了现代化经济体系的理论内涵。

2. 市场和政府的边界清晰

真正使市场在资源配置中起决定性作用和更好发挥政府作用，全面实施市场准入负面清单制度，清理废除妨碍统一市场和公平竞争的各种规定和做法，激发各类市场主体活力，形成“市场机制有效、微观主体有活力、宏观调控有度的经济体制”。

3. 创新是经济发展的根本动力

经济发展的主要动力不是仅仅依靠高投入，而是更多地依靠科技创新和管理创新。要加强国家创新体系建设，强化战略科技力量。着力构建以企业为主体、市场为导向、产学研深度融合的技术创新体系，把全社会智慧和力量凝聚到创新发展上来。

4. 现代产业体系不断壮大

实体经济、科技创新、现代金融、人力资源协同，是发展现代产业体系的要求。要牢牢把握发展实体经济这一坚实基础，实行更加有利于实体经济发展的政策措施。强化需求导向，推动战略性新兴产业、先进制造业健康发展。加快传统产业转型升级，推动服务业特别是现代服务业发展壮大。从产业结构来说，第三产业在三次产业中的比重应在60%以上。生产性服务业也是实体经济，现在产能过剩集中在制造业，医疗、养老、科研、文化等第三产业供给不足。供给侧结构性改革不只是去产能，还应增加第三产业有效供给。要加快构建创新能力强、品质服务优、协作紧密、环境友好的现代产业新体系，这是建立现代化经济体系的基础。

5. 区域城乡经济协调发展

通过深化实施西部大开发、东北振兴、中部崛起和东部率先发展“四大板块”发展战略，建立更加有效的区域协调发展新机制，使地区差距大大缩小。形成以城市群为主体、大中小城市和小城镇协调发展的城镇格局，城镇常住人口城镇化率达到65%以上，真正完成城镇化。建立健全城乡融合发展体制机制和政策体系，加快实现农业农村现代化，促进工业化、信息化、城镇化、农业现代化同步发展。城乡差距进一步缩小，城镇居民收入与农村居民收入之比降到1.5∶1以下。

6. 开放型经济体系更加完善

以“一带一路”建设为重点，坚持“引进来”和“走出去”相结合，完善对外投资体制和政策，激发企业对外投资潜力，勇于并善于在全球范围内配置资源、开拓市场。巩固外贸传统优势，培育竞争新优势，拓展外贸发展空间，积极扩大进口，通过这些措施，加快从贸易大国走向贸易强国。有效彰显自由贸易试验区示范效应，探索建立自由贸易港，形成更多可复制、可推广的经验和模式。加快培育国际经济合作和竞争新优势，形成面向全球的贸易、投融资、生产、服务网络。

7. 绿色经济形成较大规模

贯彻绿色发展理念的自觉性和主动性显著增强，绿色生产和消费的法规政策更加健全，构建起市场导向的绿色技术创新体系。节能环保产业、清洁生产产业、清洁能源产业和循环经济得到进一步壮大，能源生产和消费革命加快推进，构建起清洁低碳、安全高效的能源体系。实现生产系统和生活系统循环链接，绿色金融、绿色采购、绿色建筑、绿色交通加快发展。

（二）现代化经济体系的综合评价指标系统

根据现代化经济体系的内涵特征，并遵循全面性、前瞻性、可比性和可操作性等原则，本报告从以下七个方面构建了现代化经济体系水平的综合评价指标系统，包括7个一级指标、20个二级指标和37个三级指标（见表1）。

表 1　区域现代化经济体系水平评价指标系统

一级指标（7 个）	二级指标（20 个）	三级指标（37 个）	资料来源	指标属性
1. 当前经济发展总体水平	经济规模	人均 GDP(万元)	统计年鉴	正向
		GDP 年增长率(%)	统计年鉴	正向
	经济效益	人均财政预算收入(万元)	统计年鉴	正向
		人均社会零售商品总额(万元/人)	统计年鉴	正向
2. 政府对企业的服务能力	企业的税收负担	规模以上工业企业主营业务税金及附加/工业总产值	统计年鉴	逆向
		本年应交增值税/工业总产值	统计年鉴	逆向
	金融服务	年末存贷款余额/GDP	统计年鉴	正向
		金融业从业人数/第三产业从业人数	统计年鉴	正向
	电子政务服务水平	电子政务服务能力指数	省级网上政务调查评估报告	正向
3. 创新能力	创新投入	规模以上工业 R&D 内部经费支出占 GDP 比重(%)	统计年鉴	正向
		财政科学技术投入占财政收入比重(%)	统计年鉴	正向
	创新产出	万人人均全省专利批准数量(件)	统计年鉴	正向
		单位 GDP 技术市场交易额(万元/万元)	统计年鉴	正向
		高新技术产业增加值占 GDP 的比重(%)	统计年鉴	正向
	创新成效	新产品销售收入(亿元)/新产品开发经费支出(亿元)	统计年鉴	正向
4. 现代产业体系发展水平	结构升级	民营经济增加值占 GDP 的比重(%)	统计年鉴	正向
		先进制造业增加值占 GDP 的比重(%)	统计年鉴	正向
	产业协调	第三产业增加值占 GDP 的比重(%)	统计年鉴	正向
		第二产业增加值比第一产业增加值	统计年鉴	正向
	产业融合	产城融合系数(适度指标 1)	统计年鉴	适度性
5. 城乡协调发展程度	城乡经济协调发展度	非农产业占 GDP 的比重(%)	统计年鉴	正向
		城乡居民人均收入比(适度指标)(1.5)	统计年鉴	适度性
	城乡社会协调发展度	农村居民恩格尔系数	统计年鉴	逆向
	城乡空间协调发展度	城镇化率(%)	统计年鉴	正向
		区域差异系数	统计年鉴	逆向

续表

一级指标（7个）	二级指标（20个）	三级指标（37个）	资料来源	指标属性
6. 开放型经济水平	开放规模	外贸依存度	统计年鉴	正向
		外资依存度(FDI/地区GDP)	统计年鉴	正向
	开放结构	高新技术产品出口比重(%)	统计年鉴	正向
	开放效益	外商经济贡献度	统计年鉴	正向
7. 绿色经济发展水平	自然财富与生态服务供给	森林覆盖率(%)	统计年鉴	正向
		自然保护区占辖区面积比(%)	统计年鉴	正向
		湿地面积占辖区面积比(%)	统计年鉴	正向
	经济的资源环境需求	单位GDP能耗(吨标准煤/万元)	统计年鉴	逆向
		单位GDP用水量(立方米/万元)	统计年鉴	逆向
		工业固体废弃物综合利用率(%)	统计年鉴	正向
		城镇生活垃圾无害处理率(%)	统计年鉴	正向
	绿色转型驱动	工业污染治理投资占固定资产比重(%)	统计年鉴	正向

1. 当前经济发展总体水平评价

一个区域的经济发展总体水平是建设现代化经济体系的基础。本报告从经济规模和经济效益两个方面来评价区域经济总体发展水平，选取了人均GDP、GDP年增长率、人均财政预算收入、人均社会零售商品总额等4个具体指标进行测算。

2. 政府对企业的服务能力评价

完善的市场体系是现代化经济体系的重要内容，其重要特征是政府与市场的边界清晰明确，核心是政府对企业的服务水平不断提高。遵循可比性与可操作性原则，本报告选择从以下三个方面来评价政府对企业的服务能力。具体指标如下。

（1）企业的税收负担

规模以上工业企业主营业务税金及附加/工业总产值；本年应交增值税/工业总产值。

（2）金融服务

年末存贷款余额/GDP；金融业从业人数/第三产业从业人数。

（3）电子政务服务水平

电子政务服务能力指数。

3. 创新能力评价

创新能力是现代化经济体系建设的重要驱动力。创新能力评价包括以下三个方面。

（1）创新投入

规模以上工业 R&D 内部经费支出占 GDP 比重；财政科学技术投入占财政收入比重。

（2）创新产出

万人人均全省专利批准数量；单位 GDP 技术市场交易额；高新技术产业增加值占 GDP 的比重。

（3）创新成效

新产品销售收入（亿元）/新产品开发经费支出（亿元）。

4. 现代产业体系发展水平评价

现代产业体系的发展不仅仅体现在产业增加值的规模大小上，更重要的是体现在产业之间与产业内部结构的合理化与高度化上，因此，本报告从以下三个方面来进行评价。

（1）结构升级

民营经济增加值占 GDP 的比重；先进制造业增加值占 GDP 的比重。

（2）产业协调

第三产业增加值占 GDP 的比重；第二产业增加值比第一产业增加值。

（3）产业融合

产城融合系数（当年第二三产业增加值/上年第二三产业增加值）/（当年城镇化率/上年城镇化率）。

5. 城乡协调发展程度评价

城乡协调发展体现在多个方面，本报告从城乡经济协调、城乡社会协调、城乡空间协调三个层面来评价城乡协调发展程度，具体指标如下。

（1）城乡经济协调发展度

非农产业占 GDP 的比重；城乡居民人均收入比。

（2）城乡社会协调发展度

农村居民恩格尔系数。

（3）城乡空间协调发展度

城镇化率；区域差异系数。

6. 开放型经济水平评价

本报告从开放规模、开放结构、开放效益三个方面评价地区开放型经济水平，具体指标如下。

（1）开放规模

外贸依存度；外资依存度（FDI①/地区 GDP）。

（2）开放结构

高新技术产品出口比重（高新技术产品出口额/工业制成品出口额）。

（3）开放效益

外商经济贡献度（外商投资企业工业总产值/规模以上工业企业总产值）。

7. 绿色经济发展水平评价

自然财富与生态服务供给反映了一个地区当前生态承载力水平，经济的资源环境需求反映了一个地区对资源利用的效率水平，绿色转型驱动则反映了一个地区未来绿色经济增长的潜力和空间。其具体评价指标如下。

（1）自然财富与生态服务供给

森林覆盖率；自然保护区占辖区面积比；湿地面积占辖区面积比。

（2）经济的资源环境需求

单位 GDP 能耗；单位 GDP 用水量；工业固体废弃物综合利用率；城镇生活垃圾无害处理率。

① FDI 为实际外商直接投资额或外商直接投资额，或实际使用外资。

（3）绿色转型驱动

工业污染治理投资占固定资产比重。

二　长江中游城市群现代化经济体系水平的综合评价

本报告采用层次分析法（AHP），根据上述评价指标体系，选取了长江中游城市群的湖北、湖南、江西三省进行测评，并与东部较发达的江苏、浙江、广东三省进行比较。

（一）评价方法与计算过程

层次分析法建立在专家经验判断的基础上，将专家的经验判断由直接面对许多因素同时进行分析判断，转变为直接面对两个因素进行分析判断，并运用数字的方法对各位专家经验判断的结果“兼收并蓄”，进行科学的综合和定量计算，定性分析与定量判断相结合，因而使权重计算的科学性和准确性大为提高。

层次分析法的核心思想是把复杂的评价问题层次化，把评价问题按评价目标、评价领域、评价指标的顺序分解为不同层次的结构。上一层元素对相邻的下一层次的全部或部分元素起支配作用，然后通过求判断矩阵特征向量的方法，求得每一层的各元素对上一层某元素的权重，再利用加权的方法递阶归并，求出最底层（评价指标）相对于最高层（评价总目标）的相对重要性，从而对最底层各元素进行优劣等级的排序。

1. 层次分析法确定权重的具体步骤

首先计算出单一子系统（大类）下各指标的单权重，其余子系统根据上述层次分析法的核心思想依次计算，最后得出最底层各评价指标的权重值。单一子系统（大类）下各指标的单权重计算步骤如下。

（1）指标两两相比构建判断矩阵

假设子系统 A_K（$K=1，2，\cdots，n$）的总权重为 a_k，指标 B_i 相对于子系统 A_K 单权重为 $B_i^{(K)}$。其中与 A_K 关联的指标有 r 个，记为 $B_1^{(K)}$，$B_2^{(K)}$，…，$B_r^{(K)}$；其单权重记为：$b_1^{(k)}$，$b_2^{(k)}$，…，$b_r^{(k)}$。

认为，b_i与b_j同样重要（权重一样），则取$b_{ij}=1$，$b_{ji}=1$；

认为，b_i与b_j的重要程度介于两偶数之间，则根据情况b_{ij}可取3，5，7，9，b_{ji}则为1/3，1/5，1/7，1/9；

认为，b_i与b_j的重要程度介于两奇数之间，则根据情况b_{ij}可取2，4，6，8，b_{ji}则为1/2，1/4，1/6，1/8；

确定出b_{ij}和b_{ji}的值后，就能构成一个两两比较的判断矩阵：

A_K	B_1	B_2	$\cdots$	B_r
B_1	b_{11}	b_{12}	$\cdots$	b_{1r}
B_2	b_{21}	b_{22}	$\cdots$	b_{2r}
$\vdots$	$\vdots$	$\vdots$	$\vdots$	$\vdots$
B_r	b_{r1}	b_{r2}	$\cdots$	b_{rr}

这一矩阵是根据每个专家的个体判断写出来的，则被称为个体判断矩阵。由于不同的专家在分析认识上可能存在一定的偏见或差异，因此，较为客观的是构建综合判断矩阵。即计算所有专家个体判断矩阵中每一信息元素的算术平均数和标准差，剔除超过算术平均数两个标准差以外的个体判断信息，然后再次计算算术平均数，以此作为专家群体对这一元素的综合判断信息；对每一个信息元素依次进行上述判断，从而就可以综合成专家群体的综合判断矩阵。

（2）计算标准化特征向量$W^{(K)}$（指标权重）

首先，计算判断矩阵中每一行元素的连乘积M_i

$$M_i = \prod_{j=1}^{r} b_{ij},\ i,j = 1,2,\cdots,r$$

其次，计算M_i的r次方根W_i

$$W_i = (M_i)^{-r}$$

再次，对向量$W=[W_1', W_2', \cdots, W_r']$正规化，即

$$W_i = \frac{W_i'}{\sum_{i=1}^{r} W_i'}$$

则 $W = [W_1, W_2, \cdots, W_r]^T$即为所求的特征向量。

(3) 进行一致性检验

计算最大特征值λ_{Max}后，计算 CI 值，查表找相应的平均随机性一致性指标 RI，(CI/RI) <0.1 代表一致性检验通过。

计算矩阵公式如下：

$$\lambda_{Max} = \sum_{i=1}^{r} \frac{(AW)_i}{rW_i} = \frac{WAW^T}{WW^T}$$

$$CI_K = \frac{\lambda_{Max}^{(k)} - r}{r - 1}$$

2. 现代化经济体系综合评价指标权重的计算

根据第一部分提出的综合评价指标系统（见表 1），本报告首先计算了子系统一级指标中的七个指标权重。

根据上述层次分析法的子系统单权重计算步骤，本报告将一级指标中的 7 个指标进行了两两比较，结合当前现代化经济体系的重要内涵，认为创新能力指标与现代产业体系发展水平指标相对于其他指标较为重要，创新能力指标与现代产业体系发展水平指标相比又同样重要，现代产业体系发展水平指标与绿色经济发展水平相比亦同样重要，而其指标都同样重要，从而构建了相应的判断矩阵：

	B_1	B_2	B_3	B_4	B_5	B_6	B_7
B_1	1	1	0.33	0.33	1	1	1
B_2	1	1	0.33	0.33	1	1	1
B_3	3	3	1	1	3	3	3
B_4	3	3	1	1	3	3	1
B_5	1	1	0.33	0.33	1	1	1
B_6	1	1	0.33	0.33	1	1	1
B_7	1	1	0.33	1	1	1	1

根据判断矩阵，按公式计算出相应的一级指标权重值依次为0.0932、0.0932、0.279、0.239、0.0932、0.0932、0.109。

同时，计算得出最大特征值为7.1278，*CI*为0.0213，查表*RI*为1.32，*CI/RI*为0.01614<0.1，一致性检验通过。

根据一级指标权重计算结果，逐层分解，同时也考虑到每个指标的重要程度，计算得出二级指标权重与三级指标权重，如表2所示。

表2　现代化经济体系综合评价指标权重一览

一级指标	权重	二级指标(20个)	权重	三级指标(37个)	权重
1. 当前经济发展总体水平	0.0932	经济规模	0.0466	人均GDP(万元)	0.02330
				GDP年增长率(%)	0.02330
		经济效益	0.0466	人均财政预算收入(万元)	0.02330
				人均社会零售商品总额(万元/人)	0.02330
2. 政府对企业的服务能力	0.0932	企业的税收负担	0.02796	规模以上工业企业主营业务税金及附加/工业总产值	0.01398
				本年应交增值税/工业总产值	0.01398
		金融服务	0.02796	年末存贷款余额/GDP	0.01398
				金融业从业人数/第三产业从业人数	0.01398
		电子政务服务水平	0.03728	电子政务服务能力指数(省级网上政务调查评估报告)	0.03728
3. 创新能力	0.279	创新投入	0.0837	规模以上工业R&D内部经费支出占GDP比重	0.04604
				财政科学技术投入占财政收入比重	0.03767
		创新产出	0.1116	万人人均全省专利批准数量(件)	0.03348
				单位GDP技术市场交易额(万元/万元)	0.03906
				高新技术产业增加值占GDP的比重(%)	0.03906
		创新成效	0.0837	新产品销售收入(亿元)/新产品开发经费支出(亿元)	0.08370
4. 现代产业体系发展水平	0.239	结构升级	0.0956	民营经济增加值占GDP的比重	0.03824
				先进制造业增加值占GDP的比重(%)	0.05736
		产业协调	0.0956	第三产业增加值占GDP的比重(%)	0.04780
				第二产业增加值比第一产业增加值	0.04780
		产业融合	0.0478	产城融合系数(适度指标1)	0.04780

续表

一级指标	权重	二级指标(20个)	权重	三级指标(37个)	权重
5. 城乡协调发展程度	0.0932	城乡经济协调发展度	0.03728	非农产业占GDP的比重	0.01491
				城乡居民人均收入比(适度指标)(1.5)	0.02237
		城乡社会协调发展度	0.02796	农村居民恩格尔系数(逆向指标)	0.02796
		城乡空间协调发展度	0.02796	城镇化率(%)	0.01398
				区域差异系数(逆向指标)	0.01398
6. 开放型经济水平	0.0932	开放规模	0.03728	外贸依存度	0.01864
				外资依存度(FDI/地区GDP)	0.01864
		开放结构	0.02796	高新技术产品出口比重(%)	0.02796
		开放效益	0.02796	外商经济贡献度	0.02796
7. 绿色经济发展水平	0.109	自然财富与生态服务供给	0.0327	森林覆盖率(%)	0.00981
				自然保护区占辖区面积比	0.01308
				湿地面积占辖区面积比	0.00981
		经济的资源环境需求	0.0436	单位GDP能耗(吨标准煤/万元)(逆向)	0.01090
				单位GDP用水量(立方米/万元)(逆向指标)	0.01090
				工业固体废弃物综合利用率(%)	0.01090
				城镇生活垃圾无害处理率(%)	0.01090
		绿色转型驱动	0.0327	工业污染治理投资占固定资产比重(%)	0.03270

3. 评价指标的标准化

本报告中选取的37个三级指标中有2个适度性指标、6个逆向指标、29个正向指标，分别采取以下三种方法进行数据的标准化。

对于正向指标，采用极值法对原始数据进行标准化，公式为：

$X_i' = X_i/\mathrm{Max}X_i$，其中 X_i' 为标准化值；X_i 为指标原始数据；$\mathrm{Max}X_i$ 为指标原始数据中的最大值。

对于逆向指标，采用倒数一致法对原始数据进行标准化，公式为：

$X_i' = 1\ (X/\mathrm{min}X_i)$，其中 X_i' 为标准化值；X_i 为指标原始数据；$\mathrm{min}X_i$ 为指标原始数据中的最小值。

对于适度指标，也采用倒数一致法对原始数据进行标准化，不过公式与逆向指标稍有不同，为：

$X_i' = 1/(|X-a|/|\min X_i - a|)$，其中，$X_i'$为标准化值；$X$为指标原始数据；$a$为指标$X$的适度值；$\min X_i$为指标原始数据中最小值。本评价指标系统中有两个适度指标，产城融合系数适度值为1，城乡收入比适度系数为1.5。

考虑到数据的可获得性与全面性，针对37个三级指标，本报告搜集了2016年湖北、湖南、江西、广东、江苏、浙江六省的相关数据，如表3所示。

表3 6省37个三级指标原始数据一览

37个三级指标(单位)	湖北	湖南	江西	广东	江苏	浙江
人均GDP(万元)	6.2	5.1	4.6	8.1	10.72	9.2
GDP年增长率(%)	7.8	8	8.9	7.5	7.2	7.8
人均财政预算收入(万元)	5503.96	6658.3	4861.2	10130.9	10177.1	10258
人均社会零售商品总额(万元/人)	2.95	2.16	1.6	3.4202	3.95	4.29
规模以上工业企业主营业务税金及附加/工业总产值	0.02	0.04	0.01	0.09	0.01	0.01
本年应交增值税/工业总产值	0.03	0.03	0.03	0.02	0.03	0.03
年末存贷款余额/GDP	2.52	2.27	2.79	3.57	2.7	3.82
金融业从业人数/第三产业从业人数	0.05	0.07	0.06	0.06	0.07	0.10
电子政务服务能力指数(省级网上政务调查评估报告)	80.33	81.74	81.44	93.25	93.93	94.26
规模以上工业R&D内部经费支出占GDP比重	1.36	1.24	0.97	2.30	2.14	1.98
财政科学技术投入占财政收入比重	2.96	1.13	1.80	1.13	3.82	3.86
万人人均全省专利批准数量(件)	16.169	14.6	15.2	29.77	22.5	66.6
单位GDP技术市场交易额(万元/万元)	0.64	0.33	0.43	0.99	0.82	0.42
高新技术产业增加值占GDP的比重(%)	16.2	23.4	12.1	17.2	19.6	11.79
新产品销售收入(亿元)/新产品开发经费支出(亿元)	16.47	22.56	14.08	12.41	14.71	21.31
民营经济增加值占GDP的比重(%)	54.92	59.40	56.1	53.78	55.4	60.2
先进制造业增加值占GDP的比重(%)	5.68	5.40	4.30	19.79	16.30	11.68
第三产业增加值占GDP的比重(%)	45.18	48.4	42.7	52.8	50.25	52.7
第二产业增加值比第一产业增加值	4.32	3.83	5.1	10.18	9.48	11.1
产城融合系数(适度指标1)	1.16	1.079	1.115	1.1	1.12	1.1

续表

37 个三级指标(单位)	湖北	湖南	江西	广东	江苏	浙江
非农产业占 GDP 的比重	0.89	0.902	0.847	0.98	0.96	0.97
城乡居民人均收入比(适度指标 1.5)	2.31	2.62	2.36	2.08	2.28	2.07
农村居民恩格尔系数(逆向指标)	30.13	31.71	35.29	40.40	29.50	31.80
城镇化率(%)	59.3	54.62	54.6	69.85	68.8	68
区域差异系数(逆向指标)	4.08	5.99	3.20	4.59	3.01	1.35
外贸依存度	0.08581	0.07	0.145	0.758	0.39	0.494
外资依存度(FDI/地区 GDP)	0.02	0.028	0.036	0.015	0.018	0.022
高新技术产品出口比重(%)	36.20	14.60	0.70	35.70	36.60	6.30
外商经济贡献度	0.11	0.03	0.06	2.08	2.38	0.11
森林覆盖率(%)	40.5	59.68	63.1	59.08	25	61.00
自然保护区占辖区面积比	5.96	6.4	6.3	1.87	5	1.10
湿地面积占辖区面积比	7.81	29.45	6.54	9.73	26	10.50
单位 GDP 能耗(吨标准煤/万元)(逆向指标)	0.43	0.56	0.48	0.18	0.41	0.43
单位 GDP 用水量(立方米/万元)(逆向指标)	87.31	105.70	147.00	73.00	60.00	38.34
工业固体废弃物综合利用率(%)	76.68	75.08	59.00	96.69	91.53	92.68
城镇生活垃圾无害处理率(%)	98.00	100.00	96.50	96.50	99.95	100.00
工业污染治理投资占固定资产比重(%)	12.30	4.48	5.31	15.90	15.06	19.88

注：上述指标大部分为 2017 年数据，一小部分为 2016 年数据。

资料来源：根据各省份统计年鉴、统计公报等数据整理所得。

根据上述标准化计算方法，将上述数据进行统一标准化，37 个指标名称分别用 C_1、C_2、C_3，…，C_{37}表示，见表 4。

表 4　三级指标原始数据标准化处理后结果一览

指标	湖北	湖南	江西	广东	江苏	浙江
C_1	0.578	0.476	0.429	0.756	1.000	0.858
C_2	0.876	0.899	1.000	0.843	0.809	0.876
C_3	0.537	0.649	0.474	0.988	0.992	1.000
C_4	0.688	0.503	0.373	0.797	0.921	1.000
C_5	0.471	0.246	0.800	0.104	1.000	0.800
C_6	0.833	0.688	0.688	1.000	0.719	0.786
C_7	0.660	0.594	0.730	0.935	0.707	1.000

续表

指标	湖北	湖南	江西	广东	江苏	浙江
C_8	0.505	0.763	0.598	0.608	0.711	1.000
C_9	0.852	0.867	0.864	0.989	0.996	1.000
C_{10}	0.591	0.539	0.422	1.000	0.930	0.861
C_{11}	0.767	0.293	0.466	0.293	0.990	1.000
C_{12}	0.243	0.219	0.228	0.447	0.338	1.000
C_{13}	0.646	0.333	0.434	1.000	0.828	0.424
C_{14}	0.692	1.000	0.517	0.735	0.838	0.504
C_{15}	0.730	1.000	0.624	0.550	0.652	0.945
C_{16}	0.912	0.987	0.932	0.893	0.920	1.000
C_{17}	0.287	0.273	0.217	1.000	0.824	0.590
C_{18}	0.856	0.917	0.809	1.000	0.952	0.998
C_{19}	0.389	0.345	0.459	0.917	0.854	1.000
C_{20}	0.494	1.000	0.687	0.790	0.658	0.790
C_{21}	0.908	0.920	0.864	1.000	0.980	0.990
C_{22}	0.698	0.504	0.657	0.974	0.724	1.000
C_{23}	0.979	0.930	0.836	0.730	1.000	0.928
C_{24}	0.849	0.782	0.782	1.000	0.985	0.974
C_{25}	0.331	0.225	0.422	0.294	0.449	1.000
C_{26}	0.113	0.092	0.191	1.000	0.515	0.652
C_{27}	0.556	0.778	1.000	0.417	0.500	0.611
C_{28}	0.989	0.399	0.019	0.975	1.000	0.172
C_{29}	0.046	0.013	0.025	0.874	1.000	0.046
C_{30}	0.642	0.946	1.000	0.936	0.396	0.967
C_{31}	0.931	1.000	0.984	0.292	0.781	0.172
C_{32}	0.265	1.000	0.222	0.330	0.883	0.357
C_{33}	0.419	0.321	0.375	1.000	0.439	0.419
C_{34}	0.439	0.363	0.261	0.525	0.639	1.000
C_{35}	0.793	0.777	0.610	1.000	0.947	0.959
C_{36}	0.980	1.000	0.965	0.965	1.000	1.000
C_{37}	0.619	0.225	0.267	0.800	0.758	1.000

4. 评价结果

综上所述，在进行了指标权重与指标数据标准化的测算之后，将两者加权平均计算就可以得出六省份的各自综合评价分值，分别如表 5、表 6 所示。

表 5　六省份现代化经济体系评价结果（一级指标分类结果）

指标	湖北	湖南	江西	广东	江苏	浙江
1. 当前经济发展总体水平	0. 0624	0. 0589	0. 0530	0. 0788	0. 0867	0. 0870
2. 政府对企业的服务能力	0. 0663	0. 0644	0. 0716	0. 0739	0. 0810	0. 0874
3. 创新能力	0. 1776	0. 1790	0. 1340	0. 1858	0. 2111	0. 2261
4. 现代产业体系发展水平	0. 1344	0. 1615	0. 1416	0. 2209	0. 2002	0. 2054
5. 城乡协调发展程度	0. 0730	0. 0651	0. 0678	0. 0752	0. 0788	0. 0907
6. 开放型经济水平	0. 0414	0. 0277	0. 0234	0. 0781	0. 0748	0. 0296
7. 绿色经济发展水平	0. 0700	0. 0664	0. 0577	0. 0804	0. 0805	0. 0847
总分值	0. 6252	0. 6229	0. 5491	0. 7932	0. 8131	0. 8109

注：上述结果均为 1 分制，如为 100 分制，则分别乘以 100。

表 6　六省份现代化经济体系评价结果（二级指标分类结果）

二级指标(20 个)	湖北	湖南	江西	广东	江苏	浙江
经济规模	0. 0339	0. 0320	0. 0333	0. 0372	0. 0421	0. 0404
经济效益	0. 0285	0. 0269	0. 0197	0. 0416	0. 0446	0. 0466
企业的税收负担	0. 0182	0. 0131	0. 0208	0. 0154	0. 0240	0. 0222
金融服务	0. 0163	0. 0190	0. 0186	0. 0216	0. 0198	0. 0280
电子政务服务水平	0. 0318	0. 0323	0. 0322	0. 0369	0. 0371	0. 0373
创新投入	0. 0561	0. 0358	0. 0370	0. 0571	0. 0801	0. 0773
创新产出	0. 0604	0. 0594	0. 0448	0. 0827	0. 0764	0. 0697
创新成效	0. 0611	0. 0837	0. 0522	0. 0460	0. 0546	0. 0791
结构升级	0. 0513	0. 0534	0. 0481	0. 0915	0. 0824	0. 0721
产业协调	0. 0595	0. 0603	0. 0606	0. 0916	0. 0863	0. 0955
产业融合	0. 0236	0. 0478	0. 0328	0. 0378	0. 0315	0. 0378
城乡经济协调发展度	0. 0291	0. 0250	0. 0276	0. 0367	0. 0308	0. 0371
城乡社会协调发展度	0. 0274	0. 0260	0. 0234	0. 0204	0. 0280	0. 0259
城乡空间协调发展度	0. 0165	0. 0141	0. 0168	0. 0181	0. 0200	0. 0276
开放规模	0. 0125	0. 0162	0. 0222	0. 0264	0. 0189	0. 0235
开放结构	0. 0277	0. 0112	0. 0005	0. 0273	0. 0280	0. 0048
开放效益	0. 0013	0. 0004	0. 0007	0. 0244	0. 0280	0. 0013
自然财富与生态服务供给	0. 0211	0. 0322	0. 0249	0. 0162	0. 0228	0. 0152
经济的资源环境需求	0. 0287	0. 0268	0. 0241	0. 0380	0. 0330	0. 0368
绿色转型驱动	0. 0202	0. 0074	0. 0087	0. 0262	0. 0248	0. 0327
总分值	0. 6252	0. 6229	0. 5491	0. 7932	0. 8131	0. 8109

注：上述结果均为 1 分制，如为 100 分制，则分别乘以 100。

（二）长江中游城市群现代化经济体系综合评价结果分析

1. 长江中游城市群现代化经济体系总体水平较低

根据综合评价总体得分，按照百分制，湖北、湖南、江西、广东、江苏、浙江得分分别为62.52分、62.29分、54.91分、79.32分、81.31分、81.09分。从整个得分情况来看，几个省份的现代化经济体系发展水平与当前区域经济社会发展的总体水平基本相符。发达省份江苏和浙江都刚刚超过80分，这说明现代化经济体系建设在我国还有很大的发展空间，也进一步印证了十九大报告中的重要论断，即现代化经济体系建设是我国未来经济发展中的重要战略任务。

总体来看，长江中游城市群区域现代化经济体系水平与发达地区相比还有一定的差距，长江中游城市群三省总体得分排在后三位，湖北稍高于湖南，但都只有六十多分，江西得分则偏低，只有五十多分。在7个一级指标的单项评价结果中，长江中游城市群也普遍落后于东部地区；在20个二级指标评价结果中，除去自然财富与生态服务供给、创新成效等几个指标呈现一定优势外，长江中游城市群其余大部分指标均落后于东部省份。就长江中游城市群内部而言，湖北、湖南现代化经济体系水平较为接近，但江西水平较为落后，也在一定程度上降低了长江中游城市群整体水平。因此，现代化经济体系建设是长江中游城市群当前较为紧迫的任务，未来长时期内都应当大力推进和常抓不懈。

2. 政府对企业的服务能力较弱，市场体系亟待进一步完善

现代化经济体系的重要内容之一是建立完善的市场体系，发挥市场配置资源的重要基础性作用，其重要特征是：政府与市场的边界清晰，政府职能明确，充分发挥对企业的服务职能作用。

在政府对企业的服务能力评价得分中，从整体看，长江中游城市群三省整体得分虽普遍较低，但企业税收负担评价得分稍显优势，江西、湖北均排在广东之前，说明在长江中游地区企业税收负担较轻，这也是吸引企业投资与聚集的重要优势，未来应加强金融服务能力与电子政务服务能力

的建设与提升。从内部看，江西排在湖北、湖南前面，这说明江西虽然总体现代化经济体系水平较为落后，但政府职能建设方面却有优势，为企业创造良好的市场发展环境是其未来聚集各类资源、提升经济发展实力的重要发力点。

3. 科技创新初现成效，但创新规模与产出仍亟待加强

十九大报告指出，创新是引领发展的第一动力，是建设现代化经济体系的重要驱动力。因此，在现代化经济体系综合评价中，创新能力评价是重中之重，权重设置也高出其他一级指标。在创新能力评价得分中，长江中游城市群三省整体水平仍然落后于东部地区，但在创新成效评价中，采用“新产品销售收入/新产品开发经费支出”这一指标进行评价，长江中游城市群三省得分普遍偏高，六省得分排名中，湖南第一，湖北第三（高于广东与江苏），江西第五（高于广东），这说明长江中游城市群创新产品技术含量与附加值较高，已具备高端产品的研发与市场转换能力。此外，在创新投入与创新产出方面，长江中游城市群仍显落后，这说明长江中游城市群创新产品规模与市场占有量还不占优势，未来在科技投入与促进科技成果转化方面还要大力推进。

4. 现代产业体系建设起步较晚，转型升级与协调发展步伐需要进一步加快

国内外经济发展实践经验表明：现代产业是现代化经济体系的重要支撑，产业强则经济强，只有现代产业体系壮大、协调，现代化经济体系才有坚实的基础。

长江中游城市群现代产业体系发展水平明显落后于东部发达地区，从三个方面的细分评价来看：结构升级与产业协调评价得分，湖北、湖南、江西三省明显低于广东、江苏、浙江三省；但是从产业融合评价得分看，湖南工业化与城镇化步伐较为协调，得分最高，湖北较低，但总体上与发达地区的差距不是很大，从这一点上看，长江中游城市群的工业化与城镇化步伐较为同步。

总之，由于历史的原因，东部赢得了改革开放的先机，产业发展迅速，进入 21 世纪以来，加快产业转移与产业转型升级又率先启动，作为中部地

区的长江中游城市群在地区间的产业分工中，本就处于产业链条的中下游，承担着承接东部产业转移的职能，因而，长江中游城市群现代产业体系建设起步较晚，加快产业转型升级、促进第三产业加快发展与产业间的协调发展在未来相当长的时期内仍然是现代产业体系建设的重点任务。

5. 开放型经济水平有所提高，与发达地区的差距仍然存在

长江中游城市群作为中部内陆地区，开放型经济一直是其发展的弱项，但近年来随着中部崛起、长江经济带发展、“一带一路”倡议等重要国家战略政策的实施，长江中游城市群开放型经济发展迎来了高潮，尤其是湖北开放型经济水平综合评价得分超过浙江，开放结构评价得分也稍稍高于广东，但湖南、江西评价得分仍然较为落后，因此，总体而言，长江中游城市群整体开放型经济水平近年来虽然有所提高，但与发达地区相比仍然有一定的差距。

东部发达地区，由于区位优势与开放开发较早的原因，开放型经济发展水平普遍较高。长江中游城市群作为内陆地区，区位上不占优势，但在发展策略上可以另辟新径，积极融入“一带一路”建设可以弥补区位上的不足，积极扩大开放规模、优化开放结构、提升开放效益将有助于缩小同发达地区的差距。

6. 生态资源禀赋优越，资源利用效率与绿色经济发展水平仍须提高

绿色经济发展水平评价得分方面，长江中游城市群依然落后于东部发达地区。但在自然财富与生态服务供给方面，长江中游城市群明显优于广东、江苏、浙江三省，其中，湖南、江西、湖北分别排第一、第二、第四位，这说明，长江中游城市群绿色生态资源禀赋优越。此外，从经济的资源环境需求与绿色转型驱动方面的评价看，长江中游城市群依然不占优势，这说明，在资源利用效率与循环经济等绿色发展模式方面，长江中游城市群比起东部发达地区较为落后。比如，在单位 GDP 用水量这一指标比较中，浙江是 38. 34 立方米，江西则为 147 立方米，两者之间的差距显而易见。在长江中游城市群中，湖北的武汉城市圈与湖南的长株潭城市群（全国“两型社会”综合配套改革试验区），以及江西的洞庭湖生态经济区都是国家级的绿色发

展示范区域，应当在践行绿色发展模式上走在全国前列，针对较为低下的绿色经济发展现状，未来应加快发展集约式经济发展方式，提高资源利用效率，积极推行绿色、循环、低碳发展模式。

7. 城乡协调发展水平落后于发达地区，还有发展空间

从城乡协调发展水平看，长江中游城市群的湖北、湖南、江西三省落后于广东、江苏、浙江三省。从细分二级指标评价结果来看，城乡经济协调发展度、城乡空间协调发展度评价中，长江中游城市群三省依然较低；但在城乡社会协调发展度评价中，湖北、湖南、江西排名分别为第二、三、五位，说明长江中游城市群在民生发展、社会公民发展方面与东部地区的差距不大。

国务院批复的《长江中游城市群发展规划》中明确指出了长江中游城市群的战略定位，其中之一就是“中西部新型城镇化先行区”，即不断完善城市群融合发展的体制机制，推动城市群集约集聚发展，促进城乡融合互动，推动建立城市群一体化发展模式。从当前评价结果看，长江中游城市群城乡一体化水平并不高，未来从经济、社会、空间三个方面推动长江中游城市群城乡融合发展将有很大的发展空间。

三　长江中游城市群协同建设现代化经济体系的实施路径

虽然长江中游城市群在主要经济指标上远落后于东部发达地区，现代化经济体系综合评价水平也较低，但近几年来，随着国家中部崛起、“一带一路”倡议的逐步实施，经济发展势头迅猛，主要经济指标增速均快于东部发达地区。2017 年，长江中游城市群三省地区生产总值增速均超过广东、江苏、浙江三省。与此同时，长江中游城市群人文相亲、经济联系紧密、各类创新资源聚集、生态资源丰富，协同建设现代化经济体系具备良好的基础条件与发展潜力。因此，未来长江中游城市群应从积极完善市场体系、协同推进创新发展、产业转型升级、城乡协调发展、绿色发展、对外开放等方面，加快现代化经济体系建设步伐，为长江经济带高质量发展奠定坚实的基础。

（一）以城市群协同治理为重点，建立开放、统一的现代区域市场体系

近年来，随着经济社会的快速发展与交通条件的日益改善，长江中游城市群三省市场融合日益密切，开放合作意识也不断增强，为建设一体开放的长江中游区域市场奠定了良好基础。2017 年 10 月 12 日，商务部办公厅印发了《长江中游区域市场发展规划（2017～2020 年）》，规划明确指出：要充分发挥市场配置资源的决定性作用，打破地区封锁和行业垄断，促进流通主体公平竞争，促进商流、物流、资金流、信息流自由高效流动，打造流通开放合作示范区，将长江中游区域打造成为全国重要的商贸物流枢纽。

市场决定性作用的充分发挥，离不开政府服务职能的配合，政府服务职能可以弥补市场的不足，做一些差别化的干预。长江中游城市群应建立起跨省市的城市群政府协调治理的体制机制，将市场作用、政府作用以及社会组织作用有机结合起来，促进城市群内部大中小城市的协调发展。

首先是建立中央与地方的“上下联动”机制。尽快成立长江中游城市群领导小组作为工作推进和协调机构，领导小组办公室设在国家发改委，由其具体负责长江中游城市群部际协调的日常事务和对各省份的指导工作，但不越权管理各地方政府的日常事务，而主要只是负责协调涉及长江中游区域范围的政务，比如大型水域的环境保护、跨区域的重大基础设施项目等。三省政府要加强与国家有关部门的沟通衔接，及时解决一体化发展中的突出问题，共同争取国家政策支持。

其次是建立三省政府的“平行互动”机制。由湘鄂赣三省党政主要领导轮流作为召集人，每年定期召开一次省际联席会议，明确下一年合作的方向和重点，向国务院及有关部委争取有关政策和项目，就合作中需要解决的重大问题进行集体磋商；由三省政府秘书长或副秘书长参加，负责协调推进合作事项，组织有关单位联合编制推进合作发展的专题计划，并向年度行政首长联席会议提交区域合作进展情况报告和建议。

最后是鼓励以谈判和协议为基础，建立和完善“多方参与”的网络合作机制。强调在跨区域协调发展过程中多元主体的参与，注重发挥政府部门的综合协调作用、企业的资源配置作用、社会组织的沟通交流作用、专家学者的参谋咨询作用，从而建立起网络状结构的治理协调机制，提高全社会的参与意识，推动政府扶持与市场运作相结合，组建跨地区的民间组织，以民间的力量自下而上地推进长江中游城市群建设，努力形成长江中游城市群一体化发展的强大合力。

（二）以技术创新与创新平台建设为重点，进一步提升创新驱动能力

顺应新一轮科技革命发展趋势，抓住事关长江中游城市群可持续发展和区域综合竞争力提升的关键领域，力争在以下四方面重点突破。一是战略性新兴技术协同创新。着力在新能源技术、分布式能源技术、智能电网技术、生物技术、新材料技术等领域组织联合攻关或联合承担国家重大科技专项，实现产业化重大突破。二是先进制造技术协同创新。着力实施先进制造先导计划，推动现代设计技术、数控技术、自动化技术、3D 打印技术等现代制造通用关键技术协同创新，谋求在制造技术创新上取得领先突破。三是绿色发展技术协同创新。围绕三省共同关注的生态修复、污染治理等领域，加快推进重金属污染治理技术、雾霾治理技术、节能技术等协同创新，为绿色转型提供技术支撑。四是文化创意新兴技术协同创新。以武汉、长沙等市优势文化产业基础为依托，促进长江中游城市群文化创意产业和高技术的融合发展，促进信息内容、搜索引擎、网络游戏、创意设计、数字出版、电子商务、在线学习、手机电视等增值服务和新兴服务发展，打造全国数字内容制作中心和交易中心。

充分发挥武汉、长沙等市高校多学科多功能的综合优势，联合国内外各类创新力量，建立一批协同创新平台，形成“多元、融合、动态、持续”的协同创新模式与机制，培养大批拔尖创新人才，使这些创新平台逐步成为具有国际重大影响力的学术高地、行业产业共性技术的研发基地和区域创新

发展的引领阵地，在国家创新体系建设中发挥重要作用。支持加快自主创新示范区和高新技术产业园区建设。要促进大学科技园建设与发展，推动科技成果转化；大力推动知识产权质押贷款试点工作；推进重大专项课题间接经费列支试点工作；允许科技型企业加速研究开发仪器设备折旧。

促进科技创新资源共享。探索建立“长江中游城市群科技基础条件平台共享规则”，共建满足区域创新需求的科技基础条件平台，联合对现有的大型科学仪器、设备设施、自然科学资源等进行整合、重组与优化，率先相互开放重点实验室、工程技术中心、中试基地等实验平台，提高科技资源利用效率。

推动建立城市群协同创新联盟。依托城市群相关企业、大学、科研机构以及社会其他组织，以提升整体产业技术创新能力为目标，建立联合开发、优势互补、利益共享、风险共担的跨区域技术创新联盟，培育形成创新的整体规模效应。

（三）以工业转型升级为重点，加快建设现代产业体系

加快构建现代化工业体系，是推进供给侧结构性改革、加快建设现代化经济体系的重要内容，是振兴和壮大实体经济、实现高质量发展的必然要求，是调整优化产业结构、培育经济增长新动能的关键之举。长江中游是《全国主体功能区规划》确定的最大的“国家重点开发区域”，并地跨三省，是我国今后工业化转型升级、加快建设现代化产业体系的主战场。

建议国家进一步支持长江中游地区相关产业发展，加快工业化步伐。将重大制造业项目在长江中游城市群优先布局，对依托水电能源和矿产资源的加工业项目优先安排，并提供用地保障。鼓励重点船舶制造企业做大做强，对企业搬迁、改制给予土地和资金等支持，对其重大技术改造项目给予技改补助和税费优惠；建设船舶工业走廊和船舶配套工业园，对园区企业实行相关规费减免，引导中小船舶制造、维修企业向工业园区聚集，形成产业优势；支持发展面向国内外市场的船舶交易、船舶金融、船舶保险、船舶经纪及船舶注册等高端服务，制定外向型船舶贷款优惠政策和进口配套件的海关

关税减免政策，促进船舶进出口贸易发展。

积极支持长江中游城市群通过创新驱动促进产业转型升级。有关部委要加大对自主创新和高新技术产业发展支持力度，发挥武汉东湖自主创新示范区的引领示范作用，推进长株潭自主创新示范区建设，对三省国家高新区予以倾斜。加快推进湖南湘江新区、江西赣江新区建设，支持武汉长江新城创建国家级新区。推进跨长江中游地区企业间协作配套和产业合作互补，完善上下游产业链，提升区域产业集中度，打造区域富有活力的现代产业集群。通过工业和信息化部等部委协调解决新型工业化进程中的重大问题，对国家规划内和年度计划规划内固定资产投资项目上予以倾斜，推进长江中游地区产业结构战略性调整和优化升级，支持优先发展生物医药、新材料、航空航天、信息产业等，推进重大技术装备国产化，指导引进重大技术装备的消化创新，推进信息化和工业化融合，推进军民结合、寓军于民的武器装备科研生产体系建设。

（四）以城镇化与乡村振兴为重点，提升城乡一体化水平

加快长江中游城市群的城镇化发展步伐。适当扩大长江中游重点开发区域建设用地规模，推进工业化和城镇化进程。探索实行城乡之间人地增减挂钩政策，城市建设用地的增加规模与吸纳农村人口进入城市定居的规模相挂钩；探索实行地区之间人地挂钩的政策，城市化地区建设用地的增加规模与吸纳外来人口定居的规模相挂钩。

大力实施乡村振兴战略。农业是长江中游地区的基础，三省都是农业大省，支持长江中游地区粮食主产区建设和现代农业发展是长江中游城市群乡村振兴战略的主要任务。建议启动实施“长江中游地区中低产田改造和粮食增产工程”，依靠科技进步和中低产田改造，确保粮食增产和农民增收。积极发展现代农业，加快农业结构调整，大力推进农业产业化经营，加强农村基础设施的共建，提高农业综合生产能力。在共同健全对粮食主产县（市）的利益补偿机制和现有对产粮大县奖励政策的基础上，中央财政根据粮食主产县（市）粮食产量、商品粮增加量和贡献率，每年给予一定的补助，使其人均财力达到全国平均水平。

（五）以两型发展模式为重点，提升绿色经济发展水平

将幕阜山地区建成“中国绿心”。长江中游城市群三个中心城市武汉、长沙、南昌基本呈等边三角形分布，幕阜山地区坐落其间，被三市之间的环状高速公路和铁路合围，形成了一个天然的“绿色心脏”地带，也被学者称为“中国绿心”。目前，幕阜山地区经济和社会发展还比较落后，由于各种原因，幕阜山既未被列入国家级生态功能区，也未被列入国家集中连片特困区，亟须国家政策支持。建议将幕阜山区增补为国家级生态功能区，加大转移支付力度。搞好森林和山地资源保护，推动长江中游城市群建设成为景观优美、生态优良、功能完善、宜居宜业、效益持久的生态网络体系。同时，将原湘鄂赣苏区上升到国家级扶贫开发试验区，比照执行赣南中央苏区政策。与“中国绿心”品牌相配套，加快发展生态文化旅游，积极发展生态农业，开发绿色产品，建设绿色城镇，倡导绿色消费，努力将幕阜山地区打造成脱贫致富的先行区、华中地区旅游度假胜地、内陆地区新型能源基地、长江中下游生态安全屏障和绿色农产品生产加工基地。

进一步推广两型发展模式。进一步加强对武汉城市圈、长株潭城市群两个综合配套改革试验区的政策支持，加大对鄱阳湖、洞庭湖两个生态经济区的政策支持力度，积极推动两个综合配套试验区与两个生态经济区发展循环经济、绿色经济，并发挥其示范带动作用，促进长江中游城市群整体绿色经济发展水平的提升。

（六）以打造万里茶道经济带为重点，提升开放型经济水平

清代至民国初年，湖北、湖南、江西等产茶区的茶叶以汉口为起点，借道汉水北上，过河南，进山西，越大漠，经蒙古国乌兰巴托到达蒙俄边境的通商口岸恰克图，继而在俄罗斯境内继续延伸。这条继丝绸之路之后又一条重要的国际文化商贸通道被称为“中俄万里茶道”。以此为依托打造万里茶道经济带，也为湘鄂赣三省建设长江中游城市群挖掘到新的历史底蕴和共同建设的着力点。1851 年后，湖南临湘、安化和湖北蒲圻（今赤壁）的黑茶

并称为“两湖茶”，成为输俄茶叶的主要原料，以蒲圻羊楼洞为中心涵盖鄂南、湘东北、赣西北的茶叶生产区逐步成形（这一区域被称为“羊楼洞茶区”）。1861 年汉口开埠之后，俄商将羊楼洞变成砖茶原料的生产中心基地，在汉口投资设厂，促使汉口成为中国乃至世界茶叶贸易中心，其茶叶交易量约占全世界的一半，湖南、江西茶叶出口均从此北上。李克强2012 年4 月访俄时与俄方商定加强长江中游城市群和伏尔加河流域城市群的区域合作。打造万里茶道经济带成为长江中游城市群和伏尔加河流域联系的纽带，使两国领导人达成的共识落到实处，也能使长江中游城市群提升到国际合作的战略高度。

四　湖北要在现代化经济体系建设中塑造引领型发展

2018 年 4 月 28 日，习近平总书记在武汉听取湖北省委省政府工作汇报后，对湖北各项工作取得的成绩给予肯定，希望湖北“塑造更多依靠创新驱动、更多发挥先发优势的引领型发展”。湖北要不负总书记厚望，在长江中游城市群现代化经济体系建设中加快厚植“引领型发展”新优势。

（一）湖北在现代化经济体系建设中存在的问题

从前面的比较分析来看，湖北大部分指标在包括沿海三个省在内的六省名列第四，开放型经济水平评价排名第三，说明近年来发展成效显著，因此湖北现代化经济体系建设虽然落后于发达地区，但在长江中游城市群和中部地区还处于领先水平，总体上已步入现代化经济体系的初级起步阶段，但是湖北与发达省份相比还有一定的差距，有些单项指标评价甚至是落后于湖南和江西，如政府对企业的服务能力评价排名第五（落后于江西），创新能力评价排名第五（落后于湖南），因此，要在长江经济带建设中塑造更多引领型发展，未来任重道远。

1. 政府对企业的服务水平较低

政府与市场的边界清晰是现代化经济体系的一个重要特征，其核心在于明确政府职能定位，即当好服务型政府，对企业的服务能力不断提升，发挥市场配置资源的基础性作用。从政府对企业的服务能力评价得分看，湖北排第五，除去广东、江苏、浙江三个发达省份，江西排在湖北前面，这一子系统的三个二级指标评价中，湖北除了企业的税收负担评价高于广东和湖南外，金融服务与电子政务服务水平指数均处于倒数的落后水平，因此，未来提升政府服务能力是湖北现代化经济体系的重要环节。

2. 创新能力还须进一步提升

创新是现代化经济体系中的重要动力。实施创新驱动，促进新旧动能转换，是推动建设现代化经济体系的重点内容。因此，在现代化经济体系综合评价中，创新能力评价是重中之重，权重设置也高于其他一级指标。在创新能力评价得分中，湖北排名第五，仅高于江西，稍稍低于湖南，广东省在这一评价中得分较低，很大程度上由于财政科技投入占财政收入比这一指标有些极端，明显大大低于其他省份，而在 2017 年全国创新能力评价报告中，广东则排名第一，与此评价有些出入。本报告评价体系侧重于创新产出与成效，对有助于创新积累的科教人才这一因素未列入综合评价体系中，这也是湖北得分稍低于湖南的原因所在。

总体来看，2016 年湖北创新的科技投入较大，仅次于江苏、浙江和广东；同时也取得了一定的创新成效。创新成效方面，湖南最为突出，高于东部三省，湖北也明显高于广东与江苏。这说明创新产品技术含量与附加值较高。但最终的创新产出湖北较为落后，仅高于江西，这说明湖北有创新产品，但规模与市场占有量还不占优势，未来在促进科技成果转化方面还要大力推进。

3. 产业结构与产业质量均存在问题

现代产业体系建设方面是湖北的短板，综合评价得分仅在江西之上，这在一定程度上与湖北的工业发展历史有关。湖北是近代工业的发祥地，是我国重要的老工业基地之一。新中国成立之初至 20 世纪 80 年代的三十多年间，湖北工业增加值在全国工业增加值中的比重渐次上升，1985 年达到 4.5% 的最高点，大大超过 3.3% 的全国平均水平，湖北工业在全国具有十分突出的地位。然而，20 世纪 90 年代以来，由于国家总体上处在工业化初期，重化工业产品需求小于轻工产品，加之国家发展重心东移，湖北在这一时期中缺乏充足财力进行重大装备工业的改造和提升，原有的工业优势未能得到充分发挥。1985 年以后，湖北在全国工业中的比重下降，湖北工业产品在全国的市场占有率也随之下降，一度低于全国平均水平。由于 20 世纪 80 年代至 21 世纪初期近 20 年来工业发展的低迷，随之第一产业、第三产业发展均活力不足，因而湖北整体产业体系较为落后。自 2004 年以来，湖北省抢抓国家支持中部崛起和长江经济带战略的历史性机遇，奋起直追，经过十几年的快速发展，湖北产业综合优势有了大幅提升，尤其是在中部地区优势明显，但与东部发达地区的差距在一定程度上依然存在，现代产业体系建设依然有很长的路要走。

现代产业体系建设不仅仅追求产业发展数量，而且注重产业发展结构与质量。2016 年现代产业体系评价中，不论是总分还是转型升级、产业协调与产业融合发展等单项得分，湖北都较低，在中部的优势亦不突出。湖北三次产业结构中第三产业比重除少数年份高于第二产业外，一直与第二产业比重不相上下，第三产业一直存在发展不充分的问题。因此，未来传统产业转型升级、加快第三产业发展、促进产业融合发展是湖北现代产业体系建设的重要着力点。

4. 开放型经济水平有待于提升

作为中部内陆省份，但近年来湖北开放型经济发展取得了重要突破，在 2016 年开放型经济水平评价中，总分排名第三，还高于浙江。在开放规模、开放结构、开放效益等单项评价中，除了开放规模稍显落后外，其余得分都处于中等偏上水平。开放结构得分排第三，超过广东；开放效益与浙江并列第三，远高于湖南与江西。

5. 绿色经济发展水平落后于发达地区

绿色经济发展水平评价得分，湖北在六个省份中排名第四，稍高于湖南与江西。在自然财富与生态服务供给方面，湖北得分在长江中游城市群三个省份中排在最末位，这表明，湖北的生态环境保护还未与经济发展同步。区域经济可持续发展的理想状态是：区域经济发展与自然生态服务供给水平呈正向同步增长。而广东省就达到了正向同步。即经济发展水平较高，自然财富与生态服务供给水平也较高。此外，在经济的资源环境需求评价方面，湖北、湖南、江西得分较低，主要由于工业固体废弃物综合利用效率较低。在绿色转型驱动方面，由于数据获取的原因，本报告主要考察了一个具体指标，即工业污染治理投资占固定资产的比重，从这一指标来看，湖北在中部地区处于领先水平，但与广东、江苏、浙江相比稍显落后。

6. 城乡协调发展还有拓展空间

从城乡协调发展水平看，湖北处于中部三省之首，但落后于广东、江苏、浙江三省，其中与广东、江苏差距不大，与浙江差距较大。从城乡经济协调发展度、城乡社会协调发展度、城乡空间协调发展度等三个细分二级指标评价结果来看，湖北有两个指标依然高于湖南、江西，低于广东、江苏、浙江。

（二）在长江中游城市群现代化经济体系构建引领型经济

针对上述存在的问题，湖北在构建长江中游城市群现代化经济体系中，应当在“五型”方向努力，重点发展具有湖北特色的引领型经济。

1. 着力发展创新型经济

2018 年 4 月 26 日，习近平总书记到东湖高新区考察，一再强调：过去那种主要依靠资源要素投入推动经济增长的方式行不通了，必须依靠创新；具有自主知识产权的核心技术，是企业的“命门”所在。他在烽火科技集团公司讲：“企业必须在核心技术上不断实现突破，掌握更多具有自主知识产权的关键技术，掌控产业发展主导权。国家需要你们在这方面加快步伐。”28 日下午在听取湖北省委、省政府工作汇报之后发表的重要讲话中又指出，要注重创新驱动发展，紧紧扭住创新这个牛鼻子，强化创新体系和创新能力建设，推动科技创新和经济社会发展深度融合。这为湖北塑造引领型发展提供了根本路径。

首先，要在存储芯片领域实现突破。目前，世界上存储芯片市场由美、日、韩主导，是高度垄断的寡头市场格局。最近的中兴事件给我们的思考是，最绝地的反击不是让美国撤销对中兴的限制，而是让“中国芯”真正走向世界。习近平总书记2018年4月26日在武汉新芯集成电路制造有限公司视察时讲道："装备制造业的芯片，相当于人的心脏。心脏不强，体量再大也不算强。要加快在芯片技术上实现重大突破，勇攀世界半导体存储科技高峰。"也就是总书记视察的当天，国家级信息光电子创新中心在武汉正式启动。该中心由烽火科技集团武汉光迅科技股份有限公司牵头组建，覆盖全国信息光电子领域60%的创新主体，承载着为信息光电子产业提供"中国芯"的国家使命。此前，国家已经在武汉布点了总投资240亿美元的长江（国家）存储器项目。湖北一定要牢记总书记嘱托，加快建设步伐，确保在2018年投产，争取尽快实现每月30万片芯片的产能，率先走出一条强"芯"之路。要聚集"产学研用融"优势资源，争取用三年时间建成国际一流的信息光电子制造业创新平台，相关成果达到国际水平，推动信息光电子产业所需核心光电子芯片和器件的行业供给率超过30%。

其次，要在智能网联汽车领域实现突破。智能网联汽车是智能汽车与互联网相结合的产物，可拉动汽车、电子、通信、服务、社会管理等行业协同发展。湖北具有发展智能网联汽车的良好基础。2016年11月3日，工业和信息化部与省政府签订合作框架协议，武汉成为智能汽车与智慧交通应用示范城市，武汉经济技术开发区成为首批入选示范区项目建设的核心区。可以说，发展智能网联汽车产业是武汉市承担的国家使命。如果说过去传统的汽车制造，我国与欧美有代差，但智能网联汽车则几乎是同步的，湖北省的武汉、襄阳在这方面已经起步。2017年12月2日，襄阳制造的无人驾驶公交车在深圳开放道路上试运行，在国内属首次，比全球最早的法国仅晚一年多。要加快发展，使智能网联汽车成为湖北引领型产业的一张名片。

再次，要在航空航天领域实现突破。2016年8月28日，国家发改委正式批复了《武汉国家航天产业基地实施方案》。作为我国首个国家级商业航天产业基地，武汉国家航天产业基地要着力打造航天运载火箭及发射服务、卫星平台及载荷、空间信息应用服务、航天地面设备及制造等四大主导产业。特别值得一提的是，武汉是北斗卫星导航技术核心研发基地，北斗技术的核心研究中心有导航卫星数据分析中心、数据中心以及电离层变化研究中心，三个中心在武汉。而荆门是全国五大通用航空产业基地之一，我国唯一的特种飞行器研究所就在该市，我国大飞机“三剑客”之一的AG600就由该所研制（另外两种是C919、运-20）。湖北省要加大对武汉、荆门、襄阳等地航空航天产业的政策支持力度，尽早将核心优势转化为产业优势和经济效益。

最后，要在海洋工程装备等其他领域实现突破。湖北不靠海，但为“海洋强国”战略和建设强大海军做出了卓越贡献。要支持武汉、荆州、宜昌等地加大海洋核动力平台、深海智能渔场等海洋工程装备领域的开发力度，将内陆湖北打造成“海洋经济强省”，将江城武汉打造为产业上“江海联动强市”。还要加快建设国家网络安全人才与创新基地，引进大数据、云计算、物联网等新一代信息技术领域高端人才和优质项目，打造特色数字经济体系。

创新引领型产业不只是以上提到的几个，也不仅限于武汉、襄阳等大城市。其他中小城市甚至县乡的企业也可能在小的领域有“绝活”，如仙桃新蓝天新材料公司是国内最大的有机硅交联剂、偶联剂、催化剂生产与研发的国家高新技术企业，连续两年被评为硅烷类产品全球第一。目前该市在全球细分市场就有14个“隐形冠军”。如果全省各市县都像仙桃那样狠抓“隐形冠军”并取得成效，湖北“引领型发展”的态势也就形成了。

2. 着力发展消费型经济

推动产业发展向中高端水平迈进。最能体现这一点的是消费型经济发展成效。在近年来推进的供给侧结构性改革中，服务业已经发挥并将继续起到十分重要的促进作用。我国消费结构正在发生深刻变化，以消费新热点、消费新模式为主要内容的消费升级，将引领相关产业、基础设施和公共服务投资迅速成长，拓展未来发展新空间。要贯彻好党中央、国务院的决策，更好地发挥新消费引领作用，加快培育形成经济发展新供给新动力。

首先，推动提质升级，培育拓展新兴消费热点。十九大报告将中高端消费列为“培育新增长点、形成新动能”的第一个领域。所谓中高端消费，就是更加追求品质、更加追求个性和更加追求全面发展的新型消费。当前，我国社会主要矛盾已经从“人民日益增长的物质文化需要同落后的社会生产之间的矛盾”转化为“人民日益增长的美好生活需要和不平衡不充分的发展之间的矛盾”，中高端消费是解决新时代社会主要矛盾的一个重要抓手。大力促进新消费领域发展，重点培育品质消费、时尚消费、信息消费、服务消费、文化消费、体育消费等新消费热点，发挥新消费引领作用，培育形成更多新技术、新产业、新业态、新模式，增强新消费对全产业链的引领和带动作用。武汉的赛马产业、宜昌的钢琴产业、荆门的航空运动产业、神农架滑雪产业等，都属于中高端消费，应大力支持。

其次，促进创新转型，打造面向全球的消费市场。重点在武汉打造全球知名的消费地标，打造个性独特的特色街区，打造舒适、便利、智能的社区商业，形成资源集聚的内外贸融合发展格局的国际消费城市；推进宜昌、襄阳、恩施、十堰、黄冈、咸宁、随州、黄石加快形成开放友好的旅游消费局面，打造跨界融合的会商旅文体联动格局。

最后，突出文化自信，大力发展人力资本服务产业。人力资本服务包含招聘、培训、职业指导、人事外包、测评、劳务派遣、管理咨询、人力资源信息软件服务等多种业务形态，早在2011年就被列入国家产业目录，也是十九大报告“培育新增长点、形成新动能”的重点领域。总部在荆门市的湖北群艺集团就是一家优秀的人力资本服务企业，其独创的“积分制管理”被广泛运用到各类企业（大到数万人的特大型国有企业，小到微型民营企业）和各类机构（机关、学校、社区），还走出国门在马来西亚、韩国、西班牙、澳大利亚等国推广，被评为全球500强企业商学院最认可的TOP100最佳人力资源机构，有效彰显了中国智慧、中国文化。同时，要大力发展具有湖北特色的大健康产业。因为人力资本不仅意味着知识和技能，还意味着健康和寿命。荆门、黄冈、潜江已将大健康产业列为支柱产业，应进一步发展壮大。特别是黄冈市，要深入挖掘李时珍、苏东坡、万密斋等历史名人养生文化资源，着力打造全国中医药和养生文化传播中心，努力建成全国大健康实用技术人才培训中心。

3. 着力发展枢纽型经济

所谓“枢纽”，是地理之要冲、事物之关键。武汉是“九省通衢”，湖北居祖国“天元”位置，为中部地区崛起之“支点”、长江经济带发展之“脊梁”，是名副其实的“枢纽”。要以此为依托，积极发展枢纽型经济。我国经济已由高速增长阶段转向高质量发展阶段。提高经济发展质量的核心首先是降成本，其中重点就在于降低物流成本。一条最根本的途径就是依托立体综合交通枢纽，进行生产与物流组织形态的创新，将企业之间、产业之间、地区之间有序协同起来，就能在很大程度上避免产能过剩及成本浪费。

首先，全力建设好长江中游航运中心。以武汉为核心，充分调动鄂州、黄冈、黄石、咸宁积极性，重点推进“645”航道工程建设，着力解决长江黄金水道“中梗阻”的问题，打造“水上高速”；提升阳逻国际港功能，加快建设航运产业总部区，支持“江海直达”新型船舶建造，完善近洋航线网络；在巩固武汉、九江、南昌、岳阳间定期集装箱公共班轮的基础上，扩大纳入“中三角集装箱公共班轮项目”港口范围。

其次，联合推进中欧班列（武汉）加速发展。汉新欧班列自 2012 年 10 月开通以来，从无到有，从弱到强，其辐射力、影响力逐年增强，市场带动效应逐渐凸显，枢纽大通道功能逐步完善，班列运营实现量与质的高速发展，现已成为中欧班列的重要品牌。2017 年开行 377 列，计 34198 标箱，比上年增长 58%；重箱率为 97. 71%，居全国首位，是全国唯一回程货量高于去程货量的班列。推广与省内外共享班列模式，在巩固“宜汉欧”“襄汉欧”的基础上，尽快开通“咸宁－武汉－乌兰巴托”茶叶班列，并吸引湖南、江西茶叶搭乘班列快车，共同重振“万里茶道”昔日之辉煌。

最后，加快推进湖北国际物流机场建设和发展。2018 年 2 月 23 日，国务院、中央军委对湖北省政府《关于湖北国际物流核心枢纽项目新建鄂州民用机场立项的请示》作出同意批复。这是湖北省和顺丰集团共同打造的全球第四个、亚洲第一个专业货运机场，总投资 372. 6 亿元，性质为货运枢纽、客运支线机场。2020 年建成后，将带动我国物流业再上新台阶，也为企业降低物流成本和时间成本发挥关键作用。

4. 着力发展开放型经济

湖北 2012 年就提出并实施“开放先导”战略，现已取得显著成效。当前在现代化经济体系建设中，要通过经济、社会、文化等领域更高水平的开放，促使资本、技术以及人力资源更加自由地流动，以实现资源、要素和产品的全球高效配置，增强对全球先进要素的吸纳能力，促进经济发展向先进水平跃升。

首先，要着力办好湖北自贸区。湖北自贸区实施范围 119.96 平方公里，其中武汉片区 70 平方公里，襄阳片区 21.99 平方公里，宜昌片区 27.97 平方公里。挂牌一年来，三大片区共新增市场主体 13017 家，以 0.065% 的国土面积实现了全省 31.4% 的合同利用外资、29.6% 的进出口总额。自贸区不仅成为高技术产业的密集区，而且培育出一批可复制推广的经验，9 项改革事项走向全省，4 项改革事项在区内推广。要大胆闯、大胆试、自主改，努力实现国家对湖北自贸区“全面改革开放试验田和内陆对外开放新高地”的战略定位。

其次，要加快转变对外经济发展方式。优化进出口商品结构，努力扩大自主品牌和高附加值产品出口，积极引进国外先进技术、能源资源、关键设备和零部件，推动国内产业转型升级。积极扩大服务贸易，建立健全服务贸易促进体系，推动服务贸易与货物贸易协调、互动发展。积极利用外资，推动引资、引技、引智有机结合，引导外资更多地投向现代农业、高新技术、先进制造、节能环保、新能源等领域。积极推动对外投资，充分发挥我国轻纺、服装、机械、家电等行业比较优势，鼓励企业到境外投资设厂，提高国际化经营能力。

最后，要深化对外开放的制度体系建设。提高开放透明度，形成更加适应转变对外经济发展方式的制度、规则和标准。放松贸易管制，优化贸易条件，减少非关税措施。深化涉外投资体制改革，认真研究国民待遇、准入清单等国际投资规则的通行做法，营造更加稳定、透明、高效的投资环境。完善进口管理体制和调控体系，健全产业损害预警和进口贸易救济机制，维护重点产业安全。

5. 着力发展“两型”经济

2007 年 12 月武汉城市圈获批全国“两型社会”建设综合配套改革试验区，迄今已逾十年。一些人认为，“两型社会”建设已经过时了。这是错误的。国务院批准的《长江中游城市群发展规划》明确要求武汉城市圈“积极推进‘两型社会’综合配套改革试验区和自主创新试验区建设，率先在优化结构、节能减排、自主创新等方面实现新突破”。十九大新党章明确要求：着力建设资源节约型、环境友好型社会，实现中华民族永续发展。湖北“两型社会”建设在全国处于领先水平，习近平总书记在听取武汉城市圈情况介绍时曾予以肯定并指出，“两型社会”建设意义重大，是发展内在要求，因为地球没有足够资源支撑，必须走自己的道路，对人类有所贡献。“两型”经济是“两型社会”建设的基础，湖北应在“两型”经济发展方面继续发挥引领作用。

首先，大力发展循环经济。荆门市是全国循环经济示范市，武汉市东西湖区、青山区是全国循环经济示范区，格林美股份有限公司荣获 2018 年全球循环经济跨国公司奖亚军。2013 年 7 月 22 日，习近平总书记在视察格林美公司武汉工厂时指出：“变废为宝、循环利用是朝阳产业。垃圾是放错位置的资源，把垃圾资源化，化腐朽为神奇，是一门艺术，你们要再接再厉。”要大力发展循环工业、循环农业，使得绿水青山得到更多、更好的保护。

其次，重点发展战略性新兴产业。战略性新兴产业都具有“两型”属性。如新能源包括风能、太阳能、地热、生物质能、水电等，是低碳经济的核心；新材料产业是现代产业的重要基础，具有节能、优质、耐用等特性；生物产业是名副其实的绿色产业，生物技术在医疗保健、农业、环保、轻化工、食品等重要领域对改善人类健康与生存环境、提高农牧业和工业产量与质量都在发挥越来越重要的作用；信息网络产业也是改变社会的绿色力量，电子商务、网络媒体、物联网等将根本改变人类的生产生活方式，改变人类认识、改造世界的实践方式，推进人与自然和谐相处。

再次，全面推广“两型”消费模式。树立“两型”消费理念，建立

“两型”消费模式，是生态文明建设的社会基础。武汉城市圈倡导绿色消费，强化绿色管理，突出环境保护，促进商业、餐饮、娱乐业健康发展。已全面禁止商场、医院等机构提供免费塑料包装，禁止旅馆、酒店、餐馆主动提供一次性碗筷、牙具、拖鞋和洗涤用品。以“节地、节能、节水、节材”为重点，以最少的能源投入、最低的资源消耗和最小的环境干扰，营造安全、健康、舒适的绿色空间，改善人居环境，推动绿色建筑发展。此外，积极开展绿色建筑和低碳交通示范。

最后，加快推进全国碳市场和碳金融中心建设。湖北碳市场自交易以来，总开户数、市场参与人数、日均交易量、市场履约率等有效指标都排名全国第一，而且湖北和山西、安徽、江西等省签订了“碳排放权交易跨区域合作交流框架协议”，在会员整合上有着较大优势并被各界认可。2017 年 12 月 19 日，国家发改委在北京宣布，湖北获批牵头承建全国碳交易注册登记系统，承担碳排放权的确权登记、交易结算、分配履约等重要业务和管理职能，是全国碳市场体系建设的核心和基础，更是全国碳资产的大数据中枢，将汇集全国重点控排企业信息。注册登记系统的落户有利于湖北发展碳金融及其衍生品，而前期的全国碳金融活动几乎全部集中在湖北。要抓住机遇，将湖北打造成为全球最大的碳金融中心，为湖北引领型发展书写华丽篇章。

参考文献

秦尊文：《现代化经济体系蕴含丰富的科学内涵》，《湖北日报》2017 年 10 月30 日。

秦尊文：《何为现代化经济体系》，《中国社会科学报》2017 年 11 月 30 日。

秦尊文：《主体功能区是两型社会建设的顶层设计》，《学习与实践》2012 年第 4 期。

秦尊文、李兵兵：《现代化经济体系的内涵与建设重点》，《社会科学动态》2018 年第 5 期。

迟福林：《从三个维度看现代化经济体系建设》，《中国经济报告》2017 年第 12 期。

简新华：《新时代现代化经济体系建设几个关键问题》，《学术前沿》2018 年第 1 期。

周波：《如何看待建设现代化经济体系与高质量发展》，《国际贸易问题》2018 年第 2 期。

洪银兴：《新时代的现代化和现代化经济体系》，《南京社会科学》2018 年第 2 期。

张俊山：《对新时代中国特色社会主义现代化经济体系建设的几点认识》，《经济纵横》2018 年第 2 期。

叶学平主编《新时代现代化经济体系建设》，武汉大学出版社，2018。

专题报告

Special Reports

B.2

长江中游城市群区域生态建设年度报告及对策建议

陈丽媛*

摘　要： 长江中游城市群所在的湖北、湖南、江西三省一直非常重视生态建设，制定了一系列举措，取得了很大的成效，但是也存在诸多不足。在2016年全国生态文明建设年度评价结果排序中大部分指标也仅仅居中偏上，有些指标排名甚至偏后。针对差距，要进一步加大生态建设力度，建设美丽中三角。

关键词： 长江中游城市群　生态建设　生态环境

* 陈丽媛，湖北省社会科学院长江流域经济研究所副研究员。

一 2017年长江中游城市群三省区域生态建设举措及成效

（一）共同开展保护大行动

1. 湖北省以项目为支撑，推动生态省建设

第一，明确工作重点。2017 年 6 月，湖北省环境保护委员会在《关于印发 2017 年生态省建设重点工作任务的通知》（鄂环委〔2017〕6 号）中，布置了 2017 年生态省建设重点工作任务，包括推动绿色发展、划定并严守生态保护红线、推进生态建设和环境保护、坚决向污染宣战、落实最严格的环境保护制度、生态文明建设特色创新情况等 6 大块 19 个方面，全方位地推动生态省建设。

第二，进一步优化生态保护红线。湖北从 2013 年开始，经过三年的时间，完成了生态保护红线划定的试点工作。2017 年，湖北进一步优化调整试点期间划定的生态保护红线方案。根据规划，湖北在 2017 年底最终划定生态保护红线；在 2018 年启动勘界定标，并且对接国家生态保护红线监管平台，同时启动省级平台建设。

第三，以项目建设为抓手。2017 年湖北省领导领衔推进的重大项目清单就有长江大保护生态环境建设、长江宜昌段生态环境修复和治理以及汉江流域生态建设工程等。在由湖北省与国家开发银行共同编制的《湖北长江经济带生态保护和绿色发展融资规划》中，初步建立的项目库总投资约 114 万亿元。

第四，加强资金支持。2017 年筹措了近 77 亿元资金用于支持长江经济带生态建设，在五大方面加大治理支持力度。包括土壤污染防治方面主要用于农村面源污染治理、城乡垃圾综合治理以及畜禽养殖污染综合治理等；大气污染防治方面主要用于支持秸秆露天禁烧和综合利用、落实省环境空气质量生态补偿政策和配合相关部门支持营运车船向清洁化发展等；水污染防治

方面主要用于支持南水北调水源地保护、安排水资源费、返还省级水资源费以及争取中央水污染防治专项资金等；另外，安排专门资金用于生态文明建设以及境监管能力建设。

2. 湖南省以“气水土”三大环境治理为重点

第一，打响“气水土”三大环境治理战役。2017 年 3 月 21 日，湖南省环保厅组织召开了全省 2017 年大气、水、土壤环境治理战役推进工作视频会。在这次会议上明确该年度的工作目标和重点工作任务，即坚决打好大气、水、土壤环境治理战役。在大气污染防治方面，推进重点行业企业污染治理，包括钢铁、火电、有色、水泥等行业；继续加强对燃煤污染的治理，不仅将高污染燃料禁燃区的范围进一步扩大到城市建成区，而且对城市建成区内所有 10 蒸吨以下的燃煤锅炉实施全面淘汰；同时，要加快淘汰老旧机动车，基本淘汰现有黄标车，加强对机动车环境的严格管理；积极应对重污染天气，尤其是在城市扬尘和面源污染防治方面下大力气。在水环境治理方面，湖南省湘江保护“一号重点工程”向“一湖四水”延伸，即洞庭湖、湘江、资江、沅江、澧水；推进洞庭湖区域污染综合治理，继续抓好“十大重点工程”“五大专项行动”；突出抓好饮用水水源地保护和水质较好湖泊保护；整治黑臭水体和不达标水体，要求地级以上城市建成区黑臭水体治理任务在年底必须完成任务的 60%。在土壤污染防治方面，做好土壤环境污染状况调查、土壤污染防治、风险管控的宣传教育以及常德市土壤污染综合防治先行区建设等工作。①

第二，全面实现河长制。2017 年 2 月 26 日，湖南省召开了全面推行河长制暨水利工作会议，要求在江河湖库上全面实行河长制，建立省、市、县、乡四级河长体系。9 月 7 日，举行第一次全省总河长会议，会议审议通过了《河长制工作考核办法》，要求以河长制为抓手，系统抓好水环境保护治理、水资源和水生态保护。现在湖南省责任明确的河长制体系已经建立，确定了省、市、县、乡各级河长，高效运转的工作机制已经形成。出台了

---

① 《2017 年湖南省将打响“气水土”三大环境治理战役》，腾讯大湘网，2017 年 3 月 21 日。

《湖南省2017年实施河长制工作要点》，建立河长制工作考核奖罚制度，以水质水量监测、河湖生态环境保护、水域岸线管理等为主要考核指标。推行河长制，有效地遏制了湖南省重点区域和河段的垃圾入河、非法采砂、超标排污、侵占水域岸线等相关问题。

第三，出台了系列文件。如制定了《湖南省生态保护红线划定方案》，并在2017年11月29日获得通过。出台《湖南省人民政府办公厅关于健全生态保护补偿机制的实施意见》（湘政办发〔2017〕40号）、《湖南省长株潭城市群生态绿心地区保护实施条例全文（2017年最新版）》。12月底，湖南省人民政府办公厅印发《洞庭湖生态环境专项整治三年行动计划（2018～2020年）》等。这些文件的出台为湖南生态文明建设提供了有效的制度保障。

3. 江西省全面启动国家生态文明试验区建设

2017年是国家生态文明试验区全面启动的一年，江西省作为国家生态文明试验区省份，按照建设国家生态文明试验区的要求，加快实施“六大行动”，形成“二十项制度成果”，推进“六大工程”。具体来说，“六大行动”重点推进“三治理、两提升、一督察”行动，包括工业园区污染综合治理行动、农业面源污染综合治理行动、大气污染防治行动、城乡生活垃圾分类及处理提升行动、“清河”提升行动、生态文明建设督察行动；“二十项制度成果”即4项山水林田湖系统保护与综合治理制度体系、4项最严格的环境保护与监管体系、3项促进绿色产业发展的制度体系、3项环境治理和生态保护市场体系、3项绿色共治共享制度体系、3项全过程的生态文明绩效考核和责任追究制度体系；“六大工程”包括流域综合治理工程、山水林田湖生命共同体建设工程、重点平台建设工程、生态文明示范创建工程、绿色发展推进工程、绿色惠民与生态文化建设工程。2017年6月15日，江西省在南昌召开全省城乡环境综合整治工作会议，强调从环境污染治理、农村建房整治、市容市貌整治、城乡基础设施建设、精神文明建设五个方面入手，突出环境保护。在制度建设方面，江西省出台了《关于深入落实国家生态文明试验区（江西）实施方案的意见》（赣发〔2017〕26号）；省委办公厅、省政府办公厅出台《江西省全面推行河长制工作方案（修订）》和《关于以推进流域生态综合治理为抓手打造河长制升级版的指导意见》两个重要文件，打造河长制升级版。

（二）湖北省生态环境质量状况

1. 环境质量方面

2017 年湖北省水质稳中趋好，总体有所改善；空气优良天数比重提升，质量明显改善；城市环境噪声状况总体良好；生态环境质量状况和全省农村环境质量良好。在水环境质量方面，2017 年湖北省 179 个河流监测断面，86.6% 的断面水质优良，符合Ⅰ至Ⅲ类标准，只有 3.9% 的水质污染较重，为劣Ⅴ类。主要河流总体水质稳定在良好，18 个长江干流监测断面水质均达到Ⅱ至Ⅲ类，为优良类；20 个汉江干流监测断面水质均达到Ⅰ至Ⅱ类，为优。全省城镇集中式饮用水源地水质总体保持稳定，县级水源地水质全部达标。当然，湖泊水质总体形势依然不容乐观，监测的 21 个湖泊水域中，42.9% 的湖泊水质优良，符合Ⅱ至Ⅲ类标准，比 2016 年提升了 4.8 个百分点，然而斧头湖武汉水域从Ⅲ类下降至Ⅳ类，张渡湖水质从Ⅳ类下降至Ⅴ类，网湖水质从Ⅴ类下降至劣Ⅴ类。在空气环境质量方面，2017 年 17 个重点城市空气优良天数比重平均为 79.1%，比 2016 年提高了 5.7 个百分点，优良天数比重明显提高，主要污染物浓度大幅下降，环境空气质量明显改善，超额完成各项考核目标任务。其中，17 个重点城市中，神农架、天门、潜江空气质量排名前三。同时，全省农村环境质量监测结果显示，地表水源地水质达标率为 93.5%，河流、湖库水质达标率为 84.5%；空气质量达标率为 99.5%；土壤环境质量达标率为 85.6%，农村环境质量状况保持良好。

2. 生态建设方面

2017 年全省生态环境状况指数为 71.91，生态环境状况良好。森林覆盖率比 2016 年提高了 2.2 个百分点，达到 41.6%。全省自然保护区达到 46 个，其中 24 个国家级自然保护区，22 个省级自然保护区。节能减排取得成效，万元生产总值能耗下降 23.7%，主要污染物总量减排完成国家下达目标任务。生态文明创建工作取得新成效，京山县获评首批“国家生态文明建设示范县”荣誉称号；宜都、大冶成为全国文明城市，湖北全国文明城市增至4座。

（三）湖南省生态环境质量状况

1. 环境质量方面

2017年湖南省大气环境和地表水环境质量保持稳定，地表水水质总体为优；区域声环境质量总体上处于“较好”水平。水环境质量方面，2017年，全省345个评价考核断面中，323个断面达到或优于Ⅲ类水质标准，占93.6%。其中，20个断面达到Ⅰ类水质，占5.8%；257个断面为Ⅱ类水质，占74.5%；46个断面为Ⅲ类水质，占13.3%；1个断面为Ⅴ类水质，约占0.3%；1个断面为劣Ⅴ类水质，占0.3%。化学需氧量、氨氮、总磷、氟化物、五日生化需氧量、砷等为影响全省河流水质的主要污染指标；总磷、化学需氧量为影响全省湖库水质的主要污染指标。四水干流水质整体稳定，支流的水质包括洞庭湖湖体、浏阳河等局部有所提升。在全省14个设区城市的饮用水水源地中，水量达标率为97.2%，比2016年下降了1.4个百分点；设区城市的饮用水水源达标率比2016年下降3.5个百分点，为93.1%。大气环境方面，2017年全省14个城市，平均优良天数占比为81.5%。节能减排方面。节能减排目标全面实现，主要污染物中，与2016年相比，化学需氧量排放量削减5.56个百分点，氮氧化物削减5.07个百分点，氨氮削减3.04个百分点，二氧化硫削减6.65个百分点。

2. 生态建设方面

2017年湖南省的湿地保护率达75.44%。共有12个国家地质公园。已批准建设163个自然保护区，面积总计135.6万公顷。其中，22个国家级自然保护区，27个省级自然保护区。全年完成34.3万公顷造林面积，年末131.6万公顷实有封山（沙）育林面积，5.5亿立方米活立木蓄积，59.68%的森林覆盖率。文明创建工作有成效，2017年湘潭和韶山成功创建全国文明城市，加上长沙、常德、株洲、岳阳，湖南有6个全国文明城市。

（四）江西省生态环境质量状况

1. 环境质量方面

2017年全面开展劣Ⅴ类水体整治，年末江西省地表水Ⅰ至Ⅲ类水质达标比重达88.5%，国家考核断面水质92%的优良率。环境空气质量11个设区市83.9%的优良率。植树造林方面，2017年江西省森林覆盖率稳定在63.1%，完成134.1万亩造林面积，572.2万亩森林抚育，改造177.1万亩低产低效林。实施生态清洁型小流域建设，推动水土流失治理，综合治理1100平方公里以上水土流失面积。共建立159处自然保护区，其中，16处国家级、39处省级、104处市县级。106.33万公顷自然保护区面积，占全省面积的6.4%。节能减排方面，全年能源消费总量比2016年增长2.8%，达8995.3万吨标准煤；万元GDP能耗比2016年降低5.5%，为0.4501吨标准煤，属于超额完成年度节能“双控”目标任务。

2. 生态建设方面

2017年10月2日，《国家生态文明试验区（江西）实施方案》正式获批，江西省深入推进生态文明试验区建设，绿色生态优势明显。生态文明制度进一步完善，生态文明建设目标考评、河长制完善升级等20项制度成果已经形成。上饶、景德镇、赣州创建国家森林城市；资溪、靖安、婺源被授予国家生态文明建设示范县；九江市首个保护江豚的民间组织——九江市青山绿水自然保护中心正式注册；启动抚州生态产品价值实现机制等国家试点。赣州市纳入国家山水林田湖生态保护修复试点，重点实施五大工程——水土流失治理、矿山环境修复、流域水环境保护与整治、生态系统与生物多样性保护、土地整治与土壤改良等；南昌市和新余市创建国家水生态文明城市试点，顺利通过验收成为全国首批水生态文明城市；江西赣州市和信丰县荣获2017中国绿色发展优秀城市称号；在南昌五星垦殖场建成全国首个民间白鹤保护小区；农业部将江西省列为全国唯一的绿色有机农产品示范基地试点省；武夷山列入世界文化与自然双遗产名录等。

二 长江中游城市群区域生态建设在全国中的位次

长江中游城市群区域所在的三省近年来生态文明建设取得了长足的进展，与全国各省份相比，有其优势，也有其不足。2017 年 12 月 26 日，国家统计局、国家发改委、环保部、中组部发布了《2016 年生态文明建设年度评价结果公报》，首次公布 2016 年度各省份（不含港澳台）绿色发展指数和公众满意程度。绿色发展指标体系包括资源利用、环境治理、环境质量、生态保护、增长质量、绿色生活、公众满意程度等 7 个方面，共 56 项评价指标。其中前 6 个方面的 55 项评价指标纳入绿色发展指数的计算，公众满意程度调查结果进行单独评价与分析。结果显示：湖北绿色发展指数位列全国第 7，公众满意程度居第 20 位；湖南绿色发展指数位列全国第 8，公众满意度居第 7 位；江西绿色发展指数位列全国第 15，公众满意度居第 13 位（见表 1）。这一结果总体反映了长江中游城市群所在的三省生态文明建设和经济社会发展现状，既体现出成就，也反映了不足。三省要抓紧弥补短板，加快生态文明建设步伐，进一步提升在全国的排名位次。

表 1　2016 年生态文明建设年度评价结果排序

省份	绿色发展指数	资源利用指数	环境治理指数	环境质量指数	生态保护指数	增长质量指数	绿色生活指数	公众满意程度
北　京	1	21	1	28	19	1	1	30
福　建	2	1	14	3	5	11	9	4
浙　江	3	5	4	12	16	3	5	9
上　海	4	9	3	24	28	2	2	23
重　庆	5	11	15	9	1	7	20	5
海　南	6	14	20	1	14	16	15	3
湖　北	7	4	7	13	17	13	17	20

续表

省份	绿色发展指数	资源利用指数	环境治理指数	环境质量指数	生态保护指数	增长质量指数	绿色生活指数	公众满意程度
湖　南	8	16	11	10	9	8	25	7
江　苏	9	2	8	21	31	4	3	17
云　南	10	7	25	5	2	25	28	14
吉　林	11	3	21	17	8	20	11	19
广　西	12	8	28	4	12	29	22	15
广　东	13	10	18	15	27	6	6	24
四　川	14	12	22	16	3	14	27	8
江　西	15	20	24	11	6	15	14	13
甘　肃	16	6	23	8	25	24	23	11
贵　州	17	26	19	7	7	19	26	2
山　东	18	23	5	23	26	10	8	16
安　徽	19	19	9	20	22	9	23	21
河　北	20	18	2	30	13	25	19	31
黑龙江	21	25	25	14	11	18	12	25
河　南	22	15	12	26	24	17	10	26
陕　西	23	22	17	22	23	12	21	18
内蒙古	24	28	16	19	15	23	13	22
青　海	25	24	30	6	21	30	30	6

资料来源：2016 年生态文明建设年度评价结果公报，中华人民共和国统计局网，2017 年 12 月 26 日。

三　长江中游城市群区域生态建设对策

长江中游城市群三省是长江经济带重要的组成部分，长江经济带生态建设日益重要。习近平总书记分别在 2016 年、2018 年召开长江经济带座谈会议上提出，要共抓大保护，不搞大开发；要实现长江经济带生态优先、绿色发展。长江中游城市群各省要对照考核结果，进一步扬长补短，落实十九大报告的要求，“坚持节约资源和保护环境的基本国策，像对待生命一样对待生态环境，统筹山水林田湖草系统治理，实行最严格的生态环境保护制度，形成绿色发展方式和生活方式，坚定走生产发展、生活富裕、生态良好的文明发展道路”，使三省生态文明建设今后年度评价在全国位次有所前移。

（一）继续狠抓节约优先战略，推进资源高效集约利用

2016 年湖北资源利用指数排名全国第 4，湖南排全国第 16 位，江西排全国第 20 位，湖北远超湖南、江西，说明湖北在资源利用方面强于江西、湖南。近十年来，湖北省以武汉城市圈为依托，持续推进资源节约和环境友好社会建设。2016 年，湖北启动了全国首个国土资源节约集约示范省创建工作，出台了关于实行最严格水资源管理制度的意见、试点方案、考核办法等一批规范性文件，大力推进工业、农业、建筑、交通及公共机构等重点领域的节能工作，成效显著。2017 年湖南省人民政府印发了《湖南省“十三五”节能减排综合工作方案》，方案从优化产业和能源结构、加强重点领域节能、强化主要污染物减排、大力发展循环经济、实施节能减排工程、强化节能减排技术支撑和服务体系建设、完善节能减排支持政策、建立和完善节能减排市场化机制等方面进行了部署与安排。江西省积极推行万家企业节能低碳行动，建立能效对标，创建能效“领跑者”制度，对“三高”产业新增产能项目严格控制，坚决淘汰落后产能，改造提升传统产业，提升企业工艺、装备、能效水平。

但是，三省在资源高效集约利用方面也存在一定的问题。长期以来形成的农业漫灌用水、工业直流用水、企业高耗水等传统用水方式加上居民节水意识不强，使水资源供给矛盾依然是经济社会可持续发展的瓶颈；土地利用率不高，如湖北除武汉市外，各地单位 GDP 地耗水平均偏高；随着工业化、城镇化进程加快和消费结构持续升级，三省能源需求刚性增长，资源环境约束趋紧，缺煤、少油、乏气等能源问题是各省经济社会发展的主要制约因素。

因此，三省尤其湖南、江西两省必须严格落实节约优先战略，继续严守

资源利用上线，进一步强化约束性指标管理，实行能源、水资源、建设用地等总量和强度双控行动。如在水资源方面，严守水资源利用上限，大力推进农业、工业、城镇节水，建设节水型社会，实施以水定城、以水定产，严格控制高耗水行业发展，统筹流域水资源开发利用，深化水资源统一调度。立足各类自然资源自身的特殊性，进一步完善归属清晰、权责明确、监管有效的自然资源资产产权制度，更好地促进资源的合理开发和利用。不断加强技术创新，大力发展循环经济，提高资源利用率。广泛开展宣传教育，唤醒全社会的自然资源节约意识，努力在全社会形成节约自然资源、保护自然资源、呵护自然资源的良好氛围和自觉行动。

（二）进一步加大环境治理力度，提高环境质量

2016 年，湖北省环境治理指数靠前，排全国第 7 位；环境质量指数排第 13 位；湖南省环境治理指数排第 11 位，环境质量指数排第 10 位；江西省环境治理指数排第 24 位，环境质量指数排第 11 位。除了江西省环境治理指数在全国靠后，其他指标三省在全国都是居中偏上。为加强环境治理与保护，湖北省对水、气、土都进行了单独立法保护，这在全国是第一个；率先出台《推进长江经济带生态保护和绿色发展决定》，“查、关、治、罚、复、退”六措并举，在全国起到良好的示范作用。湖南也积极开展环境治理行动，如洞庭湖水环境综合治理专项工程、湘江保护和治理“一号重点工程”等。当然，三省的环境治理依然存在问题，环境质量亟待提高。

要坚守环境质量底线，以管住污染源头为重点，持续打好治水、治气、治土战役。坚决把修复长江生态环境摆在压倒性位置，湖南要深入实施《长江大保护九大行动方案》，湖南重点将“一号重点工程”向洞庭湖和湘江、资水、沅水、澧水“一湖四水”延伸；江西在提升航道等级、打造长江“最美岸线”等方面下功夫。江西省要落实《推进环境污染第三方治理工作实施细则》，推进环境污染第三方治理。严格环境准入负面清单，分区分类设置产业准入环境标准，提升环境保护优化产业布局和经济发展的能力。建立跨区域环境污染联防联控体系，完善全省环境风险预测预警体系，

提高环境监测和环境风险防范能力，全面推进空气质量、水环境质量、污染物排放、污染源、排污单位环境信息公开。进一步加大环境执法力度，通过深入推进重点行业企业达标整治、规范环境监督执法行为、实施行政执法与刑事司法联动、严惩环境违法行为等举措，在全社会形成“不敢污染，不能污染，不想污染”的良好氛围。

（三）严守生态保护红线，实施生态保护与修复

2016 年湖南、江西生态保护指数排名靠前，湖南排第 9 位，江西排第 6 位。湖北生态保护指数排第 17 位，拖了全省生态文明建设在全国排名的后腿。对湖南、江西来讲要继续保持并做得更好。而就湖北而言，近年来湖北省也在加大生态环境保护力度，如湿地保护面积已经由减变增；出台《关于全面推行“河湖长制”的实施意见》，从落实水资源管理、划定河湖水生态空间、加强水污染防治、强化水环境治理、推进水生态修复与保护、加强执法监管等方面提出了更高要求。然而，湖北生态系统退化现象依然存在。湿地有效保护率为 41% 左右，低于全国 45% 的平均水平；水利工程、水污染以及渔业的非法捕捞和过度捕捞等，加剧了长江淡水生态系统的退化和生物多样性资源的衰减；全省森林资源存在森林面积增速放缓、林地流转压力增大、人工林增速降低、资源消耗量较大等问题。党的十九大报告明确提出要“实施重要生态系统保护和修复重大工程”。湖北生态修复任务依然很重，要严守生态保护红线，实施重大生态修复工程，有序开展退田还湖还湿，强化三峡、丹江口、清江等库区和洪湖等重点湖泊的保护。要把预防为主、源头治理放在首位，控制人类活动对自然的过度索取，停止对大自然的肆意侵害，依靠大自然的力量实现自我修复。同时，山水林田湖草生态系统保护修复是一个整体，要按照“生命共同体”理念编制、修订生态系统保护修复规划，把流域、区域作为保护和修复的有机整体，整体设计，分项治理。

三省要进一步理顺管理体制，形成长效保护机制。山水林田湖草是一个相互关联的统一的生态系统，相互影响、相互促进，而目前分属不同的管理

部门，职责相互分割。将影响生态保护修复系统性效果的有效实现。应授权三省各自省环保部门总牵头，建立山水林田湖草生态保护修复相关管理部门的协调机制和统一监管机制，落实生态保护与修复责任主体，重点打破部门分割现状，加强部门联动，形成管理合力。

（四）深入推进供给侧结构性改革，提高经济增长质量

2016 年湖南省的增长质量指数排名第 8，湖北省的增长质量指数排名第 13，江西省的增长质量指数排名第 15，长江中游地区总体上位置居中上。2016 年三省都深入推进供给侧结构性改革，“三去一降一补”五大重点任务有效落实。但是，三省经济增长面临的下行压力未得到根本扭转，实体经济的供给质量还不高，产能过剩与需求结构升级之间的矛盾仍较为突出，稳增长、调结构、转方式的任务很重，供给侧结构性改革依然压力较大。

党的十九大报告明确指出，我国经济已由高速增长阶段转向高质量发展阶段，必须坚持质量第一、效益优先，以供给侧结构性改革为主线，推动经济发展质量变革。2017 年底中央经济工作会议也强调要推动高质量的发展。三省要重视发挥竞争政策的作用，加速推进《中国制造 2025》，在进一步化解当前的过剩产能、库存和“僵尸企业”的基础上，预防产生新的过剩产能、库存和“僵尸企业”，注重运用市场力量调整存量结构，加快推进制造业转型跨越，着力提升制造核心竞争力。做好“僵尸企业”的腾笼换鸟工作，对于那些已停产、半停产、连年亏损、资不抵债，主要靠政府补贴和银行续贷维持的企业，应积极推动出清重组，通过土地出让、闲置资产租赁以及引进优质企业等措施，最大限度地节约利用日益稀缺的资源。深入实施创新驱动战略，加快传统产业和重点行业转型升级，积极培育经济新动能，推动新技术、新产业、新业态、新模式发展，支持发展共享经济，做大做强数字经济。突出新技术支撑，聚焦前沿技术，打破转化壁垒，让科技成果尽快转化为现实生产力。进一步优化吸引人才、资金、企业等各方面的发展环境。

当前，三省正进入生态环境质量的逐步改善期、绿色发展的逐步增长

期，用好指数评价考核“指挥棒”，引导各地补齐绿色发展短板，推进长江中游城市群经济更高质量地增长。

（五）积极倡导绿色生活，加强正面宣传，提高群众满意度

三省在绿色发展、生态环境保护方面做了大量的工作，取得了积极的成效，这一点毋庸置疑。然而2016年湖南绿色生活指数排名全国第25，公众满意程度排名第7；江西绿色生活指数排名全国第14，公众满意程度排名第13；湖北绿色生活指数排名全国第17，公众满意程度仅排名第20。湖北省资源利用、环境治理指数排名居全国前列，生态文明建设得到国家肯定，但国家统计局通过采用计算机辅助电话调查系统随机抽取城镇和乡村居民进行电话访问进行的“公众满意程度”测评，得分不高，而江西的资源利用、环境治理指数排名都没有湖北省高，但绿色生活指数、公众满意度指数排名都比湖北省靠前，表明湖北省在宣传方面力度不够，群众感受度不强，导致美誉度不高，湖南的绿色生活指数排名也靠后，表明湖南也必须在倡导绿色生活方式、总结生态文明建设成绩方面加大宣传引导的力度。当然，对三省而言，都要坚决贯彻十九大精神，“倡导简约适度、绿色低碳的生活方式，反对奢侈浪费和不合理消费，开展创建节约型机关、绿色家庭、绿色学校、绿色社区和绿色出行等行动”。进一步推行绿色居住，推广绿色建筑，发展绿色交通，实行绿色政务，培育绿色消费，选择绿色产品，开展绿色回收等。要对上述各方面取得的先进经验，利用报刊、电视、网络等媒体进行广泛宣传；利用地球日、爱鸟周、湿地日等机会，开展生态文明主题宣传活动；充分发挥群众团体、社会组织在绿色发展中的积极作用，在广大城乡深入开展各类生态文明创建活动，让绿色发展理念深入每一个人的心中，人人共建共享生态文明，形成和放大正能量。

参考文献

《2017江西省环境状况公报》。

《2017 湖北省环境状况公报》。

《2017 湖南省环境状况公报》。

《湖南省 2017 年国民经济和社会发展统计公报》。

《湖北省 2017 年国民经济和社会发展统计公报》。

《江西省 2017 年国民经济与社会发展统计公报》。

《2017 年湖南省将打响“气水土”三大环境治理战役》，腾讯大湘网，2017 年 3 月 21 日。

《2016 年生态文明建设年度评价结果公报》，国家统计局，2017 年 12 月 26 日。

《长江中游城市群省会城市合作行动计划（2017 ~ 2020 年）》。

B.3
长江中游城市群经济发展与基本公共服务协调性分析

汤鹏飞*

摘　要：　经济发展与基本公共服务水平的协调性研究具有重要的理论与现实意义，本文以2005~2016年长江中游城市群28个地级市的面板数据为基础，运用改进熵值法和协调发展度模型，对其经济发展系统与基本公共服务系统的协调发展度进行了测算与分析。实证结果表明：长江中游城市群2005~2016年的经济发展与基本公共服务处于亚协调发展水平阶段；城市协调发展等级呈现“金字塔”形，以濒临失衡等级的城市居多，除武汉、长沙、南昌以外的25个城市均属于经济滞后（损益）亚型；城市规模与协调发展度呈现一定的对应关系，城市规模越大其协调水平越高。建议通过加强战略认识、加快经济高质量发展、推动分类施策、强化中小城市支撑等措施，推动长江中游城市群经济发展与基本公共服务的协调发展。

关键词：　长江中游城市群　经济发展　基本公共服务　协调性

一　引言与相关文献综述

基本公共服务作为社会“公平与正义”的诉求，是政府社会治理和政

* 汤鹏飞，湖北省社会科学院长江流域经济研究所副研究员。

策制定的重要价值取向和逻辑基点。2005 年十六届五中全会通过的《中共中央关于制定国民经济和社会发展第十一个五年规划的建议》首次提出了"公共服务均等化原则"，随后经过国家的统筹与部署，将基本公共服务均等化作为我国在 2020 年全面建成小康社会的重要内容。长江中游城市群作为我国发展战略格局的重点区域，不仅承担着长江经济带核心增长极的重要功能，而且在推动国家基本公共服务发展过程中起着重要作用，2015 年 4 月国家印发的《长江中游城市群发展规划》将"公共服务发展与共享"作为城市群建设的重点任务之一。因此，研究长江中游城市群经济与基本公共服务的协调发展具有重要的现实意义。

经济与公共服务的关系研究是学术界普遍关注的问题，最早可追溯到古典经济学时代关于财政支出的相关理论，随后的新古典内生经济增长理论、财政分权理论也为相关研究奠定了良好的基础。综合国内外文献，总体对经济与基本公共服务关系进行系统理论研究的文献较少，以实证研究居多。国外的相关研究主要集中在公共投资对经济增长的作用，如 Barro 通过对 98 个国家 1960 ~ 1985 年的人均 GDP 增长率进行回归分析，认为公共消费和公共投资对人均 GDP 分别产生负面和正面影响；Devarajan 等基于 43 个发展中国家近 20 年的数据分析，认为政府生产性支出占比对经济增长有副作用，而非生产性支出占比对经济增长有促进作用；Chatterjee 等研究了纯粹的转移支付和公共投资与经济增长的关系，指出公共投资会对短期经济增长产生重大影响；Diego 等研究了欧盟 15 国公共财政与长期经济增长的关系，指出政府规模、政府消费和直接征税对经济增长有不利影响，而公共财政对经济增长有促进作用；Toshiki 研究了多样化公共投资的形式对经济增长的影响，认为公共投资通过刺激需求促进了经济发展，也提高了市场利率。

国内学者关于公共服务与经济关系的研究，集中在"公共服务与经济增长关系"领域的讨论上，主要包括两个方面内容。一是讨论公共服务与经济增长的正反向关系，如庄子银等基于 1980 ~ 1999 年时间序列和省级横截面数据分析，认为公共支出的调整成本上升对经济增长带来不容忽视的负面影响；匡贤明认为公共服务能够通过提高社会分工程度来促进经济增长；方茜提出我国在2000 ~

2010 年的基本公共服务水平与经济增长高相关、与经济发展从低相关向高相关过渡；杨颖等认为公共服务水平提高可以促进经济增长，但经济增长未必能带来公共服务水平的提高；卢娟等在测度我国 2003～2013 年省域公共服务均等化水平的基础上，发现公共服务均等化及政府公共财政支出能有效促进区域经济增长。二是讨论公共服务与经济增长关系的区域差异，如冉光和等基于中国东部和西部的省级面板数据研究，发现东部和西部基本建设支出和科教文卫支出与经济增长关系具有明显差异；段艳平等提出东部地区基本公共服务供给与经济增长之间既具有长期的均衡关系，也具有短期均衡关系，而中部和西部地区两者之间既无长期的均衡关系，也无短期的均衡关系；丁菊红通过长三角地区的案例研究，发现公共服务供给增加初期会扩大区域经济差距，但之后却有利于缩小差距。近几年，我国学者开始从协调的视角研究全国（省、市）、东北地区、城乡及贫困县等不同空间尺度下的经济发展与基本公共服务的关系。

总体而言，国内外研究者对经济与基本公共服务的关系研究取得了一定的成果，但现有研究存在以下不足：一是相关研究主要是对公共服务与“经济增长”的分析，基于“经济发展”的思考相对较少，同时部分学者从协调视角探索公共服务与经济发展的关系，但相关文献数量较少；二是现有研究多是基于单要素或某一层面开展“经济和基本公共服务”的讨论，基于综合性指标体系分析两者关系的成果相对较少；三是研究案例涉及全国、区域、农村等多个空间尺度，但鲜有关于城市群，尤其是长江中游城市群的案例研究。基于此，本文以长江中游城市群为研究对象，选择 2005～2016 年的面板数据测算城市群的经济发展和基本公共服务水平综合指数，运用协调发展度模型分析两个系统之间的协调发展关系，挖掘变化趋势与特征，以期为推动长江中游城市群经济与基本公共服务协调发展提供参考和建议。

二　数据来源与研究方法

（一）指标体系构建

经济发展与基本公共服务协调度评价是经济发展系统与基本公共服

务系统各因素演化过程中针对互益促进和协调关系的定量测算。在查阅近年的 CNKI 期刊相关文件以及引用频率的基础上，遵循指标体系的全面性、典型性、可比性和可操作性等原则，构建经济发展系统和公共服务发展系统的评价指标体系。其中，经济评价体系主要包括经济规模、经济结构、经济效益、人民生活等四大类的 15 个指标；公共服务系统结合十八届六中全会决定和《国家基本公共服务体系“十二五”规划》中对基本公共服务客体的表述，选择基础教育与公共文化、医疗卫生与社会保障、基础设施、环境保护和信息服务五个因素的 25 个指标来评价（见表 1），主要采用人均或百分比指标来反映各个城市居民均等地享有基本公共服务的水平。

表 1　长江中游城市群经济发展与基本公共服务水平评价指标体系

系统层	因素层	指标层
经济发展	经济规模	GDP、公共财政预算收入、全社会固定资产投资总额、社会消费品零售总额
	经济结构	第二产业占 GDP 比重、第三产业占 GDP 比重、第二产业就业人口比重、第三产业就业人口比重
	经济效益	人均 GDP、经济密度(单位面积 GDP)、人均公共财政预算收入、人均固定资产投资总额、人均社会消费品零售总额
	人民生活	城镇居民人均可支配收入、农村居民人均可支配收入
基本公共服务	基础教育与公共文化	每万小学生小学数、每万中学生中学数、中学师生比、小学师生比、百人公共图书馆藏书量、万人影剧院数
	医疗卫生与社会保障	万人医院和卫生院数、万人医院和卫生院床位数、万人医师数、城镇职工基本养老保险参保率、城镇基本医疗保险参保率、失业保险参保率
	基础设施	万人拥有公共汽车数、市辖区人均道路面积、居民人均家庭用水量、居民人均生活用电量、使用天然气人口占比
	环境保护	市辖区人均绿地面积、建成区绿化覆盖率、污水处理厂集中处理率、生活垃圾无害化处理率
	信息服务	人均固定电话用户数、人均移动电话用户数、人均国际互联网用户数、人均邮局数

（二）区域范围及数据来源

长江中游城市群是长江经济带的重要组成部分，是国家推进新型城镇化和促进中部地区崛起的重点区域，在我国区域发展战略格局中占有重要地位。根据国家批复的《长江中游城市群发展规划》对城市群范围的界定，湖北范围主要包括武汉城市圈的9个城市（含3个省直管县级市）及宜昌、襄阳、荆州、荆门4个城市，合计13个；湖南范围包括环长株潭城市群的8个城市；江西范围以鄱阳湖城市群为基础，再加上抚州和吉安的部分县（区），基于城市间的可比性和数据的可获取性，将这2个城市整体纳入城市群研究范围，江西总共10个城市。根据数据的可获取性，本文以湘、鄂、赣三省的28个地级市作为长江中游城市群的研究范围。

研究数据来源于2006～2017年《中国区域统计年鉴》和2006～2017年《中国城市统计年鉴》《湖北省统计年鉴》《湖南省统计年鉴》《江西省统计年鉴》及部分地级市的国民经济和社会发展统计公报。由于期间统计指标的变动，少数地区缺失部分年份数据，缺失数据占总样本数据的1.05%，对于缺失数据采用自相关回归拟合的方法进行补充。同时，关于农村居民人均可支配收入和公共财政预算收入存在统计口径的变动，对于变动之前的年份仍采用农村居民人均纯收入和一般财政预算收入等指标来代替。

（三）研究方法

1. 改进熵值法

在多属性（指标）决策和综合评价的分析中，评价指标权重确定的方法可以分为主观赋权法、客观赋权法和组合赋权法三类。在客观赋权法中，熵值法根据各评价指标的数据差异（熵值）大小赋权，能够客观准确地评价研究对象。因此，本文采用熵值法作为经济发展系统和基本公共服务系统的综合指数测算方法。同时，为了能够实现不同年份之间的比较，在模型中加入时间变量进行测算。以经济发展综合指数（EDEI）为例，具体实现过程如下：首先，消除数据量纲和单位，基于评价指标体系均为正向指标，采用极大值法对数据进行标准化处理获取x_{nij}，表示第n年的城市i的第j个指标。其次，运用公式$y_{nij}=x_{nij}/\sum_n\sum_i x_{nij}$计算第$n$年城市$i$的第$j$项指标的比重。再次，通过公式$e_j=-k\sum_n\sum_i y_{nij}\ln(y_{nij})$测算第$j$项指标的熵值，其中，$k>0$，$k=1/\ln(n\times m)$，$n$为考察年份数量，$m$为城市样本数量。最后，计算各个指标的客观权重$w_j=(1-e_j)/\sum(1-e_j)$，并通过公式$f(n,x)=\sum_j w_j x_{nij}$计算28个城市2005～2016年的经济发展综合指数$\sum_j$。同样，基本公共服务综合指数（PSEI）也采用此方法测算获取。

2. 协调发展度模型

协调度函数（C）是度量系统之间或系统内部要素之间协调状况是否良好的定量指标，$f(x)$与$g(y)$两个系统的协调意味着$f(n,x)$与$g(n,y)$的相对离差，即离差系数越小越协调，所以经济系统与基本公共服务系统在时间节点n的协调度函数如下。

$$C=\left\{\frac{f(n,x)\times g(n,y)}{\left[\frac{f(n,x)+g(n,y)}{2}\right]^2}\right\}^2 \tag{1}$$

式中，$f(n,x)$为n年度的经济发展综合指数，$g(n,y)$为n年度的基本公共服务综合指数。从数学分析角度来看，当$f(n,x)=g(n,y)$时，$f(n,x)\times g(n,y)$的值最大，表明经济系统与基本公共服务系统在n年最协调。

协调度函数仅能反映两个系统的协调程度，而不能反映两个系统分别所处的发展水平。因此，将协调度函数与系统发展水平进行综合，以此来表示两个系统的协调发展度，计算公式如下：

$$T=\alpha f(n,x)+\beta g(n,y) \tag{2}$$

$$D=\sqrt{C\times T} \tag{3}$$

式中，D为协调发展度指数，C为协调度函数，T为系统发展水平函数。C和D的值均在［0，1］区间，值越大意味着经济发展与基本公共服务的协调度或协调发展度越高，反之亦然；α和β为待定系数，且$\alpha+\beta=1$，文中认为经济发展和基本公共服务同等重要，取$\alpha=\beta=0.5$。

三　经济发展与基本公共服务水平的测度分析

（一）城市群层面分析

基于长江中游城市群 2005～2016 年的 28 个地级市的 EDEI 指数和 PSEI 指数，分析城市群经济发展系统和基本公共服务系统的整体变化情况，得出以下几点结论。

第一，城市群经济发展水平略有上升，但存在两个阶段的变化。城市群 EDEI 指数均值从 2005 年的 0.247 上升到 2010 年的 0.262，说明城市群经济发展在“十一五”期间呈现一个缓慢上升的过程。进入“十二五”时期，在全国经济增速放缓的背景下，长江中游城市群经济发展水平出现小幅波动，EDEI 指数均值由 2010 年的 0.262 下降到 2013 年的 0.233，但在 2015 年回升到 0.266，且在 2016 年下降为 0.241。

第二，城市群基本公共服务水平呈波动上升的过程。PSEI 指数均值最低是 2006 年的 0.367，最高值是在 2014 年的 0.434，而在 2015 年下降为 0.406，2016 年则又上升到 0.423。虽然基本公共服务发展水平呈现一个波动过程，但总体表现出上升的趋势。

第三，城市间的经济发展差距和基本公共服务水平差距总体呈缓慢缩小趋势，且城市间经济发展差距大于基本公共服务水平差距。结合变异系数（CV）来考察城市群各城市经济发展和基本公共服务水平的离散程度，以此反映城市间的差异变化。可以发现长江中游城市群 EDEI 指数和 PSEI 指数的 CV 均呈波动且缓慢下降趋势，说明经济发展和基本公共服务水平两个系统的城市间差异在逐步缩小。EDEI 指数的 CV 指数在 0.7～0.8 区间，而 PSEI 指数的 CV 指数在 0.28～0.35 区间，EDEI 指数的离散程度更大，说明城市间经济发展的差异远高于基本公共服务水平的差异。同时，当 EDEI 指数或 PSEI 指数的 CV 值相比上一年变大时，则当年的 PSEI 指数或 EDEI 指数相对上一年呈现下降趋势，说明长江中游城市群各城市间在经济发展水平和基本公共服务发展水平的差异大小直接影响着城市群两个方面的总体发展水平。

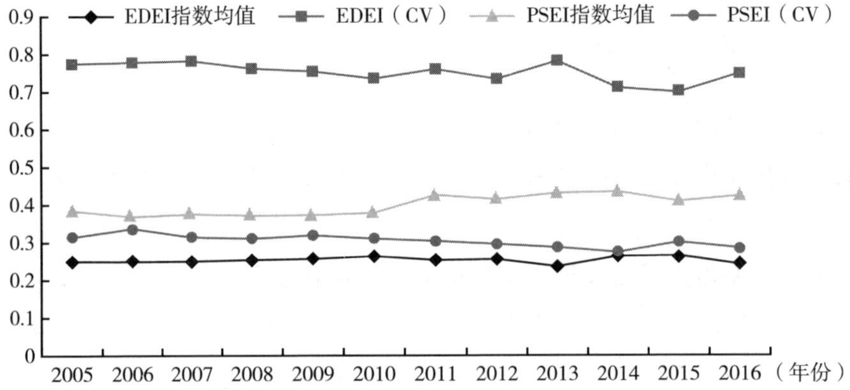

图1　长江中游城市群2005～2016年的EDEI指数和PSEI指数及其变异系数（CV）变化

（二）城市层面分析

基于长江中游城市群28个地级市的EDEI指数和PSEI指数的分布情况，将其划分为4个等级，且保证等级Ⅱ以上城市的两个指数值均高于城市群的平均值，并选择2005年和2016年两个节点分析各个城市的经济发展和基本公共服务水平的特征表现及变化情况（见表2）。

经济发展方面，一是武汉、长沙和南昌是长江中游城市群经济发展的核心，但三个省会城市间的经济发展还存在一定差距，武汉与长沙2005～2016年的EDEI指数差值最高为0.34，而武汉与南昌2005～2016年的EDEI指数差值最高达到0.61。二是除省会城市外，省域副中心城市是城市群经济发展的重要支撑，如湖北的宜昌、襄阳，湖南的株洲、湘潭等城市的EDEI指数均在等级Ⅱ范围内，但江西的九江的经济发展水平仍有待提升。三是2016年等级Ⅱ和等级Ⅳ的城市数量相比2005年均有所增加。

基本公共服务水平方面，一是等级Ⅱ以上城市的数量从2005年的11个上升到2016年的15个，而等级Ⅳ的城市数量则由2005年的7个下降到2016年的2个，说明在我国大力推进区域基本公共服务均等化的背景下，各个城市的基本公共服务水平普遍得到提升。二是除武汉、长沙、南昌三个省会城市的基本公共服务水平较高外，宜昌、株洲、景德镇等城市的基本公共服务水平相对较高。其中，宜昌是2005年非省会城市中基本公共服务水平最高的城市，株洲在2016年则成为非省会城市中基本公共服务水平最高的城市，景德镇的PSEI指数排名从2005年的第11位上升到2016年的第5位，上升速度较快。三是2005年湖北和江西两省等级Ⅱ以上的城市数量为4个，湖南为1个，而到了2016年湘鄂赣三省等级Ⅱ以上的城市数量均为5个，三省基本公共服务水平较高的城市在数量上旗鼓相当。

表2 长江中游城市群2005年和2016年经济发展和基本公共服务综合指数的等级划分

EDEI等级	等级Ⅰ（EDEI≥0.4）	等级Ⅱ（0.4>EDEI≥0.24）	等级Ⅲ（0.24>EDEI≥0.15）	等级Ⅳ（EDEI<0.15）
2005年	武汉、长沙、南昌	宜昌、株洲、岳阳	湘潭、常德、新余、黄石、萍乡、襄阳、鄂州、衡阳、九江、景德镇、上饶、宜春、孝感、荆州、娄底、荆门、鹰潭、抚州	黄冈、吉安、咸宁、益阳
2016年	武汉、长沙、南昌	宜昌、襄阳、株洲、湘潭、岳阳	新余、九江、鄂州、黄石、衡阳、萍乡、常德、宜春、鹰潭、荆门、上饶、景德镇、孝感、吉安、荆州	咸宁、抚州、黄冈、娄底、益阳
PSEI等级	等级Ⅰ（PSEI≥0.5）	等级Ⅱ（0.5>PSEI≥0.4）	等级Ⅲ（0.4>PSEI≥0.3）	等级Ⅳ（PSEI<0.3）
2005年	武汉、长沙、南昌、宜昌	萍乡、黄石、湘潭、株洲、新余、鄂州、景德镇	九江、岳阳、鹰潭、衡阳、娄底、襄阳、吉安、荆门、常德、上饶	黄冈、宜春、抚州、咸宁、荆州、益阳、孝感
2016年	武汉、长沙、南昌、株洲、	景德镇、宜昌、湘潭、九江、黄石、衡阳、萍乡、鹰潭、岳阳、荆门、鄂州	新余、黄冈、吉安、常德、娄底、荆州、襄阳、抚州、咸宁、宜春、孝感	上饶、益阳

四　经济发展与基本公共服务协调发展度分析

运用公式（1）～（3）测算长江中游城市群28个地级市2005～2016年的经济发展系统与基本公共服务系统的协调发展度，并参考相关文献的评判标准（见表3），据此分析江中游城市群经济发展与基本公共服务的协调性，具体可概括为以下几个方面的特征。

表3　经济发展与基本公共服务协调发展的评价标准及类型

大类	协调发展度	协调发展等级	综合指数对比	协调发展亚型
协调发展类（Ⅰ）	0.90～1	优质协调（i）	EDEI > PSEI	基本公共服务滞后型（a）
			EDEI = PSEI	公共服务与经济同步型（b）
			EDEI < PSEI	经济滞后型（c）
	0.80～0.89	良好协调（ii）	同上	同上
	0.70～0.79	中级协调（iii）	同上	同上
	0.60～0.69	初级协调（iv）	同上	同上
亚协调发展类（Ⅱ）	0.50～0.59	勉强协调（v）	同上	同上
	0.40～0.49	濒临失衡（vi）	EDEI > PSEI	基本公共服务损益型（d）
			EDEI = PSEI	经济与公共服务共损型（e）
			EDEI < PSEI	经济损益型（f）
失调衰退类（Ⅲ）	0.30～0.39	轻度失衡（vii）	同上	同上
	0.20～0.29	中度失衡（viii）	同上	同上
	0.10～0.19	严重失衡（ix）	同上	同上
	0～0.09	极度失衡（x）	同上	同上

（一）城市群稳定在亚协调发展水平，江西范围的协调平均水平相对较低

从城市群整体来看，长江中游城市群的2005～2016年协调发展度的均值在0.50～0.53区间波动，在协调大类上稳定在亚协调发展类型（Ⅱ），从更为细分的协调发展等级来看，城市群在考察年份期间均处于勉强协调等级。同时，城市群在2011年和2013年的协调发展度存在下降趋势，主要是

受经济发展指数的影响。此外，结合变异系数（CV）来看，长江中游城市群2005～2016年协调发展度的变异系数CV在0.23～0.26区间，其离散程度要小于EDEI指数和PSEI指数，说明各个城市间的协调发展度的差距相对于经济发展和基本公共服务发展水平差距而言，相对较小。总体而言，长江中游城市群的经济发展与基本公共服务当前还处于一个低水平协调发展阶段。

从省域层面来看，湖北、湖南和江西三省范围的协调发展度均值变化趋势与城市群基本一致，仅湖北省在2010～2012年的变化趋势与湖南和江西两省存在差异，即湖南和江西两省在2010～2012年的协调发展度略有下降时，湖北的协调发展度则呈上升趋势。具体来看，湖南范围城市2005～2016年的D均值在0.51～0.55区间，处于亚协调发展类的勉强协调等级；湖北范围城市2005～2016年的D均值同样在0.51～0.55区间，处于亚协调发展类的勉强协调等级；江西范围城市2005～2016年的D均值在0.48～0.51区间，除2010年达到勉强协调等级，其余年份则均处于濒临失衡等级。三省比较而言，在2005～2010年，湖南范围内城市协调发展D均值高于其余湖北和江西两省，但在2011年，湖北范围与湖南范围D均值相同，且在2012～2016年反超，高于湖南和江西两省；而江西范围城市协调发展D均值相对较低的原因主要是经济发展水平相对滞后于基本公共服务发展水平。

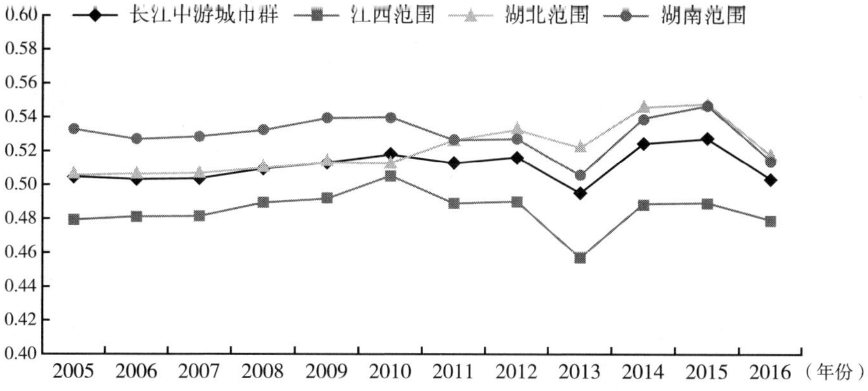

图2　长江中游城市群及三省2005～2016年经济发展与基本公共服务协调指数变化

（二）濒临失衡等级的城市居多，城市的经济发展普遍滞后于基本公共服务发展水平

选择2005年、2010年和2016年3个时间节点，按照表3的评价标准对28个地级市进行类型划分（见表4），可发现以下四个方面的特征：第一，协调大类以亚协调类（Ⅱ）的城市居多，此类城市在2005年、2010年和2016年占比分别为89.3%、85.7%和822.1%；而协调发展等级则以濒临失衡等级（ⅵ）的城市为主，此类型城市在三个时间节点的占比分别达到64.3%、53.6%、53.6%，呈逐步递减趋势。第二，从城市协调发展等级的变化来看，勉强协调等级以上（等级ⅰ～ⅴ）的城市数量呈现波动变化，2010年勉强协调等级以上的城市为10个，2010年达到13个，而在2016年则又回落到11个。同时，城市的协调等级变化可划分为“稳定”、“上升”、“波动”和“下降”四类，以“稳定”类型城市为主，占比达64.3%；等级“上升”的城市包括襄阳、九江和鄂州；“波动”类型的城市包括岳阳、萍乡和衡阳，岳阳由2010年的协调发展类的初级协调等级下降到2016年的亚协调发展类的勉强协调等级，而萍乡和衡阳则主要是在亚协调发展大类中存在等级波动。第三，从协调发展亚型来看，除武汉、长沙和南昌三个省会城市属于基本公共服务滞后型外，其余城市均属于经济滞后型或经济损益型，反映出长江中游城市群城市的经济发展普遍滞后于基本公共服务发展。

表4　长江中游城市群28个地级市的经济发展与基本公共服务协调类型

类型	2005年	2010年	2016年
Ⅰ-ⅰ-a	武汉	武汉	武汉
Ⅰ-ⅱ-a	长沙	长沙	长沙
Ⅰ-ⅲ-c	南昌	南昌	南昌
Ⅰ-ⅳ-c	—	岳阳	—
Ⅱ-ⅴ-c	宜昌、株洲、岳阳、湘潭、新余、黄石、常德	新余、宜昌、株洲、湘潭、鄂州、襄阳、萍乡、衡阳、黄石	宜昌、株洲、襄阳、湘潭、岳阳、新余、九江、鄂州

续表

类型	2005 年	2010 年	2016 年
Ⅱ－ⅵ－f	萍乡、襄阳、九江、衡阳、鄂州、景德镇、上饶、宜春、娄底、荆门、荆州、鹰潭、孝感、抚州、吉安、黄冈、咸宁、益阳	九江、景德镇、常德、上饶、宜春、鹰潭、抚州、吉安、荆门、孝感、黄冈、荆州、咸宁、娄底、益阳	黄石、衡阳、萍乡、常德、宜春、荆门、鹰潭、上饶、孝感、景德镇、吉安、荆州、咸宁、抚州、黄冈
Ⅲ－ⅶ－f	—	—	益阳、娄底

（三）城市规模与协调发展度呈现一定的对应关系，规模越大协调水平越高

利用市辖区人口数量反映城市规模，选择 2016 年分析各个城市的协调发展度与城市规模的关系。从图 3 可以看出，各个城市经济发展与基本公共服务的协调发展度与城市规模具有一定的对应关系，具体表现为城市规模越大，其对应的协调发展度越高，且在其他时间节点也表现出同样的特征。为进一步论证城市规模与协调发展度的关系，将市辖区人口按照国务院 2014 年 10 月印发的《关于调整城市规模划分标准的通知》，将其划分为特大城市（500 万～1000 万人）、大城市（100 万～500 万人）、中等城市

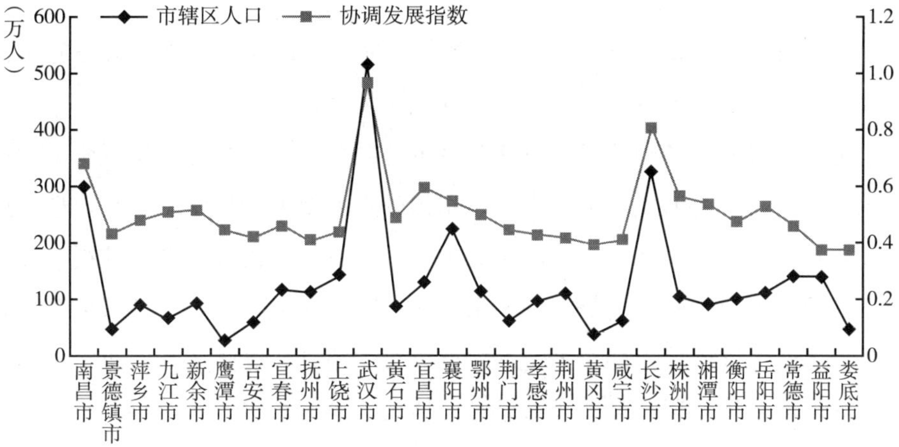

图 3　长江中游城市群 2016 年经济发展与基本公共服务协调发展度和城市规模

（50 万～100 万人）及小城市（50 万人以下）四类，并据此测算不同城市规模等级的协调发展度的均值（见图 4），可以发现特大城市（如武汉）的协调发展度均值最高，且高于其他规模等级城市，其次为大城市和中等城市，而小城市的协调发展度在考察的三个年份中均最低。

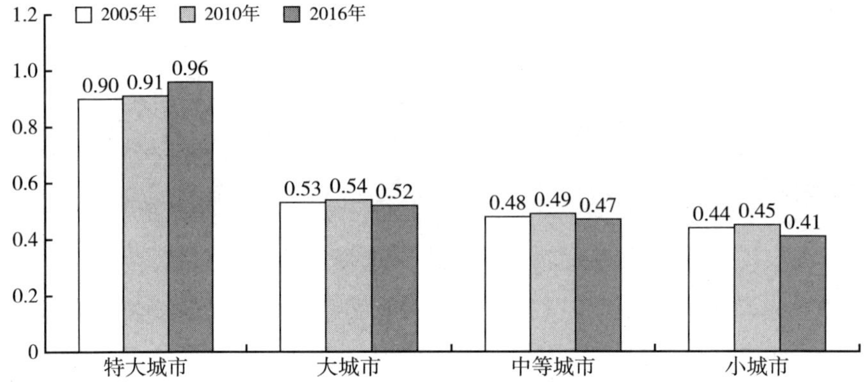

图 4　长江中游城市群不同规模等级城市协调发展度均值

五　简要结论与对策建议

通过对 2005～2016 年长江中游城市群 28 个地级市的经济发展与基本公共服务协调性的实证分析，得出以下几点主要结论。

第一，城市群的经济发展系统与基本公共服务系统处在一个低水平协调的稳定状态。从协调发展大类来看，总体处在亚协调发展水平；从协调发展等级来看，在我国经济新常态的背景下，城市群的经济发展速度放缓，而在国家实现基本公共服务均等化的要求下，城市群各城市基本公共服务水平相对稳步提升，进而使得两个系统的协调等级始终处于勉强协调等级。总体而言，城市群经济发展与基本公共服务的协调关系有待进一步改善，重点是抢抓长江经济带发展机遇，推动城市群经济高质量发展。

第二，城市协调类型呈现“金字塔”形格局。具体表现为处于濒临失衡状态的城市居多，而处于初级协调等级以上的城市较少，以湘鄂赣三省的省会城市为主。从协调发展亚型来看，除武汉、长沙和南昌三个城市属于基本公共服务滞后型外，其余城市均属于经济滞后型或损益型，且城市间的经济发展水平也存在较大差距。要提升城市的经济系统与基本公共服务系统之间的协调发展水平，加快城市经济发展、缩小城市间经济差距是当前需要解决的重要问题。

第三，城市规模等级与协调发展度存在一定的对应关系。规模越大的城市，经济发展与基本公共服务的协调发展水平一般越高。武汉作为长江中游城市群唯一特大城市，其经济与基本公共服务的协调发展水平要高于其他规模等级的城市；2016 年大城市濒临失衡等级以下的城市占 50%；而中小城市中 76.9% 的城市处在濒临失衡和轻度失衡阶段。因此，中小城市是提升长江中游城市群经济与基本公共服务协调发展水平需要重点关注的地区。

结合上述分析，我们提出如下政策建议。一是加强经济与基本公共服务协调发展的战略认识，防止顾此失彼，以政策完善和体制机制创新为重点，逐步建立两大系统协同作用的良性路径。二是有效应对经济发展新常态的挑战，围绕打造中国经济新增长极的战略目标，抢抓长江经济带高质量发展机遇，加快转变经济发展方式，以创新驱动增强经济内生增长动力，缩小城市间经济差距，为基本公共服务供给提供良好的物质基础。三是针对不同协调发展类型的城市实施不同策略，如武汉和长沙两个协调水平较高的城市，属于基本公共服务滞后亚型，其主要任务是加快公共服务型政府建设，保障公共服务供给主体的多元化，提高公共服务供给效率；而针对协调度较低的经济滞后型或损益型城市，其策略导向是在保障基本公共服务水平稳步提升的基础上，着力提高经济发展效率和质量。四是注重中小城市在城市群经济与基本公共服务协调发展中的重要支撑作用，积极创新财税体制和公共财政保障体系，提升中小城市公共财政的“造血”功能，提高基本公共服务的供给能力，进而吸引人口、资金、技术等生产要素集聚，促进城市经济的快速发展。

参考文献

翟羽佳:《河南省2011年基本公共服务均等化水平测度与分析》,《地域研究与开发》2013年第5期。

庄子银、邹薇:《公共支出能否促进经济增长:中国的经验分析》,《管理世界》2003年第7期。

匡贤明:《公共服务促进经济增长的传导机制研究——基于分工成本的视角》,《中南财经政法大学学报》2009年第3期。

方茜:《我国基本公共服务与经济发展的关系分析》,《华东经济管理》2012年第5期。

杨颖、穆荣平:《基本公共服务与经济增长关系的理论与实证研究》,《科学学与科学技术管理》2012年第11期。

卢娟、李拓:《公共服务均等化、人口老龄化与经济增长——基于升级面板数据的空间计量检验》,《西北人口》2016年第6期。

冉光和、张明玖、张金鑫:《公共服务供给与经济增长关系区域差异的实证研究》,《财经问题研究》2009年第11期。

段艳平、庞娟:《基本公共服务供给水平与区域经济发展的实证研究》,《生产力研究》2011年第3期。

丁菊红:《长三角地区公共服务与经济增长的实证研究》,《华东经济管理》2012年第4期。

胡月、韩增林:《我国省域经济发展与公共服务资源配置协调性评价》,《资源开发与市场》2014年第8期。

马慧强、王清:《中国地级以上城市经济发展与基本公共服务协调性空间格局》,《干旱区资源与环境》2016年第9期。

张宇、韩增林、彭飞:《东北地区经济发展与基本公共服务协调度时空格局》,《资源开发与市场》2016年第6期。

王俊霞、高菲、祝丹枫:《城乡经济均衡发展与基本公共服务均等化——基于耦合与协调模型的分析》,《华东经济管理》2015年第7期。

迟瑶、王艳慧、房娜:《连片特困区贫困县农村基本公共服务与县域经济时空格局演变关系研究》,《地理研究》2016年第7期。

刘春涛、韩增林、宫远山等:《环渤海地区经济发展与基本公共服务协调度评价》,《资源开发与市场》2015年第9期。

李刚、程砚秋、董霖哲等:《基尼系数客观赋权方法研究》,《管理评论》2014年第1期。

杨丽、孙之淳：《基于熵值法的西部新型城镇化发展水平评测》，《经济问题》2015年第3期。

车冰清、朱传耿、孟召宜等：《江苏县域社会经济协调发展格局及对策研究》，《经济地理》2010年7月。

王毅、丁正山、余茂军等：《基于耦合模型的现代服务业与城市化协调关系量化分析——以江苏省常熟市为例》，《地理研究》2015年第1期。

R. J. Barro, "Economic Growth in a Cross Section of Countries", *Journal of Political Economy*, 1991, 2, pp. 407 – 443.

S. Devarajan and V. Swaroop and H. F. Zou, "The Composition of Public Expenditure and Economic Growth", *Journal of Monetary Economics*, 1996, 2, pp. 313 – 344.

S. Chatterjee and G. Sakoulis and S. J. Turnovsky, "Unilateral Capital Transfers, Public Investment, and Economic Growth", *European Economic Review*, 2003, 6, pp. 1077 – 1103.

D. Romero-avila and R. Strauch, "Public Finances and Long-term Growth in Europe: Evidence from a Panel Data Analysis", *European Journal of Political Economy*, 2008, 1, pp. 172 – 191.

T. Tamai, "Variety of Products, Public Capital, and Endogenous Growth", *Economic Modelling*, 2009, 1, pp. 251 – 255.

B.4
长江中游地区通用航空产业发展基础和思路分析

周睿全*

摘　要： 通用航空产业作为战略性新兴产业正成为我国新时期产业发展的重点。目前长江中游地区在通用航空产业发展方面面临着绝佳历史机遇，同时也面临着通用航空产业技术门槛高、市场化程度不够以及国内其他区域激烈竞争等众多挑战。本文通过对长江中游湘鄂赣三省通用航空产业发展的基础、近期进展的基本叙述以及对湘鄂赣三省现有产业布局和主要企业的多维度分析，提出了未来长江中游地区通用航空产业发展的基本思路和策略。

关键词： 长江中游地区　通用航空产业　多维度分析

通用航空业是以通用航空飞行活动为核心，涵盖通用航空器研发制造、市场运营、综合保障以及延伸服务等全产业链的战略性新兴产业体系，产业链条长，服务领域广，带动作用强。通用航空产业的发展与国家经济社会发展程度息息相关，当一个国家具备较为完备的制造业体系、具有一定的科技发展基础和较为完善的基础设施之后，通用航空产业才能具备快速发展的前景。近年来，随着我国综合经济实力的大幅增长，以及航空领域改革力度的

---

* 周睿全，湖北省社会科学院长江流域经济研究所助理研究员。

不断加大，全国各地都兴起了通用航空产业的发展热潮。目前，长江中游地区是我国长江经济带建设和中部崛起区域发展战略的重要支撑点，也是新常态下国家加大产业转移、加快新旧产能转换、推动新兴产业发展的重点区域。因此，抓住历史机遇，大力推动通用航空产业发展，深化区域产业合作，推进整个长江中游地区融合发展正当其时。

一 长江中游地区通用航空产业发展面临的机遇与挑战

（一）长江中游地区通用航空产业发展面临的历史机遇

1. 经济发展的必然选择

国际经验表明，当人均 GDP 超过 4000 美元时，通用航空空间开始蓬勃发展。从西方发达国家的发展历程来看，随着国家经济不断向前发展，这些西方发达国家国民主要的交通运输方式也在不断改变。当人均 GDP 达到 1000 美元时汽车是首要交通工具；当人均 GDP 超过 2000 美元时，商用民用航空占比逐渐加大；而当人均 GDP 超过 4000 美元时，私人飞机就会开始普及。2017 年，我国人均 GDP 已接近 9500 美元，已经大幅高于通用航空产业快速发展所要求的经济起始水平，这为我国通用航空产业发展打下坚实的经济基础。同时。近年来，随着我国人民生活水平的日益提升以及人民群众对生活品质要求的不断提高，对于大力发展通用航空产业的内在要求已经显现。在交通方面，虽然这些年来高速公路、高铁以及民航都获得了长足发展，但是已经不能完全满足部分人民群众对于交通出行便捷性和实效性的需求，需要更加大众化的通用航空器来满足快速、便捷的私人出行。数据显示，在 2008 年时，全国仅有 8 架私人飞机，而到 2014 年 4 月底已猛增至 137 架。此外，日益增加的中国富豪数量，让中国私人飞机成为一个亟待开发的新兴市场，按照最新胡润富豪榜的预估算，未来可能将有超过 30 万的中国富豪会选择购买私人飞机。除了商务出行旅游的需要外，在一些通用航空密集应用的领域，如农林播种、林业防虫、人工降雨、航空探矿、防灾救援等社会公益活动，也在不断地扩大需求，都亟须扩大目前通用航空的运营规模，提高质量。

2. 产业发展的时代要求

在经济新常态下，我国原有的产业结构落后，无法适应未来我国经济的可持续发展的需要。为了促进我国未来经济的可持续发展，“十二五”期间，我国正式确立了节能环保、新一代信息技术、生物产业、高端装备制造、新能源、新材料、新能源汽车等七大战略性新兴产业的发展方向。通用航空制造作为高端装备制造，正是新时期我国未来重点发展的产业之一。从产业本身的角度考量，通用航空产业是高端制造产业中产业链最长的一个产业，从通用航空器的设计研发、生产制造以及相关零部件的配套维护，涉及上百个环节。国际经验表明，通用航空产业具有 1∶10 的投资拉动效应。同时通用航空制造业的发展还会催生一些新兴经济形态的发展，如飞行培训、公务航空、空中旅游等，此外，还会推动通用机场等相关基础设施的建设。目前，我国飞机制造产业已经进入一个新的阶段，在各种高端军用飞机不断涌现的同时，民用国产支线飞机 ARJ21 已经正式进入商业运营，国产大飞机 C919 已经进入试飞阶段，航空制造产业发展日新月异。因此，通用航空产业是我国当前培育发展新动能、实现新旧动能转化、获取发展竞争新优势的重要抓手。

3. 军民融合发展的改革需要

近年来，虽然我国经济发展和科技水平都达到通用航空产业快速发展的基础条件，但与民众生活紧密联系的通用航空产业却处处受到抑制，发展缓慢，很大程度上在于通用航空产业链本身很多方面都涉及国防军工安全领域，存在大量的机密和管制。因此在国防优先、国家军工安全领域没有大力开放的前提下，通用航空产业无法得到有效发展。时代在进步，国家也在不断深化改革开发。党的十八届三中全会把军民融合发展改革纳入全面深化改革总体布局加以推进。中共中央、国务院、中央军委印发《关于经济建设和国防建设融合发展的意见》，首次从中央层面明确了军民融合发展的重点，标志着军民融合战略正式成为国家发展和安全全局的重大战略部署，制约通用航空产业发展的制度条款将逐步放开，通用航空产业快速发展指日可待。

4. 国家地方相关政策的大力支持

近十年来，在通用航空领域，国家相继出台了一系列政策与规划，通用航空产业发展迎来了重大的历史机遇。2009 年，国家空管委、民航局先后发布《关于加快通用航空发展的意见》和《关于印发加快通用航空发展有关措施的通知》，相继提出设立通用航空专项资金，提升通用航空作业服务能力的计划，促进通用航空产业发展。2010 年 11 月，国务院、中央军委发布《关于深化我国低空空域管理改革的意见》，这部纲领性文件首次明确了未来我国深化低空空域管理改革的总体目标、阶段目标和主要任务。2016 年 5 月，根据新时期经济发展的时代要求，国务院办公厅印发了《关于促进通用航空业发展的指导意见》（以下简称《意见》），从国家层面对我国通用航空产业发展做了战略部署，为我国未来通用航空产业的发展指明了政策方向。在《意见》的指引下，相关政策法规陆续出台。2017 年初，相关内容在中国民航局发布的《中国民用航空发展第十三个五年规划》中以规划文本形式正式确立；国家发改委发布了《关于建设通用航空产业综合示范区的实施意见》，26 座城市被列为国家首批通用航空产业综合示范区；紧接着国务院印发的《"十三五"现代综合交通运输体系发展规划》也明确提出了通用航空的发展目标。同时，《中华人民共和国民用航空法》做出修改，通用航空企业办理工商登记不再需要前置审批；工信部随即发布《关于促进和规范民用无人机制造业发展的指导意见》，对无人机制造业的发展做了战略部署；交通运输部、科技部联合印发《"十三五"交通领域科技创新专项规划》，鼓励创新型通用航空器研发。出台众多促进通用航空产业发展的政策法规，标志着我国通用航空产业发展已经进入风口。

为了抓住时代机遇，加快通用航空产业的发展，长江中游地区的湘鄂赣三省都出台了通用航空产业发展的相关政策规划，与国家层面相契合。2009 年 12 月湖北省出台《湖北省临空经济和通用航空产业发展专项规划（2009 ~ 2020 年）》，其核心是立足于现有资源禀赋和基础条件，依托重点企业示范推动，积极开展外引内联，集中打造“一区两基地八大产业园”，大力推进“八大产业”重点突破，力争经过十年努力，使湖北省临空经济和通用航空产业的工贸总收入突破千亿元大关，真正发展成为湖北省经济增长的新亮点。2014 年初，湖南批准了《湖南省通用航空产业发展规划》，指出，到 2020 年，依托长株潭国家高技术产业基地株洲航空产业园（国家火炬计划中小航空发动机产业基地）、长沙航空产业园、长沙临空产业园等专业园区，建成以中小型航空发动机、飞机起落系统、小型通用飞机整机、航空关键配套为主的航空工业体系。湖南全省航空产业实现主营业务收入 1500 亿元左右，其中通航服务业（不含民用航空运输业）营业收入占比达到 35% 以上。2015 年，江西正式发布《江西省通用航空产业发展规划（2015 ~ 2020 年）》，规划目标为到 2020 年，通航制造和运营服务企业总数达到 15 家以上，新建通用机场 15 个，通航产业总收入达到 400 亿元、利税 80 亿元，并且力争将江西打造成为全国直升机、轻型通用航空器研发制造中心以及建设成为全国通用航空营运枢纽。湘鄂赣三省通用航空产业专项规划的相继出台，为通用航空产业在长江中游地区的快速发展奠定了坚实基础。

（二）长江中游地区通用航空产业面临的挑战

从当前长江中游地区通用航空产业面临的挑战来说，可以分为三大类，第一类是通用航空产业本身技术特性带来的挑战，第二类是通用航空产业市场应用方面的挑战，第三类是国家不同区域之间的挑战。

1. 通用航空产业制造领域门槛高

作为战略性新兴产业，通用航空制造产业对于工业基础、科技实力都有很大的要求，并不是光有资金和劳动力就能解决问题。特别是在通用航空器研发制造环节，需要高智力投入，就迫切需要相关方面高科技人才的支撑，高等院校和科研机构成为必不可少的力量。与其他的一些工业产品相比，通用航空器及相关设备都属于高精尖的产品，因此通用航空器的制造需要拥有一定的技术水平、熟练的技术工人，这就需要地方拥有坚实的工业基础，可以提供大量高水平的熟练工人。

2. 通用航空产业市场化程度不够

从通用航空基础配套设施来说，通用航空器的飞行离不开机场、机库等相关基础设施的建设。而通用航空机场的建设通常都是一项周期长、高成本、投入产出较低的基础设施建设工程。一般普通民用资本根本无法承受，通常需要政府资金的巨额投入，这极大地阻碍了民营资本的进入。另外，从通用航空器的消费角度来思考，虽然我国的人均收入水平在不断提升，但就目前来说，通用航空消费领域仍然还只能适合于高收入水平的人群。例如，作为一般普通爱好者所购买的活塞式螺旋桨飞机就需要上百万元，而商务性质的公务机则需要上千万甚至上亿元。飞行员培训也是一笔巨额费用，根据现有的市场标准，培养一个飞行员所需要的费用在十万元以上，远远超过汽车驾驶员，这笔费用是普通人群所无法承受的。就是最为普通的私人飞机旅行、空中摄影等都远远高于地面的消费水平，成本巨大极大地制约了通用航空产业民用市场的扩展空间。

3. 通用航空产业全国性的区域竞争

总体来说，长江中游湘鄂赣三省通用航空产业发展面临着巨大的外部竞争压力。近年来，为了促进我国通用航空产业发展，国家有关部委在全国范围内批准了一些与航空航天发展相关的试验区，这些地区通用航空相关产业发展进步很快。例如我国的低空空域改革试点在 2010 年就开始启动。我国先进行了“两区一岛”（沈阳、广州飞行管制区，海南岛）试点改革，并于之后扩大为“两大区，七小区”（沈阳、广州管制区以及唐山、西安、青岛、杭州、宁波、昆明、重庆管制区）的改革试点。“珠海 - 阳江 - 罗定”的第一条低空目视飞行航线在 2014 年底前完成首飞。2018 年 1 月，全国最大的低空空域在沈阳通用航空基地开放。相比之下，到目前为止，湘鄂赣地区都没有成为国家低空改革试点地区。2017 年 1 月，国家发改委启动实施通用航空产业综合示范区建设，南昌、景德镇、株洲和荆门等长江中游城市群城市与北京、天津、西安、成都、深圳等 26 个城市共同纳入国家首批试点示范。但从整体的经济和科技实力相比，南昌、株洲、荆门等中部城市体量太小，明显处于弱势地位，与其他地区的竞争将会异常激烈。除此之外，其他部分地区还有很多大型的飞机制造和研发基地。例如，2016 年 10 月，波音 737 系列飞机完工和交付中心落户浙江舟山。2017 年 9 月，空客再次升级天津飞机制造基地，中国首个空客 A330 宽体机完成及交付中心正式在天津落成。上海则是我国自主研发的 C919 大型客机以及 ARJ21 新支线飞机的研发和控制总装基地。这些巨型航空航天产业项目，将极大地吸引相关通用航空产业资源在周边集聚，直接给长江中游地区的通用航空产业集聚带来冲击。

二　长江中游地区通用航空产业发展的基础及最新进展

（一）长江中游地区通用航空产业发展的基础分析

目前，长江中游地区的通用航空产业还是以湘鄂赣三地各自发展为主。

湖北省的通用航空产业主要集中于武汉和荆门两地。武汉是我国重要的工业基地之一，产业体系较为完善。近年来，武汉经济发展的总体实力获得了长足发展，2017 年地区生产总值达到 13000 多亿元，位居全国第九，在整个中部地区排名首位。同时，武汉产业结构也逐步呈现高端多元化趋势，数控机床、电子、新能源汽车、光伏、生物工程等战略性新兴产业发展迅速。在科技领域，武汉拥有中国航天科工运载技术研究院、航天科工武汉磁电有限责任公司等多家航天科工所属单位以及武汉大学、华中科技大学、武汉理工大学等众多高校，两院院士达 60 多人。在专业学科背景方面，武汉大学地理信息系统专业和华中科技大学的遥感系统专业在国内外都处于领先水平，广泛应用于航空航天领域。因此，武汉在通用航空产业发展方面具有坚实的物质和科技支撑。湖北省另一城市荆门则是我国早期五大通用航空产业基地之一，拥有全国唯一水面飞行器和浮空飞行器，集设计、研发、试验、制造于一体的中航工业特飞所，建有高速水动力实验室、水上迫降实验室、铁鸟实验室、强度实验室等专业实验室，先后成功研制我国第一架水上轰炸机、超轻型水上飞机、轻型水陆两栖飞机、第一艘充氦载人飞艇、实用型系留气球信息平台等，是我国特种飞行器研制的摇篮。

湖南的长株潭地区是我国最早的航空工业研究与制造基地之一。长沙作为湖南省会，是中部地区的第二大城市，也具有强劲的综合实力。2017 年，长沙实现地区生产总值 10200 亿元，经济总量首次迈入“万亿元俱乐部”，产业结构不断优化，在工程机械、新材料、电子信息、生物医药等战略性新兴产业方面优势明显。株洲是新中国成立后首批重点建设的八个工业城市之一，是中国的老工业基地，从 2006 年开始，株洲一直保持中部六省非省会城市综合实力第一的称号。株洲缔造了新中国航空工业史上的多个第一，目前已成为我国唯一的中小型航空发动机、直升机传动系统、轻型燃气轮机研究发展中心和生产基地。2017 年 1 月，株洲成为我国首批通用航空产业综合示范区试点区域。长株潭地区的科技人才优势也很明显，拥有国防科技大学、中南大学、湖南大学等国家重点高校，部分还设有可支撑通航产业发展的相关专业，同时还有长沙航空职业技术学院、湖南航空工业职工工学院等专门培养航空技术人才的专业院校。长株潭地区还拥有一批与航空相关的工业企业和科研院所，如长沙 5712 飞机修理厂、航空动力机械研究所（608 所）、南方航空动力机械集团、中航起落架、中南传动等一大批新中国成立初期建设的国家航空工业骨干企业。通用航空产业发展也具有雄厚的基础。

相对于湘鄂两省武汉、长沙等地较强的经济和综合实力，江西的综合经济和科技实力较弱，但其通用航空产业却具有更强的专业属性。江西是我国唯一拥有 3 个飞机整机制造企业的省份，航空制造产业主要集中于南昌、景德镇、九江三市，并且拥有两个飞机研究所、两所航空院校，在产业规模、航空产业配套、人才储备、技术储备等方面都具有优势，是国家重要的航空产业研发生产基地和航空工业资源大省。2017 年 1 月，南昌和景德镇同时成为首批国家通用航空产业综合示范区试点，也是长江中游地区唯一有两个城市入围的省份。

（二）长江中游地区通用航空产业的最新进展

近年来，湖北省主动融入国家航空产业总体发展战略，在航空航天产业方面发展迅猛。目前，武汉临空港经济技术开发区和汉南通用航空产业园在通用航空产业发展方面已经初具规模，航天装备制造产业基地以及航天创新研究院也在积极建设中。临空新城东西湖区域内，拥有三江航天、凌云科技、武汉航达等多家以飞机维修、航空服务为主的航空企业。位于黄陂的武汉卓尔通用航空产业基地 2017 年 11 月已经投产，标志着通用航空飞机首次实现了武汉产。汉南通用航空产业园是武汉发展通用航空产业的重要支点。2013 年，占地 919 亩的汉南通用航空机场开始建设，是全国首批航空飞行营地示范工程。2017 年 8 月汉南通用航空机场建成并投入运营，长 1600 米、宽 30 米的机场跑道是华中地区最大的通用航空机场。停机坪、武汉国际航空工程中心也已全面建成，园区配套的市政道路也已通车。目前，一大批通航产业项目纷纷签约落户武汉开发区通航产业园，包括通航制造、组装、维修、培训、运营服务和卫星技术应用等，机场周边还规划建设有通航小镇、航空飞行营地等。2017 年 4 月，武汉阳逻国家航天产业基地正式开工建设，主体航天产业港、快舟系列运载火箭总装总调中心（一期）项目、航天科工电磁防护材料项目、航天科工空间工程项目（卫星项目）先后开工。

与武汉相比，荆门的通用航空产业发展也极为迅猛。2014 年 8 月，以全国首个通用航空综合体——爱飞客镇项目落户为契机，荆门通用航空产业发展走上了跨越之路。2016 年以来，荆门爱飞客镇成功入选中国第一批特色小镇，先后被列为中国民航科普教育基地、国家体育旅游示范基地、国家运动休闲特色小镇。航空航天文化广泛传播。爱飞客极客公园、飞行体验中心、跳伞基地、房车营地等航空主题项目建成投入营运，积极打造荆门爱飞客海陆空国际影视中心。在航空人员培训方面，荆门依托荆楚理工学院组建了荆门通用航空学院，开设了飞行器制造工程、航空电子电气技术、航空材料精密成型技术等专业，龙浩飞行培训学校项目正式签约，正在进行项目前期筹备工作。2017 年 1 月，荆门成为湖北唯一入围首批国家通用航空产业综合示范区试点的城市，标志着荆门通用航空产业正在迎来第二次发展良机。

近年来，湖南长株潭地区在已有的相关航空制造企业基础上，又增添了山河智能、鑫轮刹车、南方宇航等一大批新型通用航空企业。长沙航空产业城重点引进了主打小飞机的乔治海因茨通用飞机制造项目，主要生产超短距滑行起飞降落飞机。高端制造企业山河智能在通用航空产业方面持续发力，推出第一架两座轻型运动私人飞机“欧若拉”，组建山河通航有限公司，并全力打造国内第一所特技飞行培训机构。在公务运营领域，2014 年 5 月，湖南金鹿公务航空基地运行有限公司开业，标志着长沙 FBO 正式进入试运营阶段。2014 年 8 月，长沙机场通用航空基地及专属服务区项目动工建设，于 2017 年 5 月建设完毕。由中航工业和株洲市共同建设的株洲通用航空城是湖南省通用航空产业发展的重点区域，已经成为株洲打造的千亿元产业基地。目前，山河科技欧若拉、美国罗特威、北航小蜜蜂等一批整机制造项目以及中航普惠发动机维修项目，中航动力航空零部件制造等一批航空配套和衍生产业项目相继落户株洲通用航空城。2017 年初，株洲成为全国首批通用航空综合示范区。8 月国家“两机”专项中涡轴、涡桨发动机研制任务也正式落户株洲，“株洲 · 中国动力谷”区域品牌已见雏形。12 月，湖南省首个通用机场——株洲芦淞通用机场建设成功，为通航企业开展飞行器试飞、发动机试验等提供坚实的平台，助推株洲航空产业实现由航空发动机制造升级到飞机整机制造的跨越发展。

目前，江西以南昌航空工业城和景德镇航空产业园为主的通用航空产业发展的空间格局已经形成。南昌洪都航空和景德镇昌飞公司都是国有 C919 大型客机首批项目的供应商。2016 年 5 月，江西鸿鹄航空有限公司注册成立，在南昌高新区建设飞机及零部件生产研发基地，从事 AC500、SR3500 和 DHC－3 等飞机整机研发和生产。2016 年 7 月，规划面积 25 平方公里、总投资 300 亿元的南昌国家航空工业城项目正式启动。在此基础上，2017 年以来，南昌以洪都集团和瑶湖机场为依托，着力打造航空研发、航空制造、民航运输通用航空、临空经济“五位一体”协同发展的产业体系，大力推进国家通用航空产业综合示范区建设。作为江西通用航空产业发展另一重镇的景德镇市，则以直升机产业上升到国家产业战略布局为契机，全力打造“制造与运营相融合、总装与配套为一体、航空企业集中连片发展”的航空产业基地。景德镇市已经形成了从 1 吨到 13 吨级直升机产品全谱系，多个型号的研制填补了国内直升机领域的空白，具有完全自主知识产权的“武直十”直升机荣获国家科技进步一等奖。以昌飞公司为基础与比利时 Dynali 公司以及意大利 K4A 公司、AEROELISERVIZE 公司等国际知名航空企业进行整机生产合作。2014 年 12 月，中航工业昌飞与上海和利通航共同组建中航工业直升机景德镇通航基地，这是江西省第一个具有通航运营资质和飞行员培训资质的基地，也是我国第一个国产民用直升机“驾校”。2016 年 5 月，北京通航江西直升机总公司总装厂房竣工。江西赣翔通航公司、北京通航江西分公司相继成立，为包括直升机制造、销售、通航运营、培训服务在内的全产业链发展提供了强大的动力。景德镇市通用航空产业加速推进。2017 年以来，景德镇市先后被工信部、科技部批准为“国家新型工业化直升机产业示范基地（军民结合）”和“国家高新技术产业化基地”，成为全国独一无二的“双国家级产业基地”。

三　长江中游地区通用航空产业发展多维度分析

（一）通用航空产业区域分布结构分析

长江中游地区通用航空产业发展领先的城市主要是武汉、荆门、长沙、株洲、南昌以及景德镇等六个大中型城市。这六个城市中，武汉、长沙、南昌是湘鄂赣三省的省会城市，也是长江中游城市群的三大中心城市，在经济、科技、工业结构、市场潜力等方面远胜于区域内的其他城市，因此在通用航空产业链条整体发展方面，处于区域主导地位。荆门、株洲、景德镇三个中型工业城市则在通用航空产业细分领域具有各自独特的发展优势，如果能有效聚合资源，将会在其擅长的领域拥有广阔的发展空间。基于以上基本认识，笔者认为湘鄂赣三省的通用航空产业呈现明显的三核三辅的区域分布特征。三核即武汉、长沙、南昌——长江中游城市群的三大中心城市，三辅则是荆门、株洲和景德镇——三个中型工业城市。从湘鄂赣各自省份来分析，各省份内部又呈现一核一辅的区域分布结构特征，一核一辅这种区域结构有利于各自省份内部相互协调互补。在整个长江中游地区范围内，三核三辅的区域产业布局结构特征主次分明，各有特色，既有利于中心城市之间的互动衔接，也有利于核心城市与辅助城市之间的辐射与扩散，同时也有利于整个长江中游地区通用航空产业的协调发展。

（二）区域主要制造研发企业分析

作为产业链的源头，研发制造最能表现一个地区通用航空产业发展的水平。近年来，随着通用航空产业的发展，长江中游地区涌现了众多整机和配件生产和研发企业。

从综合实力上来说，江西洪都航空工业集团、江苏昌飞航空公司、荆门的中航工业特飞所和株洲的中国南方航空动力机械集团公司等企业居于前列。江西洪都航空工业集团创建于 1951 年，是新中国第一架飞机的诞生地，拥有辉煌的历史。一直以来，洪都航空工业公司都是我国通用航空领域的重要研发单位，设有一个国家级企业技术中心。洪都航空工业公司是我国全系列教练机专业航空研发制造企业，先后研制并生产了以 L－15、K－8、CJ－6等教练机为代表的多种教练机，并且还是我国强五强击机、部分运输机和农林机等多型号产品的制造研发企业，累计交付 5000 多架飞机，出口飞机 500 多架，拥有丰富的飞机研发制造经验。目前，洪都航空工业集团成功跻身为波音、空客、GE 等国际知名跨国企业的优秀供应商，同时也是中国 C919 大飞机项目的主要供应商之一。

江西昌飞航空公司是我国直升机科研生产基地和航空工业骨干企业，昌飞航空公司具备研制和批量生产多品种、多系列、多型号直升机和航空零部件生产的能力，具有雄厚的科研生产技术实力，是国家认定的企业技术中心，是《中国制造 2025》首批示范单位、工业和信息化部“智能制造试点示范”单位、国防科技工业高效数控加工应用中心，昌飞航空公司在国内直升机制造领域具有竞争优势。

荆门中航工业特飞所作为我国特种机型的研发制造单位，主要生产水上飞机、地效飞机、载人飞艇等特种机型。目前在原有制造研发基础上，已经成功研发制造了一批新一代拥有我国自主知识产权的通航产品，如 60 吨重载飞艇、AG50 轻型运动类飞机、载人观光飞艇，在一些特种机型设计和建造上优势较为明显。

株洲中国南方航空动力机械集团公司则是我国航空动力系统方面的骨干企业。先后仿制了我国第一台航空发动机、第一台重型摩托车发动机和第一台轻型工业燃气轮机，创造了 10 多个国内第一的辉煌业绩。主打产品覆盖了直升机动力、教练机动力、运输机动力、无人机动力、辅助动力装置以及地面检测设备等领域，是行业内发动机种类最全、型号最多的航空发动机企业。中国南方航空动力机械集团公司现已发展成为我国的中小型航空发动机研制生产基地。

综上，长江中游地区主要的通用航空企业在产品类型上各有不同，洪都航空工业集团主要生产教练机、农林机，荆门中航特飞所则专注于水上飞机、地效飞机、载人飞艇等特种飞行器，昌飞航空公司则在直升机制造方面具有优势，中国南方航空动力机械集团公司则是航空动力方面的研发制造基地，因此可以看出，长江中游地区主要整机和配件生产企业拥有自身独特的优势，并在制造研发产业链条上形成了一定的地域分工，拥有广阔的合作前景。

（三）长江中游地区主要通用航空企业成因分析

长江中游地区的通用航空企业来源主要是三种：一是央企布局，二是外地引进，三是本地培养。

首先从央企布局分析。在研发制造层面，通用航空产业不仅对资金的需求较大，技术门槛更高，技术积累时间长，一般企业根本无法进入，因此目前长江中游地区通用航空产业领域根植性企业或机构大都是中央企业或附属研究机构。例如江西洪都航空工业公司和昌飞航空公司、株洲航空动力机械研究所、荆门中航特飞所都隶属于中国航空工业集团，长沙飞机修理厂则隶属于中国人民解放军，湖南动力机械研究所则隶属于中国航天科工集团。这类根植性企业大多技术领先、科研实力雄厚，相关航空航天产品大多供应国家需求。这类企业在地方深耕多年，已经与地方经济社会长期融合，是地区经济社会发展的主要支撑力量之一，所以这类根植性企业是长江中游地区通用航空产业发展的最根本基石。

其次是外地引进。地方直接引进外部优质的航空航天资源共同合作生产，这是最为简洁有效的方式。例如，2017 年 7 月，武汉成功引进北京明浩航空投资管理有限公司，该企业是一家专注于通用航空投资、管理、咨询和培训的企业，采取许可生产的方式在武汉主要建设俄直系列卡－32 直升机总装线和安萨特直升机生产线。2017 年 2 月，荆门成功引进美国著名的泊鹭通航产业有限公司。2017 年 8 月 18 日，泊鹭通航产业有限公司研制的“海王”水陆两栖轻型运动飞机在荆门成功下线并完成首飞。湖南长沙则引进了生产小飞机的美国乔治海因茨通用飞机制造项目，主要生产超短距滑行起飞降落飞机，2017 年已经成功建成投产。株洲则引进了美国罗特威、北航小蜜蜂等一批整机制造项目，同时在航空配套设施领域，央企中航工业与国际动力巨头普惠合资共同打造亚太地区最大的发动机维修项目，中国航发南方工业有限公司和中国航发湖南动力机械研究所共同合作打造南方宇航高精传动产业项目。

相对于前两种通用航空企业产生方式，本地培养兼具前两者的共同特性。对于本地培养的企业来说，主要是地方性民营企业在多元化发展的同时，借助地方政府的大力扶植，开始涉足航空航天领域，对于这类民营企业来说风险较高。本地培养模式对于进入者自身也有两种方式，一是资本并购。例如，武汉卓尔集团注资成立武汉卓尔航空工业公司。2017 年 5 月，卓尔航空工业成功通过收购捷克领航者飞机公司、伊赫拉瓦飞机制造公司以及拉脱夫飞行模拟器公司，拥有了国际领先的轻型飞机研发与制造能力，随即全面开展轻型飞机、飞行模拟器及工业级无人机的研发与制造。目前卓尔航空工业已具备年产轻型飞机 1000 架、工业级无人机 2000 架的生产能力，在全国通航制造业尤其是民营阵营中规模居前。二是技术延伸。相比于第一种资本并购方式来说，技术延伸方式对于企业本身的技术科技能力要求较高，一般涉足此类的企业都是高端制造型科技类企业。例如，湖南的山河科技股份有限公司，该公司是由高端制造企业山河智能联手中南大学何清华教授联合上市公司湖南山河智能机械共同创办的一家产、学、研相结合的高科技股份制企业，主要生产超轻型载人飞机、动力三角翼、无人机等航空产品，其主打产品“欧若拉”运动型私人飞机，已经成功打入国内轻型飞机市场。

四　长江中游地区通用航空产业发展的思路和策略分析

（一）摒弃单打独斗，推动协同作战

从目前国内通用航空产业发展的整体情况来看，国内通用航空产业还主要处于以省份为基础各自为政、独自发展的阶段。长江中游湘鄂赣三省的通用航空产业同样处于类似的环境，都在各自省份内总体谋划，没有跨区域合作的理念。近年来，在全国通用航空产业大发展的背景下，湘鄂赣三省的通用航空产业都有较大的发展，但是如果就湘鄂赣三省各自来分析，与全国其他地区单独比较，无论是规模还是水平都处于相对滞后的状态。同时，目前对于通用航空产业这种高端产业资源的竞争也处于一种白热化阶段，一旦某个地区形成了一定的优势，那么更多的相关资源就会迅速向该地区集聚，由此将会产生马太效应，出现强者恒强的状态。目前国内拥有大型航空航天项目的地区，这种竞争优势已经非常明显，成为国家在航空航天领域重点推进地区，大量政策资源和科技资源都向这些地区倾斜。相比之下，目前湘鄂赣三省都缺乏国家级别的重大项目支撑，因此对于湘鄂赣三省通用航空产业的发展一定要独树一帜，另辟蹊径，才能在激烈的区域竞争中率先突围。湘鄂赣三省完全可以针对国内通用航空产业区域布局各省份各自为政的基本特征，依托长江中游城市群率先集聚三省通用航空产业领域的相关资源，建立共同的通用航空产业发展平台，加快三地在通用航空产业方面的协调融合，形成区域合力，共同打造协同化竞争优势，这样才有可能在与其他地区的竞争中脱颖而出。

（二）激发创新活力，夯实发展根基

作为长江中游地区的根植性企业，荆门特飞所、洪都航空、昌飞航空、株洲南方动力等企业具有航空产业发展基础好、科研实力强、产品全国配套等优势，这类根植性企业是长江中游区域通用航空产业可持续发展的坚实根基。但这类企业都属于国有性质，存在体制机制不活、市场开发动力不足、开放发展顾虑重重的问题，这极大地制约了根植性企业创新能力的提升。目前，国企改革正在不断深入，开放政策进一步放宽，军民融合战略正在大力推进，根植性企业要充分借势国家发展的政策东风，加快自身的体制机制创新，推进区域内的相关高校、科研院所、工业企业与之相互合作、配套，大力开发外部市场，进一步拓展根植性企业的制造研发能力，这样才能成为引领区域通用航空产业发展的主体力量。

（三）加快外部嫁接，促进枝繁叶茂

根植性企业和外来引资企业就像一棵树的树干和树枝，大树要健康茁壮，不仅要有强健的树干，更要有繁盛的枝叶。繁盛的枝叶除了自身成长外，还可以通过外部嫁接方式来完成。因此，在长江中游地区通用航空产业的发展过程中，在突出根植性企业主体作用的同时，也要不断创造条件吸引外部的优质航空资源来长江中游地区落户。外部优质的航空资源，特别是国外的通用航空企业，对于本地的根植性企业不仅是一种新鲜血液，带来先进的制造研发技术，而且还能带来先进的管理和运营经验。同时，外来的新生企业对于本土原有的根植性企业也是一种促进，不发展将会被淘汰，激励根植性企业不断创新发展。这样根植性企业和外来引资新生企业之间就形成了一种有效互动，构建了一种互为促进、互为发展的良性格局，共同为长江中游地区通用航空产业发展奠定基础。

（四）与其遍地开花，不如一处结果

目前，在通用航空产业方面，在长江中游武汉、荆门、长沙、株洲、南昌以及景德镇等六个城市都具有其他城市无法比拟的优势和前景。但在国家通用航空产业发展的政策指引下，区域内的其他城市都存在借势发展的内在冲动。通用航空产业作为战略性新兴产业，特别是制造研发环节，对于科技、资金门槛较高，风险也较大，并不适合普遍开展。在资源有限、能力约束的条件下，遍地开花的粗放式发展模式不但不能促进产业的健康快速发展，反而会造成资源的巨大浪费，制约整个区域的通用航空产业发展。因此，以现有的六个优势城市为基础，集聚有限资源，做实三核三辅，避免遍地撒网，才是长江中游地区通用航空产业发展的可行之路。

（五）加快产业延伸，培育优质土壤

俗话说，“酒香不怕巷子深”。其实，好的产品如果缺少了宣传和配套服务，也很难获得成功。长江中游地区通用航空产业的发展也要坚持这种理念，不仅要关注研发制造环节，基础设施建设以及市场应用领域同样重要，这些都是通用航空产业可持续发展的基础。如果没有市场应用领域的扩展，那么研发制造环节必将成为无源之水、无本之木。在现有的条件下，湘鄂赣三省要协同通用航空机场的整体布局加快机场设施建设，合力打造若干航空特色小镇，联合成立航空培训学校，开展市场化航空体验等内容，这都是产业链延伸的重点方向。同时，市场应用领域的不断开拓将反过来促进区域内研发制造企业的扩大与发展，形成整个通用航空产业链延伸的良好循环。一句话，只有培育好发展的优质土壤，才能结出成功的果实。

参考文献

宗苏宁：《中国通用航空产业发展现实与思考》，航空工业出版社，2014。

耿建华、王霞等：《通用航空概论》，航空出版社，2007。

周睿全：《武汉通用航空产业前瞻性研究》，《当代经济》2017 年第 10 期。

乔磊：《浅谈通用航空产业的发展》，《科技资讯》2012 年第 9 期。

B.5
长江中游城市群城镇化效率研究

黄 展*

摘 要： 本文将长江经济带三大国家级城市群之一长江中游城市群作为研究对象，对其城市群城镇化效率进行测度和分析，运用三阶段 DEA 方法对长江中游城市群 2005～2015 年 30 个城市城镇化效率进行测度，并对模型求解结果进行分析，通过横向和纵向对比分析城市群演化规律和特征，最后根据长江中游城市群城镇化效率发展和变化特征及结论有针对性地提出相应的对策建议。

关键词： 长江中游城市群 城镇化效率 三阶段 DEA

一 引言

城市群是经济社会发展的重要载体，也是新型城镇化的主体形态，《国家新型城镇化规划（2014～2020 年）》也明确提出加快培育成渝、中原、长江中游、哈长等城市群，使之成为推动国土空间均衡开发、引领区域经济发展的重要增长极①。2014 年《国务院关于依托黄金水道推动长江经济带发展的指导意见》要求“以长三角、长江中游和成渝三大城市群为长江经济带城镇化建设的主体，以滇中和黔中城市群为辅助，促进各个城市群之间，以

---

* 黄展，湖北省区域经济学会助理研究员。

① 《国家新型城镇化规划（2014～2020 年）》，《农村工作通讯》2014 年第 6 期。

及城市群内城市间分工协作，加强长江经济带基础设施建设和互联互通，优化沿江城镇化空间布局，推动产城融合发展，合理引导人口集聚，形成集约高效、绿色低碳的新型城镇化发展格局”①。2015 年底召开的中央城市工作会议指出，“要以城市群为主体形态，科学规划城市空间布局，实现紧凑集约、高效绿色发展，优化提升东部城市群，在中西部地区培育发展一批城市群、区域性中心城市”②。2016 年 3 月，中共中央政治局审议通过的《长江经济带规划发展纲要》提出，“发展的统筹度和整体性、协调性、可持续性进一步增强，基本建立以城市群为主体形态的城镇化战略格局，城镇化率达到 60% 以上，人民生活水平显著提升”③。随着城镇化优化布局的发展，区域间城镇化水平差异缩小。2017 年，党的十九大报告提出，“要以城市群为主体构建大中小城市和小城镇协调发展的城镇格局”，这是优化我国未来城镇化发展格局的重大战略导向，通过进一步强化城市群在城镇化战略格局中的主体地位，通过科学规划、合理布局，更好发挥城市群内部不同城市和小城镇相对分布、规模经济和范围经济显著、分工协作关系紧密的优势，形成大中小城市和小城镇协调发展的城镇格局④。

2015 年 3 月 26 日，《长江中游城市群发展规划》获得国务院批复实施，标志着长江中游城市群的发展进入一个新的阶段。自规划批复以来，长江中游城市地区的建设有着明显进展，主要表现为战略地位日益凸显、政府政策有效推进、产业发展成果显著以及省与省之间密切合作。目前，长江中游城市群逐步成为继长三角、珠三角和环渤海之后中国经济发展的第四大增长极。规划指出长江中游城市群要打造中西部新型城镇化先行区。预计到 2020 年，常住人口城镇化率达到 60%，户籍人口城镇化率达到 45%。长江中游城市群城镇化水平的推进不仅对中部地区城市协同发展格局的形成具有

① 《国务院关于依托黄金水道推动长江经济带发展的指导意见》，人民出版社，2014。

② 《中央城市工作会议 37 年后重启：再建一批中心城市》，《现代工商》2015 年第 12 期。

③ 秦尊文：《长江经济带研究与规划》，湖北人民出版社，2015。

④ 《决胜全面建成小康社会夺取新时代中国特色社会主义伟大胜利》，《中国民族》2017 年第 11 期。

重大意义，也对我国新型城镇化的发展进程起到巨大的推动作用。

国外学者首先对于城镇化给出定义，城镇化（Urbanization）最早是由西班牙设计师 A. Serda 于 1867 年在《城镇化基本理论》一书中提及，在《社会科学词典》中首次被定义为“城市中心对农村腹地影响的传播过程”、“全社会逐步接受城市文化的过程”、“人口集中的过程”和“城市人口与全社会人口比例提高的过程”等。城镇化也被称作城市化、都市化①。由于城镇化这一概念本身所具有的复杂性和综合性，不同领域的学者对其都有所研究，并且给出与相对研究领域匹配的城镇化定义。对于城镇化效率的研究方面，伴随着我国经济发展和城镇化的快速推进，城镇化效率逐渐引起国内学者的关注。吴敬琏指出中国城镇化进程中面临着日趋严重的资源与能源环境的压力，健康的城镇化应当是经济社会与资源环境相互协调的发展格局，我国新型城镇化建设理应推行与新型工业化相一致的可持续发展模式，兼顾效率与结构的改善。伴随着城镇化效率问题讨论的深入，我国学术界逐步引入新的研究方法和计量模型对城镇化效率展开研究，研究范围与领域不断扩大，采取定性与定量研究相结合的方法，研究形式日趋多样化，在研究对象层面以及尺度方面：一方面从评价尺度上对城镇化某一经济指标效率进行测度分析，其中评价较多的为土地利用效率。此外，农业人口非农化效率、城镇化融资效率、城镇化投资效率、基础设施效率等方面也有涉及；也有学者利用多指标（社会、经济、环境等方面）对城镇化效率进行综合评价。另一方面根据研究范围的不同，不同学者分别以全国、区域、省域、市为研究对象，对不同研究区域进行城镇化效率的测度与评价。在评价方法上，从已有的研究来看，对城镇化效率的评价方法主要有两类：一类是建立城镇化质量评价体系，采用主成分分析或直接赋权法建立相应指标评价体系进行综合评价；另一类方法是在生产效率角度对城镇化效率进行综合评价，主要采用 DEA（数据包络分析）模型和 SFA（随机前沿分析法），该类方法可

① 马晓冬：《基于 ESDA 的城市化空间格局与过程比较研究》，东南大学出版社，2007。

以避免因给模型赋予权重而带来的主观因素影响从而减少误差的产生，是当前经济效率评价研究的主流方法，对于城镇化效率问题的研究也不例外。对于城市群城镇化效率方面，许多专家学者也展开过大量研究。魏后凯指出中国城镇化的起点低、速度快、规模大，地区差异明显，目前城镇化已经成为经济发展的重要引擎，城市群已成为推进城镇化的主体形态。随着国家重大空间战略的实施，对城市群城镇化效率的研究逐步向国家战略靠拢。

二 长江中游城市群城镇化效率评价方法

（一）研究范围

长江中游城市群是以大武汉城市圈、环长株潭城市群和环鄱阳湖城市群为主体组成的特大型城市群。依据《长江中游城市群发展规划》所界定的城市群范围，本文研究范围包括湖北省域内 13 个城市（武汉、黄石、宜昌、襄阳、鄂州、荆门、孝感、荆州、黄冈、咸宁、仙桃、潜江和天门）；湖南省域内 8 个城市（长沙、株洲、湘潭、衡阳、岳阳、常德、益阳和娄底）；江西省域内 9 个城市（南昌、景德镇、萍乡、九江、新余、鹰潭、宜春、抚州和上饶），其中吉安市新干县由于数据缺失不纳入本文研究范围。

（二）评价方法与数据来源

本文根据城镇化的内涵，结合长江中游城市群发展现状，在借鉴已有研究的基础上，分别选取合适的投入指标、产出指标以及环境变量指标构建长江中游城市群城镇化效率评价指标体系。在指标的选取方面，本文借鉴已有相关学术研究及相关城镇化效率理论研究构建指标体系，综合借鉴各学者研究成果，选取人口、资本、土地和政府支持作为模型投入指标，分别从人口、经济、空间、社会四个层面分析衡量城镇化效率，以人口城镇化、经济城镇化、空间城镇化和社会城镇化作为模型效率评价的依据。环境变量是指研究对象所处的经济运行状态，和影响各决策单元经济效率结果却不可控的因素，参考并整合文献资料，本文将长江中游城市群各市经济基础、开放程度、金融环境和消费水平作为模型的外生环境变量。本文建立的指标体系如表1所示。

表1 长江中游城市群城镇化效率评价指标体系

指标	指标内涵	指标具体说明
投入指标	劳动力要素	年末就业人员数量,单位:万人
	土地要素	建设用地面积,单位:平方公里
	资本要素	固定资产投资,单位:亿元
	政府支持	地方财政一般预算支出:单位:亿元
产出指标	人口城镇化	城区人口总量:城区人口+城区暂住人口,单位:万人
	经济城镇化	非农产业增加值之和:第二产业与第三产业增加值之和,单位:亿元
	空间城镇化	建成区面积占比:建成区面积/城区总面积,单位:无
	社会城镇化	居民收入水平:城镇居民人均可支配收入与农民人均纯收入进行加权平均(以城镇化率为权重),单位:元
环境变量	经济基础	GDP,单位:亿元
	开放程度	进出口总额,单位:万美元
	金融环境	金融机构本外币存贷款总额:金融机构本外币存款额+贷款额,单位:亿元
	消费水平	全年消费品零售总额,单位:亿元

本文以长江中游城市群2005~2015年各地级市（吉安市除外）为研究对象，指标体系变量数据根据《中国城市统计年鉴》《中国城市建设统计年鉴》《中国区域经济统计年鉴》以及各年度各市国民经济与社会发展统计公报和统计年鉴整理所得。

三 长江中游城市群城镇化效率实证分析

（一）第一阶段DEA结果分析

本阶段借助DEAP2.1软件对各个决策单元2005~2015年的效率分别进

行测算，不考虑随机干扰和环境因素的影响。具体模型选择投入导向（input orientated）的规模报酬可变（BCC）模型。

第一阶段 DEA 分析结果仅为后续阶段做铺垫，并非本研究最终研究目的，因此图 1 仅列出整体结果，且仅对数据结果进行整体和区域性的描述性分析，其余部分不再赘述。

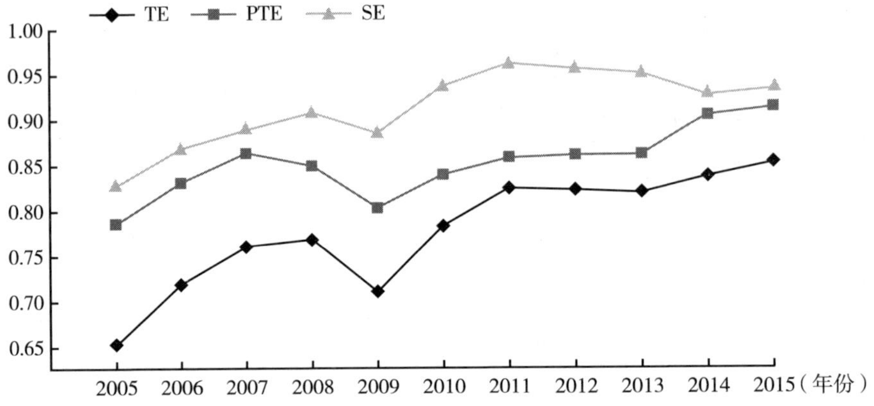

图 1　调整前 2005～2015 年长江中游城市群整体城镇化效率

从第一阶段 DEA 结果来看，长江中游城市群整体城镇化效率呈现以下特点：第一，从整体情况来看，长江中游城市群城镇化效率并未达到效率前沿面，其效率值仍存在一定的上升空间；第二，2005～2015 年长江中游城市群城镇化效率值处于上升趋势，其纯技术效率值变化趋势与综合技术效率相同，规模效率值呈现先上升后下降的趋势；第三，从总效率的结果构成来看，纯技术效率是影响总效率大小的主要因素，而规模效率在 2005～2015 年一直处于较高水平，且变化幅度相比于两者不大，说明其对效率值的影响程度相比于纯技术效率较小，进一步考虑两指标的意义可知，在没有考虑环境变量和随机误差影响下的 DEA 结果，城市当地政策环境和技术水平是影响城镇化效率的主要因素，经济发展规模的影响效果次之。

（二）第二阶段 SFA 回归分析

本文是将第一阶段得出的各决策单元投入的松弛变量作为第二阶段的被解释变量，被解释变量个数与投入变量个数相同，本文指标体系中有四个投入变量，因此 SFA 回归中被解释变量有四个，分别是建设用地面积（土地）、年末就业人员数量（劳动力）、固定资产投资（资本）和地方财政一般预算支出（政府支出）的松弛变量；将上文选择的环境变量 GDP、进出口总额、金融机构本外币存贷款总额和全年消费品零售总额作为解释变量，然后利用 Frontier 4. 1 软件对解释变量和被解释变量进行 SFA 回归分析，得出解释变量与被解释变量之间的关系，为第三阶段 DEA 的调整提供依据，回归结果如表 2 所示，表中列出各环境变量和投入变量松弛变量的回归系数及其对应的 t 值。

通过表 2 结果可以看出，从不同时间点纵向来看，不同年份环境变量对长江中游城市群城镇化效率有着不同程度的影响，且不同松弛变量与环境变量显著关系不同，从而对城镇化效率影响程度也存在差异。

表 2　第二阶段 SFA 回归结果（以 2005 年、2010 年和 2015 年为例）

变量		劳动力冗余（Y1）	土地冗余（Y2）	资本冗余（Y3）	政府支出冗余（Y4）
GDP（β^i1）	2005 年	−24. 097 *** （−22. 216）	21. 469 *** （24. 687）	−94. 802 *** （−372. 372）	4. 543 *** （4. 038）
	2010 年	10. 051 *** （3. 040）	10. 248 *** （5. 228）	273. 342 *** （23. 651）	97. 923 *** （25. 475）
	2015 年	68. 218 *** （37. 394）	−0. 399 （−0. 441）	212. 388 *** （13. 706）	88. 835 *** （101. 692）
进出口总额（β^i2）	2005 年	−74. 735 *** （−66. 478）	0. 796 （1. 152）	5. 171 * （1. 578）	−4. 963 * （−1. 695）
	2010 年	88. 242 （2. 009）	1. 456 *** （5. 802）	−89. 531 *** （−2. 985）	−22. 866 *** （−4. 652）
	2015 年	45. 674 *** （22. 675）	0. 125 （0. 216）	−84. 550 *** （−6. 686）	40. 218 *** （18. 574）

续表

变量		劳动力冗余（Y1）	土地冗余（Y2）	资本冗余（Y3）	政府支出冗余（Y4）
存贷款总额（β^i3）	2005年	68.646 *** (64.033)	-10.628 *** (-11.458)	50.278 *** (13.867)	-0.825 (-0.208)
	2010年	-232.077 *** (-4.022)	-5.508 *** (-4.171)	316.205 *** (3.628)	21.138 *** (4.276)
	2015年	-108.558 *** (-157.889)	0.531 (0.596)	161.873 *** (6.195)	-86.566 *** (-29.803)
消费品零售总额（β^i4）	2005年	67.193 *** (63.353)	-6.025 *** (-6.522)	24.104 *** (13.313)	5.105 *** (3.975)
	2010年	212.571 *** (5.957)	-2.616 ** (-1.968)	-524.765 *** (-54.168)	-67.835 *** (-61.848)
	2015年	38.493 (18.328)	-0.752 (-0.842)	-245.719 (-3.544)	-3.181 (-1.746)
LR检验值	2005年	16.558 ***	18.713 ***	17.429 ***	18.377 ***
	2010年	13.663 ***	20.409 ***	11.356 **	11.740 **
	2015年	16.010 ***	27.359 ***	23.144 ***	16.063 ***

注：*、**、*** 分别表示在10%、5%、1%显著性水平上显著。

从各城市经济基础角度，与四个投入松弛变量均有着显著的关系，说明GDP对长江中游城市群效率值的测度存在一定的影响，从2005年到2015年的系数变化可以看出2005年GDP对劳动力和资本要素的投入效率有促进作用，对土地和政府支出要素系数虽然为正，但是其绝对值并不大，直到2015年GDP对劳动力、资本和政府支出要素投入松弛变量系数分别上升，对城镇化效率的抑制作用增大，GDP对城镇化效率作用由促进转为抑制，说明在2005年城市经济基础环境有利于城镇化水平的提升，城镇化水平的提升依赖经济基础，伴随着城市群经济高速发展，经济基础对城镇化的促进作用不再明显，说明靠经济基础驱动城镇化发展模式已经逐渐失效，尤其是对劳动力要素、资本要素和政府支出方面投入效率带来负面影响。

从对外开放程度角度来看，环境变量进出口总额在 2005 年对要素投入的冗余变量系数绝对值较小，对其影响作用没有 2015 年明显，进出口总额在 2005 年对劳动力要素的使用效率有着明显促进作用，在 2010 年系数变化为正，且绝对值为 88. 242，进出口总额的提升不利于劳动力要素效率的提升，使整个城镇化效率受到影响；其对土地要素投入系数不大，说明进出口总额对土地要素投入效率影响作用有限；其对资本要素的投入系数松弛变量从 2005 年的 5. 171 变化为 2015 年的 -84. 531，说明该类环境变量对资本投入对城镇化效率的影响由轻微抑制转为促进；进出口总额对政府支出松弛变量系数由 2005 年的 -4. 963 增加到 2015 年的 40. 218，对政府投入要素的抑制作用在增加，影响政府投入在城镇化系统中发挥正向作用。

从金融环境角度来看，金融存贷款总额对劳动力效率的影响由抑制转为促进，金融环境与就业量有着密切的关系，其对城镇化效率的提升有着一定的帮助；与进出口总额环境变量一样，存贷款总额对土地要素投入效率影响不是特别明显，到 2015 年对土地效率影响逐渐变得不显著；存贷款总额对资本投入效率的影响在 2005 ~ 2015 年一直都存在，且影响效果显著，使得资本投入对城镇化效率产生抑制作用；金融环境与政府投入也有着密切的关系，金融环境向好，政府投入就会相对减少，金融环境恶劣，政府投入就会增大，政府投入的改变对城镇化效率也产生影响。

从消费水平角度来看，环境变量消费品零售总额相比其他环境变量对城镇化效率的提升促进作用较为明显，2005 年环境变量对劳动力、资本和政府投入要素呈负相关，消费水平的提升会对该类要素城镇化效率的投入起抑制作用，从而会对土地要素投入效率有促进作用；到 2015 年，消费品零售总额变量对劳动力要素投入系数绝对值变小，对城镇化效率抑制作用减少，且对投资和政府支出的投入松弛变量系数由正变负，说明现阶段消费水平变量使城镇化效率提升，消费水平越高的地区，资本和政府支出投入对城镇化效率提升作用就越明显。

（三）第三阶段 DEA 结果分析

1. 城镇化效率整体分析

经过 DEA 第二阶段，剔除环境因素和随机干扰后，使用软件 DEAP2.1 再次计算，将第三阶段 DEA 运用第一阶段分析中所使用的模型和第二阶段得到的四个投入变量重新计算，得到调整后的 2005～2015 年长江中游城市群城镇化效率值（综合技术效率、纯技术效率、规模效率），其结果如表 3、表 4 和表 5 所示。剔除了外部环境和随机因素的影响后，长江中游城市群各城市城镇化效率发生了显著的变化。

表 3　第三阶段调整后长江中游城市群各城市 TE、PTE 和 SE

城市	2005 年			2010 年			2015 年		
	TE	PTE	SE	TE	PTE	SE	TE	PTE	SE
武　汉	1.000	1.000	1.000	1.000	1.000	1.000	1.000	1.000	1.000
黄　石	0.949	0.984	0.964	1.000	1.000	1.000	0.861	1.000	0.861
宜　昌	0.500	0.578	0.865	0.624	0.640	0.976	0.741	0.837	0.885
襄　阳	0.927	0.930	0.997	0.760	0.775	0.981	0.720	0.755	0.953
鄂　州	0.787	0.937	0.840	0.728	1.000	0.728	0.784	1.000	0.784
荆　门	0.455	0.623	0.730	0.826	0.843	0.980	0.715	0.917	0.780
孝　感	0.387	0.602	0.643	0.939	1.000	0.939	0.837	1.000	0.837
荆　州	0.959	0.964	0.995	0.940	0.971	0.968	0.675	0.781	0.864
黄　冈	0.534	0.924	0.578	0.848	0.897	0.945	0.806	0.965	0.836
咸　宁	0.440	0.803	0.548	0.486	0.654	0.743	0.639	0.850	0.752
仙　桃	0.860	1.000	0.860	1.000	1.000	1.000	0.858	1.000	0.858
潜　江	0.687	1.000	0.687	0.752	1.000	0.752	0.880	1.000	0.880
天　门	1.000	1.000	1.000	0.538	1.000	0.538	0.715	1.000	0.715
湖　北	0.730	0.873	0.824	0.803	0.906	0.888	0.787	0.931	0.847
长　沙	0.610	0.640	0.952	0.879	0.923	0.952	1.000	1.000	1.000
株　洲	0.633	0.654	0.969	0.807	0.808	0.999	0.732	0.826	0.886
湘　潭	0.632	0.707	0.894	0.746	0.772	0.966	0.809	0.960	0.843
衡　阳	1.000	1.000	1.000	0.981	0.983	0.998	0.769	0.841	0.914
岳　阳	0.403	0.404	0.998	0.721	0.744	0.970	1.000	1.000	1.000
常　德	0.460	0.573	0.802	0.763	0.781	0.977	0.970	1.000	0.970
益　阳	0.630	0.796	0.792	1.000	1.000	1.000	0.657	0.806	0.815
娄　底	0.429	0.614	0.699	0.676	0.805	0.841	0.842	1.000	0.842
湖　南	0.600	0.674	0.888	0.822	0.852	0.963	0.847	0.929	0.909

续表

城市	2005 年			2010 年			2015 年		
	TE	PTE	SE	TE	PTE	SE	TE	PTE	SE
南　昌	0.795	0.808	0.983	1.000	1.000	1.000	0.994	1.000	0.994
景德镇	0.610	0.801	0.761	0.686	0.903	0.759	0.831	0.975	0.852
萍　乡	0.443	0.752	0.590	0.762	0.779	0.977	0.592	0.798	0.742
九　江	0.538	0.686	0.785	0.628	0.638	0.984	0.634	0.683	0.928
新　余	0.724	1.000	0.724	0.643	0.754	0.852	0.746	0.967	0.772
鹰　潭	0.455	1.000	0.455	0.530	1.000	0.530	0.819	1.000	0.819
宜　春	0.431	0.805	0.535	0.760	0.769	0.989	0.711	0.836	0.850
抚　州	0.449	0.667	0.673	0.766	0.783	0.979	0.690	0.850	0.812
上　饶	0.370	0.778	0.475	0.589	0.605	0.973	0.749	0.862	0.869
江　西	0.535	0.811	0.665	0.707	0.803	0.894	0.752	0.886	0.849
均　值	0.637	0.801	0.793	0.779	0.861	0.910	0.792	0.917	0.864
方　差	0.045	0.029	0.031	0.024	0.018	0.018	0.013	0.009	0.006
极　差	0.630	0.596	0.545	0.514	0.395	0.47	0.408	0.317	0.285

（1）综合技术效率（TE）分析

对于调整后长江中游城市群综合技术效率格局，在剔除了外部环境因素和随机误差对指标体系影响的条件下，从整体变化趋势上来进行分析。首先长江中游城市群城镇化整体综合技术效率的变化分为两个阶段：第一阶段，2005～2009 年呈现先上升后下降态势；第二阶段，2009～2015 年总体上与第一阶段一样呈现先上升后下降的态势。从综合技术效率值的差异性来看，2005～2015 年城镇化总效率方差和极差不断减小，说明长江中游城市群各城市城镇化总效率在 2005～2015 年总体波动减小，2015 年城镇化效率的发展相比于 2005 年更平衡，但是从 2015 年各城市总效率值的情况来看，仅有武汉、长沙和岳阳三个城市综合技术效率值达到效率前沿面，大部分城市与效率前沿面仍有一段距离，且到 2015 年，城市群内效率值极差仍然有 0.408，说明长江中游城市群城镇化效率分布仍不均匀，地区与地区之间存在差异。

从 2005～2015 年综合技术效率演变格局来看，2005 年，长江中游城市群城镇化综合技术效率处于较低水平，大部分地区综合技术效率处于低值，且呈现比较明显的核心与边缘地区相对的空间格局，城市群中心城市及附近区域的城镇化效率值较高；2005～2010年，城镇化效率上升格局出现明显的扩散趋势，地区与地区之间尤其是中心城市及其周围与城市群边缘地区的差距缩小，城市群范围内城镇化效率整体水平有了较大水平的提升，但是咸宁地区城镇化效率仍不及周边地区，形成明显的凹点；到2015年，城市群整体城镇化水平发展相比2010年更加均衡，武汉、长沙和南昌中心城市及其周边城镇化效率凸显，城镇化效率水平向中心城市集聚，咸宁城镇化效率在此期间有了明显提升，与其周边城市地区差距缩小。

（2）纯技术效率（PTE）分析

从长江中游城市群历年纯技术效率整体变化趋势来看，调整后的效率值经过两个阶段的变化，2005～2009年为一个阶段，纯技术效率值经历了先上升后下降的变化，同综合技术效率相同，因为经济危机导致效率值下降，技术效率是决策单元、技术和管理水平的体现。在此期间纯技术效率的方差和极差同样总体呈现下降趋势，城市群纯技术效率值和综合技术效率一样呈现均衡发展的态势，但是地区与地区之间仍有着明显差异。

从2005～2015年纯技术效率演变格局来看，纯技术效率的发展趋势与综合技术效率相似，从2005年情况来看，长江中游城市群城镇化综合技术效率同纯技术效率一样处于较低水平，城市群中心城市及附近区域相比于其他地区的城镇化效率值较高；2005～2010年，城镇化效率上升格局出现明显的扩散趋势，中心城市及其周围与城市群边缘地区的差距缩小，城市群范围内城镇化效率整体水平有了较大提升，咸宁、九江、上饶等地区城镇化效率水平相较于平均水平仍有一定的差距，武汉、长沙和南昌中心城市及其周边城镇化效率凸显，城镇化效率水平向中心城市集聚；到2015年，城镇化效率水平相比于2010年城市群整体城镇化水平更高且更均衡，但是整体格局相比2010年没有太大的变化，咸宁、九江、上饶等城市城镇化效率在此期间虽有了一定的提升，但是与周边地区相比于城镇化效率水平仍存在差距。

（3）规模效率（SE）分析

从调整后规模效率角度来看，长江中游城市群规模效率值变化趋势和综合技术效率与纯技术效率相同。此外，2005～2015 年，规模效率值的方差与极差减小，城市群规模效率差异越来越小，地区间的规模效率值差距有明显改善，相比于纯技术效率，从方差和极差的结果来看，规模效率值的地区间差异减小程度比纯技术效率大，说明综合技术效率的不均衡主要是纯技术效率起主导作用。2009～2013 年出现规模效率值高于纯技术效率值的原因是当时经济的发展依托于要素和经济的驱动，要素与经济投入城市化系统，生产规模能否达到最大最优成为拉动效率的主要动因，其对效率值的提升也起主导作用；在 2013 年以后，经济发展面临转型，传统的靠生产规模拉动经济的发展方式逐渐失效，规模效率对综合技术效率的提升作用较小，城镇化效率的发展模式由要素和资源驱动逐步转为技术和创新的驱动，技术效率数值在此期间超过规模效率数值。

2005～2015 年规模效率演变格局来看，2005 年，长江中游城市群城镇化规模效率处于较低水平，且呈现比较明显的西强东弱的空间格局，城市群中心城市规模效率值较高，环长株潭城市圈东部也呈现高规模效率态势，从三个次级城市圈对比来看，环鄱阳湖城市群总体规模效率值格局呈现较弱态势；2005～2010 年，城镇化效率上升格局出现明显的扩散趋势，地区与地区之间尤其是中心城市及其周围与城市群边缘地区的差距缩小，次级城市群之间的差距在逐步缩小，天门和鹰潭两地相比于周边地区规模效率值较低，城市群之间总体差距不大，且城市群内各城市规模效率整体水平有了较大提升；到 2015 年，城市群整体城镇化水平发展相比于 2010 年整体水平有下降趋势，武汉、长沙和南昌中心城市规模效率值相比于周边地区凸显，规模效率水平向中心城市集聚，天门和鹰潭规模效率在此期间有了明显提升，与其周边城市地区差距缩小。

2. 次级城市群（圈）城镇化效率对比分析

将调整后长江中游城市群 2005～2015 年大武汉城市圈、环长株潭城市群和环鄱阳湖城市群中城市的综合技术效率、纯技术效率和规模效率加总取算数平均，得出各次级城市群各年城镇化效率值，结果如表3所示。

2005～2015年长江中游城市群各次级城市群城镇化效率值均呈现不同变化趋势，通过三大城市群（圈）的比较可以看出，长江中游城市群内大武汉城市圈综合技术效率值均值相比于环长株潭城市群和环鄱阳湖城市群具有一定的优势，其原因是：从城市群中成员效率水平分布来看，大武汉城市圈中，黄冈、仙桃、潜江和天门等城市城镇化效率值一直保持在逼近效率前沿面的水平，尤其是在2005～2010年，中心城市武汉综合效率水平较高，而环长株潭城市群和环鄱阳湖城市群中中心城市长沙和南昌在早期城镇化水平不高，无法带动周边地区城镇化水平提升，且各城市城镇化发展水平不均衡，从而影响次级城市群整体效率值的大小。从指标构成来看，大武汉城市圈整体效率均值能保持较高水平是因为其技术效率值相比于其余两次级城市群具有一定优势，具有效率值高且稳定的特点，而环长株潭城市群虽然规模效率值具有一定优势，但是其技术效率值在2005～2009年相比于大武汉城市圈处于较低水平，从而影响了整体城镇化效率，而环鄱阳湖城市群规模效率值过低导致城镇化效率水平下降。三个次级城市群中大武汉城市圈各效率值方差处于较低水平，各方面发展较为均衡，环长株潭城市群规模效率值方差较小，2005～2015年综合技术效率和纯技术效率波动较大，而环鄱阳湖城市群各效率值方差均较大。

3. 各地区效率值的分布演变——基于纯技术效率值（PTE）和规模效率值（SE）

综合技术效率可以由纯技术效率和规模效率组合，因此可以通过构建基于纯技术效率和规模效率的四象限图，进而以此为基础就可以找到提升城镇化效率的方向。

2005～2015年长江中游城市群城镇化效率值分布呈现由离散到聚集的特点，2005～2009年聚集的主要原因是纯技术效率和规模效率的同时提升，各城市向右上移动，但是2009～2013年规模效率起主导作用，整体城市效率分布先呈现向上移动的特点，2013年后纯技术效率增长速度提升，超过规模效率的提升，整体效率分布又向右移动，导致在2015年相比2010年城

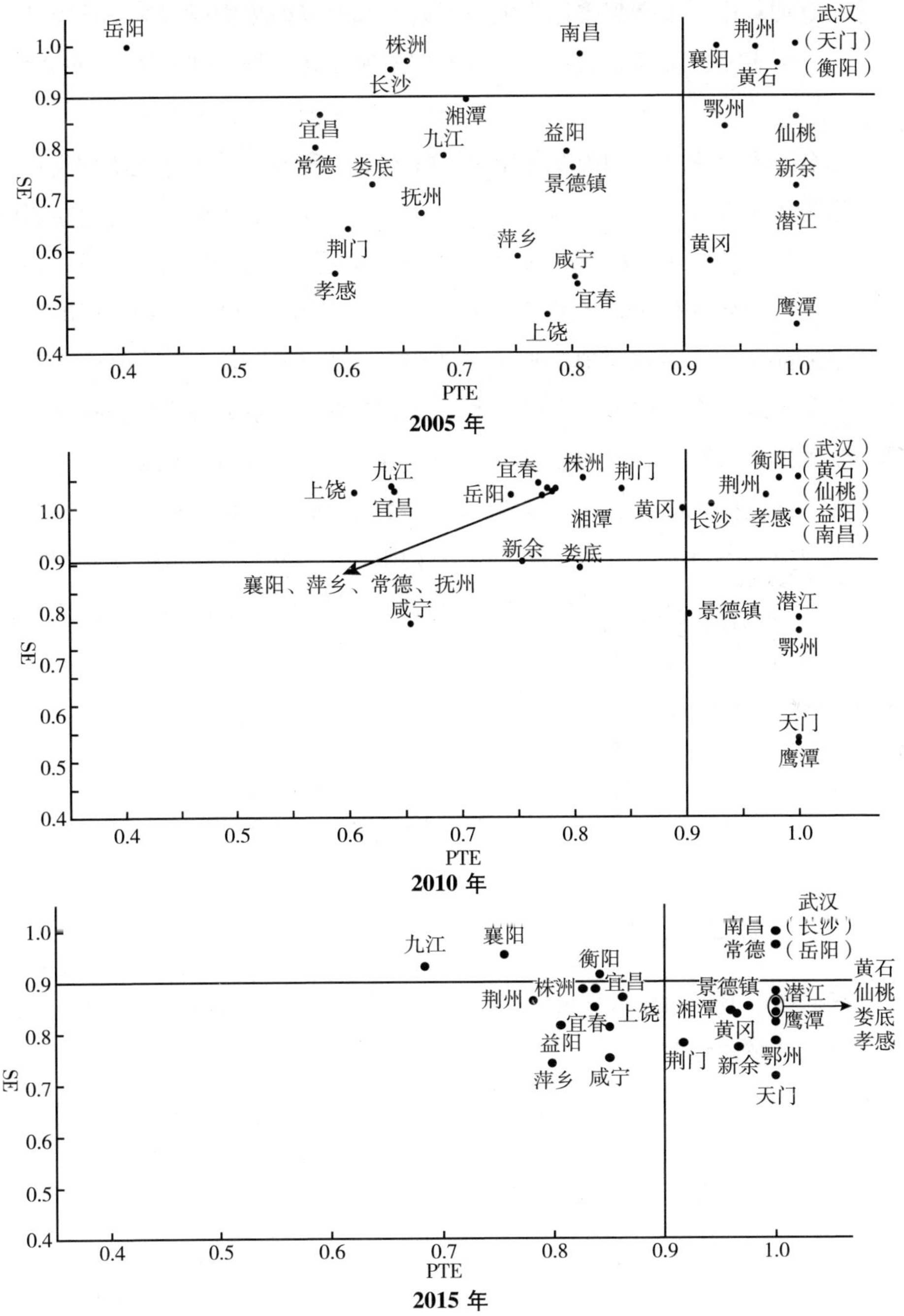

图 2　纯技术效率值和规模效率值分布情况

市分布更加集中，前者集聚因为纯技术效率和规模效率同时提升，使点往右上移动，后者是因为两种效率值分别作用于城镇化系统，使各城市分布更加集中。

综合技术效率的不均衡变化是由纯技术效率和规模效率变化不均衡产生的。作为影响综合效率值的因素，纯技术效率和规模效率的变化能直接影响综合技术效率的大小，两者变化速度能直接影响综合效率值结果，任一因素取值过低都会导致综合技术效率值的减少，可以看出 2009 ~ 2013 年出现规模效率值高于纯技术效率值的原因是当时经济发展依托于要素和经济的驱动，要素与经济投入城市化系统，生产规模能否达到最大最优成为拉动效率的主要动因，其对效率值的提升也占据主导作用；在 2013 年以后，经济发展面临转型，传统的依靠生产规模拉动经济发展推动城镇化进程的方式逐渐失效，规模效率对综合技术效率的提升作用较少，技术效率数值在此期间超过规模效率数值，城镇化效率的发展模式由要素和资源驱动逐步转为技术和创新的驱动，因此达到城镇化效率整体提升，应当兼顾规模效率和技术效率共同进步，均衡发展。

四　结论与政策建议

（一）结论与启示

依据城市群城镇化效率的分析结果，提出相应的发展对策，以推进长江中游城市群城镇化健康发展，初步得出以下结论。

（1）长江中游城市群整体城镇化效率到 2015 年距离效率前沿面仍有一定的差距，具有一定的提升空间，且 2012 年后城市群整体城镇化效率处于缓慢下降状态，效率上升动力机制亟待提升。

（2）研究期间长江中游城市群城镇化效率发展不断趋于均衡，但目前地区之间差距仍然存在，具体表现为增长极以及周边城市城镇化效率高于周边地区，城镇化效率在地理上呈现不平衡的格局，既有领先型地区又有滞后型地区。根据实证分析，可以看出长江中游城市群城镇化发展在不同次级城市群之间出现不平衡，而且在各个地区内部的差异也很大。区域内部发展不平衡，阻碍了区域发展的联动机制作用，不能够很好地形成整体规模经济效益。

（3）通过三个次级城市群对比发现不同地区城镇化效率存在差异，表现为次级城市群之间城镇化效率发展的不平衡，地区与地区之间应协调合作，共同促进城镇化效率的提升。

（4）在城镇化效率的测算上，综合技术效率是由纯技术效率和规模效率的乘积得到，长江中游城市群各城市城镇化效率无法提升主要是因为纯技术效率和规模效率值提升速率不同，任意一个值的偏小或不足都会导致城镇化效率下降，因此结论中可以看出城镇化效率在结构上存在不平衡，驱动机制应当兼顾城镇化系统的技术进步与规模优化，技术变动和技术效率是抑制全要素生产率的主要因素，提升城市群整体全要素生产率关键在于城镇化系统的管理与技术创新，旧的经济发展模式已经无法有效带动城镇化效率提升，与经济发展形势一样，城镇化系统也面临着新一轮的转型升级，需要以新的高效的驱动方式运作，原有的资本、劳动力、土地的投入方式模式应逐渐转变为创新、人才、科技的高效投入方式，实现新旧动能转换，使城镇化系统转型成为创新、人才等新生产要素聚集的载体。

（二）政策建议

1. 区域内部实现联动，进而推动各地市城镇化水平协调发展

长江中游城市群区域内各地市的自然资源禀赋与文化基础存在较大差异，使得各个城市间的城镇化效率差距明显，且存在较强的区域性，应该注重缩小差距，紧密联系周边地区，辐射周边城镇并积极带动周边发展，形成有效的联动发展机制，进而实现城市群城镇化的整体高效率。首先，城镇化发展应有针对性，结合各地市的实际发展状况，充分考虑各个地市的区位优势、文化基础、自然资源禀赋与未来的发展前景，以各地市的发展现状为出发点，结合其独特的比较优势资源，从而走出一条与地方特色紧密结合的城

镇化路径，大幅提升其城镇化效率。其次，对区域内部各类城市加强协调，在功能定位、发展重点和方向等方面对接协作，推动区域联动。以武汉、长沙、南昌等中心城市的辐射带动为基础，逐渐增强中心城市的综合承载能力和服务功能，进而优化城镇规模结构；同时注重对中小城市的产业和公共资源的布局，推动中小城市发展特色产业，从而增强其对人口的吸引力。此外，在长江中游城市群各地市的城镇化进程中，政府应发挥一定的职能作用，加大政府支持力度并积极推动各个地市间建立帮扶政策，资源互换，优势互补；研究建立区域协调发展机制，改善行政壁垒、各自为政造成的低效率，以推动整个城市群的城镇化水平提升。城市群不只是以中心城市为核心，它更关注城市群内部各地市在功能定位和产业发展方面实现合作共赢，在公共服务和基础设施体系建设方面能够共建共享，在资源开发利用和生态环境建设方面能够统筹协调，实现各城市的错位发展和优势互补。

2. 打破群内次级城市群间的行政壁垒，建立跨区域协调机制

城市群整体城镇化从全局出发，以继续壮大中心城市，大力支持大、中城市发展为基础，通过保证区域内部各个生产要素的自由流动，实现资源的优化配置，进而逐步实现区域城镇化的统一发展格局。以此为基础，城市群内湖北、湖南和江西三省应共同探讨协调发展机制，推动省际交通、产业、城镇建设等实现一体化发展，统筹合理安排城市群内部的各项资源、发展空间等，注重各地市间的资源共建共享，如在城市群内建立科技、信息、人力等资源共享系统，减少重复建设导致的城市群整体城镇化发展的低效率。

3. 创新城镇化发展体制机制，实现资源优化配置

通过改革体制机制，实现行政管理机制的创新发展，将推动人力、土地、资本等生产要素的优化配置，提升政府的服务型功能建设水平，进而提升城镇化技术管理效率。创新规划理念，完善规划程序，强化规划管控等，将为城镇化发展提供基本的政策支持。长江中游城市群的城镇化发展程度在不同区域间存在一定的发展差异，应加强各种生产要素在空间上的优化配置，提升城市群城镇化规模效率。城镇化主要是为了人口城镇化，从而使社会经济进步的成果被越来越多的进城人口所共享，推动城镇化发展进程，离

不开大量的劳动力生产要素的投入，中心城市城镇化效率较高就很好地印证了这一点，中心城市存在较大的人口吸引力，通过人口净流入推动城镇化发展；而边缘地区往往存在人口净流出，人口密度不足以支撑其城镇化发展，从而导致了较低的城镇化效率。人口城镇化离不开政府相关政策的支持，同时还需要进行制度创新，从而降低制度因素对城镇化效率的负面影响。此外，人力资源的知识和技能水平对城镇化发展也有重要影响，应加大人力资本投入，推动区域间人口实现自由流动，弥补各个区域的发展缺陷，提升资源配置效率，以市场机制推动整体城镇化效率的提升。

4. 转变城镇化发展模式，实现城镇化高效发展

在大力推进城镇化建设的大环境下，长江中游城市群的城镇化建设也逐渐开始快速发展，各地市也逐渐把加快城镇化发展纳入考虑范围，但在不断追逐过程中，有的地市的城镇化发展逐渐脱离初衷，只关注人口城镇化率数字的增加，而忽略了关于城镇化“质”的发展的重要性。应该以集约发展为立足点，在土地、人口、产业等方面以集约集聚走出一条新型城镇化道路；同时，注重改变粗放型的发展模式，逐步推动产业转型发展，实现新旧动能转换，淘汰掉“三高一低”型产业，实现高效、协调发展。此外，应通过改革区域发展机制以改变城镇化发展模式，推动城镇化发展实现可持续。长江中游城市群各地市应充分考虑区域内的交通、环境的承载力与土地空间的有限性和相应资源的不可再生性，不断推动各地市的城镇化进程，有目标地推进城镇化水平的提升。

参考文献

许学强、周一星、宁越敏：《城市地理学》（第 2 版），高等教育出版社，2009。

吴友仁：《关于我国社会主义城市化问题》，《城市与区域规划研究》2008 年第 2 期。

饶会林：《城市经济学》（上卷），东北财经大学出版社，1999。

刘卫东、陆大道：《我国城镇化及小城镇发展态势分析》，《今日国土》2005 年第 23 期。

魏后凯、苏红键、韩镇宇:《中国城镇化效率评价分析——基于资源环境效率的视角》,《中国地质大学学报》(社会科学版) 2017 年第 2 期。

谢文蕙、邓卫:《城市经济学》(第 2 版),清华大学出版社,2008。

吴敬琏:《城镇化效率问题探因》,《金融经济》2013 年第 11 期。

万庆、吴传清、曾菊新:《中国城市群城市化效率及影响因素研究》,《中国人口·资源与环境》2015 年第 2 期。

Fried H. O., Schmidt S. S., Yaisawarng S., "Incorporating the Operating Environment Into a Nonparametric Measure of Technical Efficiency", *Journal of Productivity Analysis*, 1999, 12 (3): 249 - 267.

Fried H. O., Lovell C. A. K., Schmidt S. S., et al., "Accounting for Environmental Effects and Statistical Noise in Data Envelopment Analysis", *Journal of Productivity Analysis*, 2002, 17 (1 - 2): 157 - 174.

B.6
长江中游城市群创新效率评价与协同发展研究

徐艳霞 *

摘　要： 本文运用DEA方法，在对长江中游城市群内各地市创新效率定量分析的基础上探讨城市群协同创新发展的路径及对策。通过对建立城市群创新发展的评价指标体系进行分析，结果表明：长江中游城市群创新发展仍处于初级水平，各省内部发展不平衡问题仍未明显改善，且江西省、湖南省发展不平衡问题加剧。通过举例定性分析长江中游城市群协同创新的发展现状，并与京津冀、长三角、珠三角三大城市群对比，指出长江中游城市群创新发展存在的短板，以寻求效率更高的发展路径，并有针对性地提出建议。

关键词： 长江中游城市群　创新效率评价　协同发展　DEA

一　绪论

创新是社会发展的基础，是市场保持活力的关键，是经济可持续发展的引擎。在经济全球化的大背景下，各个生产要素——资金、技术、劳动力等越来越趋向于在一定的空间内集聚分布，使得区域间协同发展的重要性逐渐

---

* 徐艳霞，湖北省区域经济学会助理研究员。

凸显。城市群不是区域内若干城市的简单组合，而是通过城市间的协同互动，使区域内要素实现自由流动、高效配置，充分发挥集聚效应，实现“1 +1 +1 >3”的乘数效应。城市群的协同创新发展研究将通过对区域创新效率的科学评价，充分反映区域协同创新发展现状，为完善区域创新系统及政策制定指明方向，缩小与其他城市群的发展差距，实现区域经济快速增长。

2014 年 9 月国务院印发的《关于依托黄金水道推动长江经济带发展的指导意见》，明确提出以创新驱动增强发展动力，增强区域协调机制，用协同创新建立横贯东西、辐射南北、经济高效的长江经济带①。2015 年国务院批复的《长江中游城市群发展规划》强调了协同创新对区域一体化发展、加快中部地区全面崛起的重要意义②。2015 年 10 月召开的十八届五中全会提出“创新、协调、绿色、开放、共享”五大发展理念，将创新与协调融入经济发展规律。2017 年 10 月，党的十九大报告提出当前国家整体创新能力不强、区域发展不平衡不充分的现象仍较为突出，应着力增强改革的协同性，大力倡导创新型文化发展，使国家逐渐跻身创新型国家前列。此外，报告提出应积极实施区域协调发展战略，以城市群为主体构建大中小城市和小城镇协调发展的城镇格局。2018 年 4 月底，习近平总书记在武汉考察时亦多次强调转型、联动发展的重要性，强调通过创新推动产业升级，通过与周边区域联动，建立高效融合发展的经济体。

长江中游城市群资源丰富，交通条件优越，人口众多，经济实力较强。区域内交流合作较为密切，先后签署过《武汉共识》《长沙宣言》等跨区域合作协议；此外，岳九咸地区共同建立发展小三角，湖北黄冈与江西九江密切展开合作，新宜萍与长株潭建立发展共同体等一体化进程已取得一定成效。长江中游城市群协同创新发展对整合不同区域的资源要素大有裨益，为寻求区域发展新路径奠定基础，进而协同打造中国经济增长的第四极；有利

① 国务院：《关于依托黄金水道推动长江经济带发展的指导意见》，http://www.gov.cn/zhengce/content/2014－09/25/content_9092.htm。

② 中华人民共和国国家发展和改革委员会：《长江中游城市群发展规划》，http://www.ndrc.gov.cn/zcfb/zcfbtz/201504/t20150416_688229.html。

于对长江流域开放开发，形成良性协作、多方共赢的发展格局，实现光电子、信息、航空、新材料、重大成套设备制造、汽车与轨道交通设备制造等领域的重大关键技术产业化，为加快中部地区全面崛起和长江经济带转型发展提供新动能。

本文在国家赋予中部地区新的战略定位（《促进中部地区崛起规划（2016～2025年）》——全国重要的先进制造业中心、全国新型城镇化重点区、全国现代农业发展核心区、全国生态文明建设示范区、全方位开放重要支撑区①）以及长江中游城市群上升为国家战略的背景下，围绕长江中游城市群协同创新发展展开研究，城市群协同创新发展为中部地区全面崛起提供发展新动能，研究将为加快长江中游城市群经济转型发展提供建议。

二　城市群协同创新的内涵与相关理论分析

区域经济协调发展不仅需要立足于全局视野，把握关键性影响因素，还应具有长期的发展部署，在区域内部增长极、区域发展中心形成的过程中，推动先进技术、人才等创新发展要素向外部转移，从而带动周边地区的经济发展，创建协同创新发展格局。

（一）城市群协同创新的内涵

协同创新是指通过集聚技术、资本、人才、信息等创新资源和要素，开展充分合作，以突破发展壁垒。协同创新是由各个主体（政府、企业、知识生产机构、中介机构等）参与，通过重大科技创新推动实现知识增值②；将突破单一地区自然发展障碍，实现优势互补；促进区域内创新创业发展，

① 中华人民共和国国家发展和改革委员会：《促进中部地区崛起“十三五”规划》，http：//www. ndrc. gov. cn/zcfb/zcfbtz/201612/t20161226_ 832527. html。

② 於流芳、尹继东：《创新驱动战略下省域协同创新合作水平比较研究》，《科技进步与对策》2017年第16期。

使得经济发展更具活力；增强区域中心辐射发展强度，减缓区域内部两极发展趋势。将城市群与协同创新基本概念结合，推动区域协同创新发展新课题的研究，以政府的发展大局为基本原则，以推动区域经济发展为重点，通过政府、企业、研究机构等相互合作，整合资源，实现跨部门、跨学科、跨行业的合作创新，在科研机构与地区支柱产业间的深度融合发展过程中，逐渐破解科研成果闲置与企业难以获得关键核心技术的困局。城市群协同创新将产生区域集聚效应，提高区域经济的结构弹性，最终推动区域经济高速发展。

（二）城市群协同创新的相关理论分析

1. 范式理论

范式最早由默顿提出，因库恩《科学革命的结构》而广泛传播，范式是一个学派据以此构建理论、规律、概念的哲学和理论框架，总体倾向上是选择与预示的统一。库恩认为范式表现在两个方面：一是特定共同体的各个成员间共同的价值、技术层面的合作，二是具体的谜题解答，通过建立榜样模型，取代通俗的要求，并以此为基础发展其他学科①。

2. 系统论

系统是由各要素组成的有机整体，而非各部分的机械相加；系统具有各要素在孤立状态或简单相加状态下所不具备的功能和性质。科学技术与经济发展的协同创新系统由各个子系统本身的内部运行系统和子系统间及系统与环境间的外部协调系统两部分组成。多个子系统间不断相互作用，形成一个有机整体，基于开放性进行物质、能量和信息交换，实现结构和功能的优化，达成双赢乃至多赢。

3. 协同论

协同论是协同创新的直接理论来源，研究系统中各子系统实现动态协调

① 路宝利、刘延翠：《范例：职业教育“现象学”课程研究》，《职业技术教育》2016 年第 7 期。

与合作的途径。协同使系统形成新的有序性和平稳性，进而推动各个矛盾因子实现新的一致性，从而使其整体功能放大，实现“1 + 1 > 2”的互补效应。协同创新理论在美国 Chesbrough 教授提出的开放式创新模式基础上发展，以大学、企业、科研机构等为中心，以政府、中介组织等为辅助，通过开展多元要素互动，在推动知识、技术等各个主体间的整合过程中，以非线性效用加持，实现发展网格化。

4. 三螺旋理论

埃茨科威兹和雷德斯多夫教授以三螺旋基本概念为基点，进一步开展研究，提出官、产、学三螺旋理论，指明政府、企业、大学是知识经济时代社会内部创新的三大要素，并强调了政府、企业和大学间的合作关系，开创了研究的新领域、新范式。

三　长江中游城市群创新发展评价

目前学术界关于城市群协同创新发展的研究体系尚未完全成熟，对研究城市群协同创新发展的评价指标体系也存在分歧，故本文主要构建评价指标体系评价城市群创新效率，在分析结果的同时研究地区间协同发展。

（一）创新评价指标体系的构建

目前各个学者关于城市群协同创新评价指标尚未达成一致看法。但是，关于协同或者关于创新的理论都已发展得比较成熟，而协同创新是将协同与创新有机融合，通过各个创新主体的非线性作用从而达到效率最优的过程。在此理论基础上，将影响城市群创新效率的投入指标总结为各地市的 R&D 投入、研发经费投入强度、科研经费投入、科研人员数量占年末常住人口比重、科技机构数量、高新技术企业个数，产出指标设定为地区生产总值、规上工业企业总产值、高新技术产业增加值、校企联合申请专利授权量、技术市场合同成交额。

表 1　区域创新能力投入产出指标

一级指标	二级指标	三级指标
区域创新能力	产出指标	地区生产总值
		规上工业企业总产值
		高新技术产业增加值
		校企联合申请专利授权量
		技术市场合同成交额
	投入指标	R&D 投入
		研发经费投入强度
		科研经费投入
		科研人员数量占年末常住人口比重
		科技机构数量
		高新技术企业个数

（二）构建创新发展评价模型

一般采用投入导向下的规模报酬可变模型，且对于任一 DMU，对偶形式的 BC^2 模型用下列公式表示：

$$\min\theta - \varepsilon(\hat{e}^T S^- + e^T S^+)$$

$$\text{s. t.} \begin{cases} \sum_{j=1}^{n} X_j\lambda_j + S^- = \theta X_0 \\ \sum_{j=1}^{n} Y_j\lambda_j - S^+ = Y_0 \\ \lambda_j \geqslant 0, S^-, S^+ \geqslant 0 \end{cases}$$

其中，$j = 1,2,\cdots,n$ 表示决策单元，X，Y 分别是投入、产出向量，θ 为相对效率，λ 为向量参数，ε 为非阿基米德无穷小量，S^-、S^+ 为松弛变量。DEA 模型本质上是一个线性规划问题。

若 $\theta = 1, S^+ = S^- = 0$，则决策单元 DEA 有效；

若 $\theta = 1, S^+ \neq 0$，或 $S^- \neq 0$，则决策单元弱 DEA 有效；

若 $\theta < 1$，则决策单元非 DEA 有效。

BC^2 模型输出的效率值为综合技术效率（TE），再将其具体拆分为规模效率（SE）和纯技术效率（PTE），即 TE = SE × PTE。

（三）长江中游城市群创新发展的动态评价与结论分析

1. 长江中游城市群创新发展综合评价

（1）传统的 DEA 分析 2007～2016 年长江中游城市群创新效率

综合效率由纯技术效率与规模效率的乘积决定，是对样本的资源配置能力、使用效率等方面的综合评价，若综合效率值为 1，则表明样本的投入产出综合有效，即纯技术效率和规模效率同时有效。纯技术效率是企业由于管理和技术等因素影响的生产效率，反映样本在一定（最优规模时）投入要素的生产效率，若纯技术效率值为 1，则表明在目前的技术水平上，其投入资源的使用有效率，未能达到综合有效的根本原因在于其规模无效，因此改革重点在于更好地发挥规模效益。规模效率是企业由于规模因素影响的生产效率，反映实际规模与最优生产规模间的差距。

表 2　传统的 DEA 分析长江中游城市群创新 2007～2016 年效率均值

	crste（综合技术效率）	vrste（纯技术效率）	scale（规模效率）
武汉市	0.989	1	0.989
黄石市	0.5707	0.6631	0.8665
黄冈市	0.2645	0.3097	0.8661
鄂州市	0.7693	1	0.7693
孝感市	0.3516	0.3826	0.9289
咸宁市	0.3954	0.5144	0.7737
襄阳市	0.6833	0.7128	0.9598
宜昌市	0.7676	0.8312	0.9255
荆州市	0.3453	0.3879	0.8977
荆门市	0.5397	0.5781	0.9323
长沙市	0.9897	0.992	0.9975
岳阳市	0.6716	0.8033	0.8416
益阳市	0.3946	0.4458	0.8945
常德市	0.6101	0.6646	0.9191
株洲市	0.6536	0.7128	0.9125
湘潭市	0.7271	0.7716	0.9472

续表

	crste(综合技术效率)	vrste(纯技术效率)	scale(规模效率)
娄底市	0.4404	0.5057	0.884
衡阳市	0.566	0.6112	0.9263
南昌市	0.9547	0.9794	0.9743
九江市	0.6392	0.6974	0.9152
景德镇市	0.6304	0.8332	0.7623
上饶市	0.5962	0.6243	0.9543
鹰潭市	0.9788	1	0.9788
新余市	0.9187	1	0.9187
宜春市	0.5828	0.6283	0.93
萍乡市	0.6311	0.7335	0.8546
抚州市	0.3946	0.4596	0.8645
吉安市	0.4697	0.5057	0.9296

武汉、鄂州、长沙、南昌、鹰潭、新余10年间的创新效率受规模因素影响相对较大，而其他地市应注重对创新要素投入、发展规模双管齐下，以提升区域创新效率。从表3的数据可以看出，武汉市、鄂州市、鹰潭市、新余市均达到纯技术效率有效，说明这10年间四个地市的投入要素的生产效率值高，不存在投入冗余，资源利用率达到最优，其创新综合效率主要受规模效率值影响；武汉市、鹰潭市、新余市虽尚未达到规模效率最优，但其规模效率值均在0.9以上，且鄂州市、鹰潭市、新余市处于规模报酬递增阶段，说明鄂州市、鹰潭市、新余市应扩大生产规模，以提升创新效率；武汉市处于规模报酬不变阶段，应主要关注投入要素的影响，降低规模扩张速度；长沙市、武汉市、鹰潭市、南昌市的综合技术效率10年均值较高，均在0.95以上，虽然尚未达到DEA有效，但远高于其他地市的创新效率值，且南昌市、鹰潭市处于规模报酬递增阶段，说明增加南昌市、鹰潭市的发展规模可以提升其规模效率，从而提升其综合技术效率值；黄冈市的综合技术效率值最低，长沙市的综合技术效率值最高，对于黄冈市而言，增加其发展规模和提升企业管理技术水平对促进其创新发展均有效，应注重双管齐下；而长沙市的纯技术效率基本有效，若要提升其创新发展水平，应更注重发展规模。

（2）2007～2016 年十年间长江中游城市群创新效率分层研究

对长江中游城市群各地市的创新效率进行分层研究，将各个地市的研究结果更直观地呈现，有助于更深层次地分析研究。综合效率是对样本的资源配置能力、使用效率等方面的综合评价，是综合性的指标，在进行分层研究时主要依据 DEA 测度的综合技术效率。

表 3　2007～2016 年长江中游城市群创新综合技术效率均值

地区	综合技术效率均值	排序	地区	综合技术效率均值	排序
长沙市	0.9897	1	常德市	0.6101	15
武汉市	0.989	2	上饶市	0.5962	16
鹰潭市	0.9788	3	宜春市	0.5828	17
南昌市	0.9547	4	黄石市	0.5707	18
新余市	0.9187	5	衡阳市	0.566	19
鄂州市	0.7693	6	荆门市	0.5397	20
宜昌市	0.7676	7	吉安市	0.4697	21
湘潭市	0.7271	8	娄底市	0.4404	22
襄阳市	0.6833	9	咸宁市	0.3954	23
岳阳市	0.6716	10	抚州市	0.3946	24
株洲市	0.6536	11	益阳市	0.3946	25
九江市	0.6392	12	孝感市	0.3516	26
萍乡市	0.6311	13	荆州市	0.3453	27
景德镇市	0.6304	14	黄冈市	0.2645	28

根据表 3 的结果，将 28 个地市的区域创新效率划分为 3 个层级：第一层级为长沙市、武汉市、鹰潭市、南昌市、新余市，其创新效率均值达到 0.9 以上，说明这五市在 10 年间的创新效率处于区域领先水平，其他地市的创新效率值与五市间差距显著；第二层级为鄂州市、宜昌市、湘潭市、襄阳市、岳阳市、株洲市、九江市、萍乡市、景德镇市、常德市，10 地市的创新效率值处于中等偏上水平，创新发展能力较强，存在较大的发展空间；其他地市为第三层级，创新发展能力弱，应给予重点关注，逐渐提升创新要素投入产出效率，进而提升区域创新效率。从省级层面来看，第一层级中，湖北省、湖南省、江西省分别有 1 个、1 个、3 个地级市；第二层级中，湖

北省、湖南省、江西省分别有 3 个、4 个、3 个地级市；第三层级中，湖北省、湖南省、江西省分别有 6 个、3 个、4 个地级市。湖北省各个地市间的创新效率方差最大，其创新发展的区域平衡性最差；江西省各个地市间的创新效率方差最小，其创新发展的区域平衡性最好；湖南省各地市间创新发展的区域均衡性居中。

2. 2007 ~2011年中三角创新发展研究

2007 ~2011 年，湖北省内各地市间的创新效率差距逐渐扩大，区域协同创新发展能力趋于下降；湖南省内各地市间的创新效率差距扩大明显，区域内部协同创新发展能力明显下降；江西省内各地市间的创新效率差距逐渐缩小，区域协同创新发展能力趋于增强。

表 4　传统的 DEA 分析长江中游城市群创新 2007 ~2011 年效率均值

地区	crste(综合技术效率)	vrste(纯技术效率)	scale(规模效率)
武汉市	0. 978	1	0. 978
黄石市	0. 5614	0. 6522	0. 8624
黄冈市	0. 26	0. 281	0. 9256
鄂州市	0. 7032	1	0. 7032
孝感市	0. 348	0. 3632	0. 9548
咸宁市	0. 3464	0. 4896	0. 7106
襄阳市	0. 6318	0. 656	0. 9632
宜昌市	0. 6584	0. 7102	0. 931
荆州市	0. 3382	0. 3608	0. 9328
荆门市	0. 4378	0. 485	0. 9084
长沙市	0. 9794	0. 984	0. 995
岳阳市	0. 7444	0. 8996	0. 8302
益阳市	0. 417	0. 438	0. 952
常德市	0. 7036	0. 7422	0. 9466
株洲市	0. 756	0. 794	0. 9498
湘潭市	0. 721	0. 7754	0. 9342
娄底市	0. 4804	0. 4974	0. 9634
衡阳市	0. 6574	0. 7016	0. 9358
南昌市	1	1	1
九江市	0. 6922	0. 7012	0. 9854

续表

地区	crste(综合技术效率)	vrste(纯技术效率)	scale(规模效率)
景德镇市	0.6226	0.834	0.7494
上饶市	0.5956	0.6138	0.9676
鹰潭市	1	1	1
新余市	0.961	1	0.961
宜春市	0.6084	0.617	0.9834
萍乡市	0.639	0.7484	0.8488
抚州市	0.4662	0.5158	0.9188
吉安市	0.4902	0.5038	0.9734

5 年间湖北省内创新综合技术效率均值最高的是武汉市，为 0.978；最低的是黄冈市，为 0.26，两者之间的相对差距是 3.76。2011 年综合技术效率最高值与最低值之间的相对差距相较于 2007 年上升了 6.7%，说明湖北省内各地市创新效率差距有扩大趋势，应注重协同创新发展，促进省内创新发展结构趋于良性。

5 年间湖南省内创新综合技术效率均值最高的是长沙市，为 0.9794；最低的是益阳市，为 0.417，两者之间的相对差距是 2.35。2011 年创新综合技术效率最高值与最低值之间的相对差距相较于 2007 年上升了 45.69%，说明湖南省内各地市间创新效率差距明显增大，区域协同创新发展能力大幅下降，区域内部协同创新发展的必要性凸显。

5 年间江西省内创新综合技术效率均值最高的是南昌市、鹰潭市，均为 1；最低的是抚州市，为 0.4662，两者之间的相对差距是 2.15。2011 年创新综合技术效率最高值与最低值之间的相对差距相较于 2007 年下降了 18.56%，说明在 2007 ~ 2011 年，江西省内各地市间创新效率差距趋于缩小，各地市创新发展均衡水平提升，区域协同创新发展能力增强。

3. 2012 ~2016年长江中游城市群创新发展研究

2012 ~ 2016 年，湖北省内各地市间的创新效率差距进一步扩大，区域协同创新发展能力进一步下降；湖南省内各地市创新效率差距缩小明显，区域协同创新发展取得一定成效；江西省内各地市创新效率差距又开始转变发展趋势，表现为差距逐渐扩大，区域协同创新发展能力趋于减弱。

表5　传统的DEA分析长江中游城市群创新2012~2016年效率均值

地区	crste(综合技术效率)	vrste(纯技术效率)	scale(规模效率)
武汉市	1	1	1
黄石市	0.58	0.674	0.8706
黄冈市	0.269	0.3384	0.8066
鄂州市	0.8354	1	0.8354
孝感市	0.3552	0.402	0.903
咸宁市	0.4444	0.5392	0.8368
襄阳市	0.7348	0.7696	0.9564
宜昌市	0.8768	0.9522	0.92
荆州市	0.3524	0.415	0.8626
荆门市	0.6416	0.6712	0.9562
长沙市	1	1	1
岳阳市	0.5988	0.707	0.853
益阳市	0.3722	0.4536	0.837
常德市	0.5166	0.587	0.8916
株洲市	0.5512	0.6316	0.8752
湘潭市	0.7332	0.7678	0.9602
娄底市	0.4004	0.514	0.8046
衡阳市	0.4746	0.5208	0.9168
南昌市	0.9094	0.9588	0.9486
九江市	0.5862	0.6936	0.845
景德镇市	0.6382	0.8324	0.7752
上饶市	0.5968	0.6348	0.941
鹰潭市	0.9576	1	0.9576
新余市	0.8764	1	0.8764
宜春市	0.5572	0.6396	0.8766
萍乡市	0.6232	0.7186	0.8604
抚州市	0.323	0.4034	0.8102
吉安市	0.4492	0.5076	0.8858

5年间湖北省内创新综合技术效率均值最高的是武汉市，为1；最低的是黄冈市，为0.269，两者之间的相对差距是3.72。2016年综合技术效率最高值与最低值间的相对差距相较于2012年上升了26.98%，远高于2011

年，相对于2007年的相对差距上升值6.7%，说明湖北省内各地市创新效率差距进一步扩大，省内协同创新发展效果甚微，应继续加大协同创新发展力度，促进省内创新发展结构趋于良性。

5年间湖南省内创新综合技术效率均值最高的是长沙市，为1；最低的是益阳市，为0.3722，两者间的相对差距是2.687。2016年创新综合技术效率最高值与最低值间的相对差距相较于2012年下降了2.1%，而这一数字在前一阶段（2007~2011年）表现为上升，说明湖南省内各地市间创新效率差距明显缩小，区域协同创新发展能力显著增长。

5年间江西省内创新综合技术效率均值最高的是鹰潭市，为0.9576；最低的是抚州市，为0.323，两者之间的相对差距是2.96。2016年创新综合技术效率最高值与最低值之间的相对差距相较于2012年上升了10.9%，而在前一阶段（2007~2011年）表现为下降，说明在2012~2016年五年间，江西省内各地市间创新效率差距逐渐增大，省内各地市创新发展趋于不均衡，区域协同创新发展能力退步。

4. 两阶段创新发展对比分析

湖北省内各地市间协同创新发展不平衡现象逐渐加剧，区域发展不协调、“强者愈强，弱者恒弱”的恶性循环亟待解决。在第二阶段创新综合效率的最高值与最低值间的相对差距为3.72，相较于第一阶段的3.76下降了1.2%，表明在整个10年跨度内，省内协同创新发展取得一定成效，但省内各地市间发展不平衡、不协调问题仍然较突出，区域内部协同创新发展的必要性增强。

湖南省内各地市间发展不平衡问题仍然凸显，但相对弱小的城市发展效率大幅提升，且提升速率高于相对强大的城市。在第二阶段创新综合效率的最高值与最低值间的相对差距为2.69，相较于第一阶段的2.35上升了14.4%，表明整个10年跨度内，湖南省各地市间发展不平衡、不协调问题仍然凸显，且发展不平衡程度趋于增加，需要更加重视区域协同创新发展。

江西省内各地市间发展不平衡问题随时间发展更为严重，且发展不平衡程度增长率最高，“马太效应”凸显。在第二阶段创新综合效率的最高值与最低值间的相对差距为2.96，相较于第一阶段的2.15上升了38.2%，表明整个10年跨度内，江西省各地市间发展不平衡问题更加严重，不平衡程度增长率居三省前列，省内应加倍重视区域协同创新发展。

四　长江中游城市群政产学研一体化研究与区域协同创新合作

长江中游城市群在2015年获批，具有很强的政策发展优势。研究长江中游城市群的区域经济发展现状，以寻求发展突破点意义重大。

（一）长江中游城市群政产学研一体化研究

1. 政府层面

（1）推动产业、交通、环保、公共服务等一体化创新共享

2013年2月《武汉共识》提出推动长江中游城市群逐渐发展成为中国经济增长的"第四极"，由此群内各省展开了一系列的合作——省际住房公积金异地互认互贷、基本医疗保险异地就医即时结算、交通运输互联互通等各项民生政策相继实施。此外，省会城市间的合作更为密切，地区间协同创新发展逐渐步入正轨，其中，南昌市在武汉市注册投资的企业总数在2014～2016年，由681家上升至1253家，增长了83.99%；武汉市在长沙市新注册投资企业数量增长了将近50%；湖北人在江西投资办企业的接近30万人，共创办企业3000余家；江西人在湖北投资办企业的超过20万人，共注册企业6000余家。

（2）搭建区域人才协作平台

湘鄂赣三省各大高校间通过开展人才培养、科技创新、产学研合作等领域的交流，建立人才资源信息共享、就业创业互惠政策统一的模式及相互开放专家库等，实现人才资源的协同创新发展。2016年武汉市科技部门对长沙市24名专家遴选的82个项目进行评审，为推进区域间科技成果鉴定和科技项目评估合作取得实质性进展打下基础。武汉和南昌也已针对大型科学仪

器设备和重点实验室共享出台相关政策，拓展了区域科技合作空间，为专家库、成果库、人才库等完美对接提供发展平台。

2. 企业层面

（1）推动企业跨省域兼并重组

2012 年 4 月签署的《加强长江中游城市集群产业一体化战略合作协议》为促进企业实现跨省域兼并重组提供法律支撑。在此背景下，湖北专用汽车与湖南工程机械开展战略合作，布局产业扩大发展；湖北宜化集团、华新水泥、黄石东贝机电集团、大冶有色金属公司、凯迪电力股份有限公司等纷纷走出湖北，布局中部；大冶有色与江西铜业等的技术合作也为有色金属企业发展提供发展范例。

（2）推进区域创新高地建设

湘鄂赣三省科技实力雄厚，具备一定的高新技术优势，通过生产要素的自由流动为企业的自主创新发展提供空间。高德红外作为民营军工上市企业的代表，通过加强与科研院所、高校等机构的合作，提升研发投入占企业总收入的比重，从而提升企业创新能力和技术水平，甚至部分超过国际同类型产品水平。

3. 中介机构层面

（1）建立创新联盟

创新联盟有利于突破产业的发展瓶颈，提升区域内产学研技术创新能力。湘鄂赣三省农科院通过建立现代化的农业科技创新平台，实现区域间的优势互补与资源共享，开展江汉平原、两湖平原关于水稻大面积保量提质增效技术、山区旱杂粮高效生产技术的研究与示范等合作，从而突破现代农业的升级瓶颈，推动区域农业实现发展的可持续性，进而推动农业科技进步。

（2）创建“大商会”合作机制

行业协会商会是促进经济社会发展的重要力量，湘鄂赣三省企业通过建立“大商会”合作机制，提高企业的核心竞争力，推动区域内产业与科技实现协调发展。此外，三省通过签订《关于建立长江中游地区省际协商合作机制的协议》，为区域经济实现协同创新发展、优化区域经济社会发展格局提供相关战略支撑。

（二）长江中游城市群区域协同创新合作——具体案例分析

孝感市近年通过积极对接武汉，建设全省区域性增长极，为汉孝协同创新发展奠定基础。2008～2011 年，汉孝协同创新发展成果显著。湖北三江航天、武汉澳特玛车桥等均在武汉经开区孝感汽车零部件产业园开展生产工作，该汽车生产基地在省内逐渐占据支撑地位；华工科技、华中光电等 50 多家企业落户武汉·中国光谷孝感光电产业园，其规模在省内仅次于武汉；汉孝科技部门合作组建“融入武汉城市圈孝感科技成果转化基地服务平台”，将 300 余项武汉大专院校实用新技术推广给孝感相关企业，将 200 余条孝感企业人才需求信息发布给武汉大专院校，帮助孝感市捷能、富邦等 10 家科技驱动企业引资达 2.15 亿元。

2018 年 2 月 5 日，孝感与湖北省交通投资集团、武汉港航发展集团签订战略合作协议，省交投将武汉城市圈环线高速公路运营管理中心落户孝感，并重点投资高铁、高科技产业园、保税物流园、生态文化旅游、生态智慧新城等项目；武汉港发集团对孝感投资规模达 100 亿元，共同推动汉孝协同创新发展。2018 年 3 月 4 日，孝感全面对接武汉年度项目清单公布，第一季度启动 165 个重点项目，对汉孝基础设施、产业市场、科技人才、公共服务、生态环保等协同创新发展意义深远。孝感市 2016 年相比 2007 年 GDP 增长 2.33 倍，增长率在整个群内处于中上水平，说明孝感市通过与武汉市协同创新发展，成果显著。

（三）长江中游城市群与三大城市群协同创新发展对比分析

1. 京津冀城市群

（1）京津冀地区协同创新发展方案更具体，合作载体建设更完备

2014 年 8 月，北京、天津、河北共同签署《京津冀协同创新发展战略研究和基础研究合作框架协议》；2016 年 7 月国务院正式批复《京津冀系统

推进全面创新改革试验方案》；此外，为加快京津冀地区协同创新发展步伐，推动创新链、产业链、资金链、政策链进一步融合，有关部门制定《关于建设京津冀协同创新共同体的工作方案（2015~2017年）》《中关村国家自主创新示范区京津冀协同创新共同体建设行动计划（2016~2018年）》等相关文件，并加速建设天津未来科技城京津合作示范区、保定—中关村创新中心等创新合作载体。长江中游城市群虽然出台了相关的协同创新发展政策，但远不及京津冀地区的完备具体。

（2）京津冀地区研发经费投入强度大，区域内部技术合作更密切

京津冀地区创新投入增长明显，在2005~2015年一直呈上升态势。2015年其研发经费投入强度（R&D投入/地区生产总值）为3.24%，相比于2014年增长0.16%。2015年北京对天津、河北的技术合同输出成交额为111.5亿元，同比增长34.2%；2016年北京对天津、河北的技术合同输出成交额为154.7亿元，同比增长38.7%。而长江中游城市群2015年研发经费投入强度为1.2%，远低于京津冀地区的3.24%，且长江中游城市群内部的技术合同输出成交额也大大低于京津冀地区，表明京津冀地区的协同创新发展更密切。

（3）京津冀地区协同创新发展起源更早，效果更显著

京津冀地区教育协同创新发展为其他地区提供了良好的示范。2005~2015年京津冀高考本科录取率差距逐渐缩小，2015年比值达到1.29∶1.43∶1；截至2016年末，河北省与北京、天津两地的18所高校、26所科研机构达成合作，签订协同创新发展协议133项；2017年，清华大学天津高端装备研究院在3D打印机、机器人等42项成果中取得重大突破，为天津市以科技创新推动社会经济发展实现重大飞跃提供可能。而长江中游城市群内部关于教育的协同创新发展更多地停留在理论阶段，尚未形成有效的实践。

2. 长三角城市群

（1）长三角地区协同创新发展基础更具优势

长三角地区间签订了《关于共同推进长三角地区协同创新网络建设合

作框架协议》《关于共同推进小洋山区域开发等重大合作事项的框架协议》《关于共同推进宁杭生态经济发展带建设合作框架协议》《关于新安江流域上下游横向生态补偿协议》等多边和双边协议，促进要素自由流动、资源高效配置，实现技术转移、交易、科研成果转化的一体化，推动长三角地区协同创新发展，其发展基础相较于长江中游城市群而言更具优势。

（2）长三角地区区域内部协同创新合作更密切

长三角地区创新投入增长明显，在 2005 ~ 2015 年一直呈增长态势。2015 年其研发经费投入强度为 1.97%，2016 年为 1.95%，虽然相比 2015 年有所下降，但降幅较小，且投入总金额明显增加，长三角地区区域内部协同创新发展较为密切。长江中游城市群 2015 年研发经费投入强度为 1.2%，低于长三角地区的 1.97%；2016 年为 1.58%，低于长三角地区的 1.95%，但可以看出长江中游城市群研发经费投入强度逐渐增加，其与长三角地区的差距趋于缩小。

3. 珠三角城市群

（1）区域协同创新发展资源要素更为完备

广州集聚众多高校、科研院所，有利于建设国家创新中心城市与科技枢纽；深圳集聚大量高新技术企业，市场化程度高，有利于建设产业创新中心；东莞集聚大量制造型企业和工业园区，有利于建设先进制造基地和科技成果转化中心。总体来看，珠三角创新发展资源要素（创新型大学、研发机构、创投基金等）更为完备。而佛山通过全面对接广州、深圳、香港、澳门四大中心城市，建设一小时通达深港澳交通路线，与香港开展了七大领域共 11 个重点合作项目，使得发展格局逐步优化，推动区域实现高水平协同发展，实现创新驱动发展就是很好的例证。

（2）珠三角地区区域间协同创新发展取得较大成果

珠三角地区创新投入增长明显，在 2005 ~ 2015 年一直呈增长态势。2015 年其研发经费投入强度为 2.09%，2016 年为 2.07%，相比于 2015 年有小幅下降，但投入总金额增加，珠三角地区协同创新发展取得一定成效，促进珠江口东西两岸实现资源互通。长江中游城市群 2015 年研发经费投入强度为1.2%，低于珠三角地区的2.09%；2016年为1.58%，低于长三角地区的2.07%，但长江中游城市群研发经费投入强度逐渐增加，经济发展水平逐渐提升。

五 长江中游城市群创新发展存在的问题与对策建议

经济发展与科技进步之间的关系密切，科技进步、创新是经济发展的重要支撑因素。各地区通过科技创新发展，革新技术，从而优化资源配置，推动新型产业的发展，并通过与人才要素形成双向良性互动，进而推动地区经济发展，而如今创新驱动愈发占据重要地位。

（一）长江中游城市群创新发展存在的问题

1. 长江中游城市群创新发展尚未达到DEA有效

长江中游城市群在2007~2016年十年间的创新综合技术效率、纯技术效率、规模效率均值分别为0.626、0.691、0.904。对比数据发现十年间长江中游城市群创新效率波幅不大，范围在0.603~0.675，其创新效率尚未达到DEA有效，即长江中游城市群创新发展仍处于初级阶段。长江中游城市群创新效率在2007~2011年五年间均值为0.636，2011年均值（0.675）相较于2007年（0.644）上升4.81%；在2012~2016年五年间均值为0.616，2016年均值（0.617）相较2012年（0.631）下降2.2%，说明整体来看，第一阶段区域创新发展状况相对于第二阶段成果更显著。

2. 内部发展不均衡现象仍然较为严重

对比两阶段DEA分析结果可以看出，第一阶段（2007~2011年）五年间创新效率增长相对明显，2011年创新效率均值最高，第二阶段（2012~2016年）创新效率均值相比第一阶段下降3.1%，说明在第二阶段长江中游城市群的创新发展更加均衡，即随着时间推移，长江中游地区间创新发展趋于均衡发展，长江中游地区间协同创新发展差距逐渐缩小，但各个省内部仍然存在发展不平衡现象。第一阶段创新综合效率的最高值与最低值间的相对差距由高到低依次为湖北省 3. 76、江西省 2. 96、湖南省 2. 35；第二阶段创新综合效率的最高值与最低值间的相对差距由高到低依次为湖北省 3. 72、湖南省 2. 69、江西省 2. 15；可以看出长江中游城市群内创新发展均衡性最差的是湖北省，其次是湖南省、江西省，且整体创新发展趋于平衡，但各个地市间的创新发展不均衡现象仍然较为严重，各个行政主体间仍然存在各自为政、各自孤立发展、整合配置区域内部优势资源效率低下、科研成果转化为生产力能力较弱等问题。

3. 科技创新成果转化率低

每年各地市都有大量的专利授权量，但专利真正应用到企业并为企业带来生产利润的占比较低，科研机构与企业间尚未形成良好互动机制，对地区生产总值的促进作用也未达到理想效果。长江中游城市群十年间申请专利授权量年均增长 37. 8%，而地区生产总值仅年均增长 15. 5%，规上工业企业产值年均增长也仅为 20. 6%，说明目前长江中游城市群科技创新对经济发展的促进作用尚未完全显现，存在较大的进步空间。且三省均存在省会城市科研投入占比较大、科研成果较多的现象，武汉、长沙、南昌科研投入占全省科研投入的比重分别为 47. 3%、44. 1%、64. 5%；而省会城市科技转化率也不高，加剧了各地市科技产业化动力不足的问题。

（二）提升长江中游城市群协同创新发展水平的对策建议

1. 政产学研用一体化，实现创新主体的对接、转化

长江中游城市群的协同创新发展离不开其政产学研用一体化创新体系的建设，通过湘鄂赣三省政府、企业、知识生产机构（大专院校、科研院所）、中介机构等多个参与主体的协调发展，破除妨碍协同创新的体制机制障碍，建立长江中游城市群政产学研用一体化创新体系，建立长江中游城市群协同创新管理协调机制。通过推动区域内高层次人才（两院院士、国家级中青年专家、博士生导师等）的柔性流动，以讲学、科研技术合作、投资兴办高新技术企业等形式开展协同创新合作，使各项科研技术实现推广和应用。建立跨区域合作平台，推动区域协同创新建设，在交通设施、信息网

络、公共服务等方面实现区域共通，以提升区域沟通协作的效率，进而提升协同创新的投入产出效率，打破协同创新发展障碍，形成协同发展格局，从而反哺各个城市的经济发展。此外，湘鄂赣三省应建立整体性发展大局观，突破行政区域的发展界限，避免各自为政；三省应通过积极寻求区域合作，明确协同创新发展的方针、目标，从而推动长江中游城市群协同创新发展；三省应共同制定协同创新发展的总体规划，达成统一认识，并在其指导下展开工作，避免发展无序化，造成区域要素投入产出的无效率。

企业与大学是经济系统中 R&D 创新的两大主体，其协同创新发展占经济增长的比重越来越大，根据统计，我国在技术创新方面，其成果的 75% 源自中小企业，且有 80% 的新产品开发也由中小型企业产生；政府是实现 R&D 资金合理配置的重要组织者，依托政府的各项法律机制，促成创新主体与市场实现高效对接，进而转化成生产力，其意义深远。

2. 推动城市群营造优良的创新环境，打造区域战略发展要地

创新水平与研发资金的投入强度息息相关，此外，创新的发展还取决于区域内部的创新环境，包括研发基础设施建设（实验室、研发中心、技术中心、能力研究中心等）、人才引进制度建设、管理流程等。通过打造适宜的创新环境，加快高科技企业发展进程，推动高科技成果应用转化，集聚高科技人才，提升区域内各个创新主体的生产效率，从而推动区域创新战略发展进程。通过建立区域性大型研究实验室，吸引来自世界各地的人才，通过协同解决各项跨学科、跨系统的难题，进而推动实现全区域的创新。

3. 大力发展“中游智造”，为推动中国工业4.0提供支撑

长江中游城市群区域内存在较多的科技型企业，创新发展潜力巨大。湖北省上市科技型企业有烽火科技、新芯集成电路、华工科技、高德红外、三安光电、华中数控、中电光谷、中航机电等，科技部发布的 2017 年独角兽企业名单湖北省也有五家；湖南省内存在蓝思科技、长缆科技、拓维信息、湘邮科技、百利科技、高斯贝尔、宏达电子、环宇数控、国科微等上市科技型企业；江西省上市科技型企业相对较少，主要有凤凰光学、联创光电、泰豪科技、正邦科技等。总体来看，长江中游城市群区域内部的创新基础资源

禀赋较好，存在较多的光电子、通信、专用设备智造等高新技术企业，应大力支持上市科技型企业发展，同时积极发展科技型民营企业，通过提供各项金融优惠、法律保障等政策，鼓励企业展开科技创新，并鼓励相关创业企业发展，提升区域整体创新水平，形成中游创新高地，为发展中国工业4.0做出贡献。

参考文献

张满银、温世辉、韩大菊：《对中国区域创新效率的DEA分析》，《调研世界》2011年第6期。

顾菁、薛伟贤：《高技术产业协同创新研究》，《科技进步与对策》2012年第29期。

危怀安、聂继凯：《协同创新的内涵及机制研究述评》，《中共贵州省党校学报》2013年第1期。

林枫：《关于区域创新效率研究的文件综述》，《商》2014年第2期。

李梦琦、胡树华、王利军：《基于DEA模型的长江中游城市群创新效率研究》，《软科学》2016年第30期。

褚敏、乔军华、杨朝军：《长三角城市群的协同创新发展战略研究》，《现代管理科学》2018年第3期。

区域报告

Regional Reports

B.7
湖北城市组团发展路径与对策研究

张 静*

摘 要： 城市的地域功能通常是经济、生态、文化、交通等多个功能的综合，直接体现城市在区域内的影响力和辐射带动能力。本文以湖北省17个市州为研究对象，通过对其经济、生态、文化、创新、交通等五大城市功能进行测算，进而在已有的城市组团发展模式上探寻新的城市组团发展路径。

关键词： 地域功能 城市组团发展 层次分析法

在新的全球化时代背景下，城市群日益成为参与全球竞争与国际分工的

---

* 张静，湖北省社会科学院长江流域经济研究所副所长、长江中游城市群研究中心副主任，副研究员。

全新地域单元，成为我国经济发展格局中最具活力和潜力的核心地区。十九大报告强调“以城市群为主体构建大中小城市和小城镇协调发展的城镇格局”。城市组团发展有利于加快推进供给侧结构性改革、加快推动区域经济转型升级，有利于优化城镇结构、促进城乡融合，为各地拓展发展空间、释放发展潜力、增强发展活力提供有力支撑。

一　湖北城市组团发展现状分析

城市组团发展在湖北区域格局中起着战略支点、增长极点和核心节点的作用，对湖北区域协调发展、经济转型升级意义重大。目前，湖北“一主两副多极”区域发展战略由顶层设计走向实质推进，初步形成了以城市群为主体形态的区域发展格局。同时，湖北城市组团发展正处于转型提升、创新发展的关键阶段，面临融合发展亟待加强、生态约束更趋严紧、内联外融交通网络尚未形成、产业协同支撑不足、开放短板有待突破、体制机制有待创新等诸多挑战。

（一）发展基础

1. 规划引导体系初步形成

“十二五”以来，围绕国家战略部署及省委、省政府的工作重心，湖北在政策制定、规划编制等方面取得初步成效。《湖北省主体功能区规划》提出构建以“一主两副、两纵两横”为主体的城市化战略格局。《湖北省新型城镇化规划（2014～2020年）》明确“提升城市群主体作用”，加快构建“一主两副、两横两纵、三群联动、多点支撑”的新型城镇化战略格局。《湖北省“十三五”规划纲要》提出深入实施“两圈两带”和“一主两副多极”城市带动战略，省十一次党代会报告进一步确定深入实施“一主两副多极”区域发展战略，加快形成中心带动、多极发展、协同并进的局面。在区域战略指引下，先后出台并推进实施《湖北长江经济带发展规划》《湖北汉江生态经济带开放开发总体规划》《鄂西生态文化旅游圈“十二五”规划》及相关专项规划。组织编制《宜荆荆城市群发展规划》《襄十随城市群发展规划》《湖北长江经济带生态保护和绿色发展总体规划》等。规划方案的编制、实施为推进湖北城市组团发展提供了重要遵循和行动指南。

2. 战略合作共建有序推进

湖北省委、省政府高度重视和全力推动跨区域战略合作，湖北是长江中游城市群和汉江生态经济带的发起方和架构者。湘鄂赣三省达成携手建设长江中游城市群的共识，分别从高层会商、部门对接、市县对话、企业合作等多个层面探索合作新路径，推动《长江中游城市群发展规划》出台和实施。三省在基础设施互联互通、产业协同发展、生态建设联防联治、对内对外开放、公共服务共建共享等领域合作均取得了显著成效；省委十届三次全会提出加快汉江生态经济带建设，湖北积极主动加强与陕西、河南相关部门协商沟通，分别签订《鄂豫战略合作协议》《鄂陕战略合作协议》，联合编制《汉江生态经济带发展规划》，共商合作共建汉江生态经济带。

3. 区域协作试点逐步开展

湖北省委、省政府加强督办协调，不断完善区域协调机制，推进重点改革事项，相继启动一批区域协作试点示范。湘鄂赣三省省会城市率先共商共建；武汉城市圈在深化改革、产业升级、自主创新等方面走在全国前列；支持襄十随、宜荆荆、武鄂黄黄咸大都市区组团，支持竹房城镇带、丹河谷、江汉运河等中小城市组团发展；积极推进省际毗邻地区合作，加快推进咸宁与湖南岳阳、江西九江合作，加快黄梅小池与江西九江同城化发展，推进武陵山龙凤经济协作示范区建设，支持荆州与湖南岳阳、常德、益阳共同推进洞庭湖生态经济区建设；以项目建设为载体，整合“大清江、大三峡、大隆中、大荆州、大洪山、大别山”等旅游资源，推进鄂西组团发展生态文化旅游。

4. 区域开放合作成效显现

目前，“一圈两群”成为带动全省经济快速增长的主要平台，武汉城市圈、襄十随城市群和宜荆荆城市群以占全省85%的区域面积，集聚了74%左右的人口，产生了近99%的地区生产总值，是湖北经济最具活力、开放程度最高、创新能力最强、吸引外来人口最多的区域，在湖北“一主两副多极”空间开发格局和全方位对外开放格局中具有举足轻重的战略地位。沿江、省际毗邻等跨区域城市组团重大基础设施建设稳步推进，创业创新区域互动明显提升，生态环境协同治理机制和流域生态补偿机制相继建立，交通信息化合作共享平台运作良好，医疗卫生和教育等公共服务合作逐步展开。

（二）存在的问题

1. 融合发展亟待加强

湖北城镇结构呈现“两头小、中间大”不平衡等级规模分布特征，城镇化水平亦呈现不均衡空间分布特征，城镇化率较高的城市主要集中在沿江和京广轴线上。“一圈两群”各市之间亦呈现“松散型”结构以及“不完全合作”的态势。如武汉城市圈中武汉“一城独大”的局面仍未根本改变，对经济要素的吸收功能大于其辐射带动功能；襄十随城市群呈带状分布，襄阳致力于打造汉江流域区域性中心城市，建设汉江流域的开放高地和前沿阵地，十堰市定位是建设鄂豫陕渝毗邻地区中心城市，与陕西的合作动力更大，随州建设鄂北门户和大别山区域性中心城市，注重与河南的交流与合作；中心之争是宜荆荆城市群一体化发展的首要制约因素，宜昌致力于打造三峡城市群中心城市，荆州、荆门则倾向于建设江汉平原中心城市。

2. 生态约束更趋严紧

湖北生态环境保护任重道远，长江干流和汉江干流水质总体优良，但水环境质量不容乐观，水质有所下降，长江干流局部地区污染问题突出，汉江中下游水环境自净能力下降，水华现象时有发生。部分湖泊和湿地生态退化严重，水体富营养化明显，江河湖联通受阻，原有的自然生态割裂，调蓄能力下降，流域水环境面临巨大压力。国家自然保护区、三峡库区、丹江口库区、大别山区、幕阜山区等重要生态敏感区保护不足。江汉平原农业面源污染和地下水污染问题不容忽视。“生态优先、绿色发展”的理念尚未真正落地，社会环保意识整体不强，绿色生产生活方式有待加强。

3. 内联外融交通网络尚未形成

长江、汉江水运主通道亟待畅通，长江中游航道建设维护标准偏低，三峡船闸通行能力不足问题日益凸显。汉江通航条件偏弱，枢纽不衔接段以及兴隆下游河段枯水期通过能力不足。沿江港口布局多而不优，干支流联动能力不强。城际高速路网尚未建成，城际立体交通之间衔接不畅。综合交通枢纽及集疏运体系建设滞后，多式联运试点尚处于起步阶段，开放型运输通道能力已显不足。城际运输服务体系有待加强，城际客运“零换乘”和货运“无缝衔接”亟须加快推进。

4. 产业协同支撑不足

城市群内产业分工处于低水平阶段，沿江产业重复、竞争无序现象比较突出。长江、汉江沿线共有 40 多家工业园区以化工为主导产业，节能减排任务较重，区域间产业化衔接不够。“襄十随”最具关联性的主导产业是汽车产业，但三市之间缺乏实质性的互动，外向力大于内聚力。“宜荆荆”拥有诸多优势旅游资源，但是旅游产品缺乏系统集成。部分支柱产业处于价值链低端，自主创新能力不强。科技成果本地转化率较低，内生增长动力尚未完全形成，产业集聚效应不明显，实体经济水平有待提高。区域市场被行政分割的现象依然存在，制约了区域经济规模与质量的整体提升。

5. 开放短板有待突破

近年来，湖北整体开放水平保持了较高的增长速度，但外向型经济总体规模仍然偏小，对外开放区域不均衡趋势加强。对外开放度高的地区向武汉、黄石、孝感、随州等市集中，十堰、宜昌等城市的对外开放度等级呈现下降趋势。从地域比较来看，武汉城市圈的对外开放度远远高于鄂西生态文化旅游圈，两大区域对外开放度差距达 16.81。

6. 体制机制有待创新

目前，湖北城市组团合作大多通过高层互访、定期联席会议、设立合作办事机构等，以签订合作协议或彼此间口头承诺等形式合作，缺乏硬性的监督和约束，使政府间合作多流于形式。跨区域协商合作机制和利益共享机制有待完善。环境污染联防联控推进难度大，横向生态补偿机制尚不健全。以市场为导向的投融资体制改革、排污权交易、第三方监管等有待深化，绿色发展的激励机制和考核评估机制尚不健全。

二　基于层次分析法的湖北城市地域功能测度

（一）指标体系构建

城市的地域功能是一个城市区位、经济、生态、文化、交通等多个功能的综合。本文采用层次分析法进行筛选，并考虑数据的相关性与可获得性，构建四级评价指标。其中第一层为目标层，即城市综合功能；第二层为准则层，体现城市的经济功能、生态功能、文化功能、创新功能和交通功能等；第三层为领域层，由经济总量、资源环境、环境治理、公共文化服务力、公共文化辐射力、科技创新主体、科技创新环境、科技创新绩效、交通辐射力等 13 个领域构成；第四层为指标层，共计 56 个指标。

表 1　城市地域功能评价指标体系及权重

目标层	准则层	领域层	指标层
城市综合功能	经济功能(0.1667)	经济总量影响力(0.5677)	常住人口(0.1091)
			国内生产总值(0.2123)
			固定资产投资(0.1560)
			财政收入(0.3116)
			社会消费品零售总额(0.2111)
		人均经济水平影响力(0.4323)	人均国内生产总值(0.1617)
			人均固定资产投资(0.1035)
			城镇人均可支配收入(0.1634)
			农村人均可支配收入(0.1066)
			人均社会消费品零售总额(0.1975)
			人均财政收入(0.2673)

续表

目标层	准则层	领域层	指标层
城市综合功能	生态功能(0.1546)	资源环境功能(0.4700)	耕地面积(0.1246)
			绿地面积(0.3653)
			生物丰度指数(0.1792)
			植被覆盖指数(0.1145)
			水网密度指数(0.2164)
		污染物排放量(0.3111)	空气质量综合指数(0.2307)
			工业废水排放总量(0.0908)
			人均废水排放量(0.0692)
			工业二氧化硫排放总量(0.1400)
			人均二氧化硫排放量(0.0712)
			工业烟粉尘排放量(0.1288)
			人均工业粉尘排放量(0.0537)
			PM2.5 年均浓度(0.2156)
		环境治理功能(0.1254)	空气质量达标天数占全年比重(0.4466)
			生活垃圾无害化处理率(0.1788)
			污水处理厂集中处理率(0.1388)
			一般工业固体废物综合利用率(0.2358)
		能耗功能(0.0935)	单位 GDP 能耗降低率(0.4776)
			全社会用电量(0.1650)
			万元 GDP 电耗(0.3574)
	文化功能(0.2174)	公共文化保有力(0.4884)	国家重点文物保护单位数量(0.2051)
			国家森林公园数量(0.1692)
			国家级非物质文化遗产名录(0.1331)
			5A 级风景名胜区数量(0.4926)
		公共文化服务力(0.2206)	剧场、影剧院数(0.6103)
			每百人公共图书馆藏书(0.3897)
		公共文化辐射力(0.2911)	互联网用户数(0.3351)
			移动电话用户数(0.2487)
			文化及相关产业"三上"法人单位数(0.4162)
	创新功能(0.3975)	科技创新主体(0.4911)	普通高等院校(0.2272)
			R&D 人员数目(0.1475)
			国家级企业技术中心(0.2717)
			高新技术企业数目(0.1642)
			科学研究、技术服务和地质勘查业从业人员(0.1894)

续表

目标层	准则层	领域层	指标层
城市综合功能	创新功能（0.3975）	科技创新绩效（0.2642）	国内授权发明专利（0.3549）
			高新技术产品出口交货值（0.3419）
			高新技术产业增加值（0.3031）
		科技创新环境（0.2446）	每万人在校大学生数（0.3176）
			科技支出（0.2444）
			国家级高新技术产业区（0.3503）
			经济技术开发区（0.0877）
	交通功能（0.0638）	交通辐射力（1.0000）	邮电业务收入（0.3225）
			客运量（0.1647）
			货运量（0.2743）
			每万人国际互联网用户（0.2385）

根据《湖北统计年鉴》《中国城市统计年鉴》和各市统计年鉴与统计公报，选取城市指标实值，采用熵值法确定指标权重，通过权重与标准化后的数值相乘计算，得到湖北省 17 个市州的城市功能评价值（见表 2）。

具体城市功能评价得分计算方法如下：

$$v_i = \sum_{j=1}^{n} w_j P_{ij} \tag{1}$$

其中，v_i 代表各功能加权后的得分，w_j 代表权重，P_{ij} 代表每一项标准化后的得分情况。

权重按照如下方法计算得出：

由于数据的统计单位存在差异，需要对数据进行无量纲化处理。为了避免负数与零值在后续的计算中无法取对数，需要对数据进行线性平移。

对于正向指标，处理公式为：

$$z_{ij} = \frac{\alpha_{ij} - \min(\alpha_{1j}, \alpha_{2j}, \cdots, \alpha_{mj})}{\max(\alpha_{1j}, \alpha_{2j}, \cdots, \alpha_{mj}) - \min(\alpha_{1j}, \alpha_{2j}, \cdots, \alpha_{mj})} \times 0.99 + 0.01 \tag{2}$$

对于负向指标，处理公式为

$$z_{ij} = \frac{\max(\alpha_{1j},\alpha_{2j},\cdots,\alpha_{mj}) - \alpha_{ij}}{\max(\alpha_{1j},\alpha_{2j},\cdots,\alpha_{mj}) - \min(\alpha_{1j},\alpha_{2j},\cdots,\alpha_{mj})} \times 0.99 + 0.01 \tag{3}$$

计算第 j 项指标下第 i 个城市指标值的比重，公式如下：

$$P_{ij} = \frac{z_{ij}}{\sum_{i=1}^{m} z_{ij}} \tag{4}$$

计算第 j 项指标的熵值，公式如下：

$$e_j = -k\sum_{i=1}^{m} P_{ij}\ln P_{ij} \tag{5}$$

为了保证 e_j 始终在 0 到 1 之间，设：

$$k = \frac{1}{\ln m} \tag{6}$$

对于给定的 j，z_{ij} 差异越小，e_j 越大；当 z_{ij} 全部相等时，$e_j = 1$，此时该指标的设置就失去了意义；只有当各方案指标值差异较大时，e_j 越小，该项指标所起的作用才越大。

定义差异性系数

$$g_j = 1 - e_j \tag{7}$$

当 g_j 越大时，指标越重要。

定义权重：

$$w_j = \frac{g_j}{\sum_{j=1}^{n} g_j} \tag{8}$$

计算城市功能，利用

$$v_i = \sum_{j=1}^{n} w_j P_{ij}$$

其结果如表 2 所示。

表 2　湖北省各市州城市功能评价值

市州	综合评价	经济功能	生态功能	文化功能	创新功能	交通功能
武汉	0. 8853	0. 9961	0. 4776	0. 8466	1. 0000	1. 0000
黄石	0. 1750	0. 2341	0. 3975	0. 1046	0. 1013	0. 1799
十堰	0. 2237	0. 1548	0. 5424	0. 2910	0. 0951	0. 2025
宜昌	0. 3866	0. 4304	0. 4183	0. 5664	0. 2634	0. 3513
襄阳	0. 3404	0. 3659	0. 4317	0. 2662	0. 3170	0. 4506
鄂州	0. 1241	0. 2343	0. 3293	0. 0542	0. 0377	0. 1151
荆门	0. 1881	0. 2109	0. 3699	0. 1474	0. 1307	0. 1854
孝感	0. 1826	0. 1910	0. 3586	0. 1354	0. 1376	0. 1749
荆州	0. 1862	0. 1913	0. 3593	0. 1937	0. 0977	0. 2788
黄冈	0. 1866	0. 1567	0. 4694	0. 1989	0. 0697	0. 2655
咸宁	0. 1908	0. 1686	0. 5287	0. 0980	0. 1156	0. 2153
随州	0. 1592	0. 1345	0. 4666	0. 0724	0. 0957	0. 1711
恩施	0. 2068	0. 0740	0. 6029	0. 2487	0. 0971	0. 1342
仙桃	0. 1322	0. 1568	0. 3886	0. 0388	0. 0809	0. 0844
潜江	0. 1084	0. 1525	0. 3669	0. 0461	0. 0287	0. 0752
天门	0. 0938	0. 0990	0. 3605	0. 0415	0. 0217	0. 0611
神农架	0. 1307	0. 0857	0. 5914	0. 0737	0. 0126	0. 0620

（二）城市功能评价

城市经济功能旨在通过人口、经济总量、固定资产投资、财政收入、社会消费品零售额等总量指标及其人均指标，反映城市的经济影响力和辐射带动力。如表 2 所示，湖北 17 个省辖市的经济功能共分为 5 个等级，强、较强、一般、较弱、弱。经济功能强的市为“一主两副”，经济功能较强的为荆门、孝感、鄂州、黄石、十堰、黄冈、荆州等市，鄂州、潜江、仙桃等市虽然人均生产总值较高，但由于经济规模较小，在城市经济功能上得分并不靠前。受制于区位交通等因素制约，神农架林区、恩施州、天门市经济功能得分偏低。

城市生态功能强调在生态保护、环境治理、资源利用等方面实现经济增长与生态环境和谐共生。从生态功能得分来看，湖北省整体生态功能分值较高，各市间生态功能差距不大。各市生态功能亦分为5个等级，生态功能得分高的十堰、神农架、恩施、随州、黄冈、咸宁等市地处秦巴山、武陵山、大别山和幕阜山区，生态资源丰富；“一主两副”和黄石市积极推进国家可持续发展实验区、国家生态文明建设先行示范区、国家新能源示范城市等试点示范，推进传统制造业绿色改造，节能降耗取得积极进展，城市生态功能得以有效提升。如2015年黄石单位GDP能耗降低了10.84%，排名全省第一；江汉平原的荆门、荆州、天门等市以占比较小的农业资源承载大量人口，贡献了较多的农业产值和大宗农产品产出，成为农业面源污染的“重灾区”，土壤和地下水污染问题突出，导致生态功能得分较低。

城市文化功能是城市核心功能的重要来源和强大支撑，直接影响到城市的知名度、吸引力和辐射功能。将17个省辖市划分为5个等级，武汉作为国家级历史文化名城，文化资源丰富，各种文化遗迹、重点文物保护单位、非物质文化遗产数量在全省名列前茅，在公共文化服务力和辐射力上也优于其他城市，形成了文化与经济的良好互动；宜昌、襄阳、十堰、恩施、荆门等市在文化保有力上处于优势地位，武当山道教建筑群、钟祥明显陵、咸丰唐崖土司城遗址、神农架等入选世界自然·文化遗产。荆州是国家历史文化名城，荆州和襄阳古城墙入选“中国世界文化遗产预备名单”；排名靠后的随州、咸宁、鄂州、仙桃、潜江、天门等市文化资源有限，公共服务能力较弱。

城市创新功能体现为知识创造能力、企业创新能力、创新环境、创新绩效等，城市是创新要素集聚和扩散的重要空间载体。与经济功能排名一致，各市创新能力差异较大。经济功能较强的“一主两副”是国家创新型试点城市，各类科技创新平台、重大科技成果、授权专利高新技术产业增加值、在校大学生数量等都远高于其他城市。十堰、荆门、荆州、孝感、黄石、咸宁等市创新功能得分较高，具有较好的创新支撑基础和发展潜力。“一主两副”应进一步加强创新辐射和带动功能，继续加大对鄂西恩施和神农架林区创新能力的支援和帮扶力度。

城市交通功能代表与其他地区人力资源、物流、信息流的通达程度，交通功能是否完善直接关系到城市在区域发展中的重要地位。各市交通功能得分差异较大，武汉交通功能得分为 1，可谓“一枝独秀”。其次为襄阳 0.4506，这主要是因为襄阳市形成“三纵三横”“米”字形铁路客货运输网络，交通辐射力增强。宜昌、荆州、黄冈、十堰、黄石、荆门、咸宁等市的交通功能为一般或较弱，主要是铁路、水运比较优势尚未充分发挥。恩施、仙桃、潜江、天门等市得分较低，基础设施亟待加强。

综合经济、生态、文化、创新与交通五大城市功能，得出 17 个省辖市的城市综合功能评价值。武汉作为国家中心城市，地域功能明显高于其他城市，襄阳、宜昌两个省域副中心城市得分也较高。值得注意的是，其他城市与“一主两副”的差距较大且有扩大趋势。尤其是神农架、仙桃、潜江、天门等市的城市综合功能得分较低，在鄂西、江汉平原及省际边界缺乏有辐射带动力的区域性中心城市，需要打造新兴增长极。这一评价结果与“一主两副多极”区域发展战略和当下各城市地域功能的实际情况相符，这既充分说明本文选取指标权重的科学性和合理性，又为从生态、创新、文化角度对湖北省城市组团进一步优化组合奠定了坚实的基础。

三　基于空间引力模型的湖北城市地域功能测度

（一）城市联系评价

判断城市组团发展是否健康合理，需要进一步考察城市之间的经济联系。首先测度城市之间交通距离。交通距离与上文中提到的交通功能有所区别，交通功能反映一个城市交通运载能力与信息交流能力，而交通距离强调城市间地理上的真实距离。如表 3 所示，武汉、黄石、鄂州、黄冈等鄂东城市间交通距离短，鄂西地区的十堰、恩施等与其他市的交通距离较远。

表 3　湖北省 17 个市州修正后的交通距离

城市	武汉	黄石	十堰	宜昌	襄阳	鄂州	荆门	孝感	荆州	黄冈	咸宁	随州	恩施	仙桃	潜江	天门	神农架
武汉	—																
黄石	0.63	—															
十堰	3.33	3.96	—														
宜昌	2.26	2.86	2.62	—													
襄阳	2.31	2.61	1.17	1.69	—												
鄂州	0.45	0.21	3.76	2.70	2.80	—											
荆门	1.65	2.40	2.05	0.81	0.87	2.25	—										
孝感	0.51	1.23	3.56	2.17	2.19	1.10	2.38	—									
荆州	1.61	1.49	1.35	0.71	2.47	2.06	1.01	1.63	—								
黄冈	0.48	0.54	4.95	2.70	2.80	0.19	3.77	1.04	2.04	—							
咸宁	0.62	1.20	3.85	2.70	2.86	1.31	2.26	1.08	2.05	0.00	—						
随州	1.29	1.91	2.13	2.47	1.12	1.74	1.58	1.18	3.15	1.73	1.82	—					
恩施	3.71	4.31	6.62	1.60	3.14	4.17	2.26	5.95	2.16	4.21	4.15	6.33	—				
仙桃	0.86	1.47	5.57	1.43	3.84	1.28	1.99	1.27	0.76	2.11	1.82	2.55	2.85	—			
潜江	1.13	1.74	5.10	1.16	2.86	1.56	1.33	1.07	0.50	1.61	1.58	2.37	2.64	0.27	—		
天门	0.87	1.56	4.89	1.06	2.87	1.36	0.87	0.72	0.86	1.39	1.43	1.81	2.97	0.26	0.36	—	
神农架	5.69	6.80	2.33	2.78	2.49	6.56	3.30	5.04	3.64	6.51	6.69	3.93	4.72	5.06	4.42	4.80	—

注：计算方法为：$T_{ij} = \delta \cdot D_{ij} = \delta \cdot \sum_{k=1}^{n} \lambda_{ij-k} d_{ij-k}$。$T_{ij}$ 为城市 i 与城市 j 修正后的交通距离，δ 为权数，当两地间仅有高速公路时，该值为 1.2；当两地间仅有铁路时，该值取 1；当两地同时有高速公路和铁路时，该值取 0.8。D_{ij} 为多种交通运输方式的复合距离，λ_{ij-k} 表示从城市 i 到城市 j 所使用的第 k 种交通方式的权重，本文仅涉及铁路和公路两种交通方式，公路距离权重取 0.45，铁路距离权重取 0.55，d_{ij-k} 表示从城市 i 到城市 j 使用第 k 种交通方式的实际距离。

在城市综合功能和交通距离的基础上测算城市间的经济联系。计算步骤如下。

$$F_{ij} = k \times \frac{\text{Score}_i \times \text{Score}_j}{d^2} \tag{9}$$

其中，F_{ij} 为城市之间的经济联系程度，$Score_i$ 为 i 城市的综合评价得分，$Score_j$ 为 j 城市的综合评价得分，d 表示两个城市之间的交通距离（此处的交通距离由第二部分计算得来），k 为常数，为了便于后续的分析和对比，本文中 k 取值为 100。计算结果如表 4 所示。

表 4　湖北省 17 个市州之间引力值

城市	武汉	黄石	十堰	宜昌	襄阳	鄂州	荆门	孝感	荆州	黄冈	咸宁	随州	恩施	仙桃	潜江	天门	神农架
武汉	—																
黄石	38.19	—															
十堰	1.76	0.24	—														
宜昌	6.71	0.81	1.25	—													
襄阳	5.73	0.87	5.57	4.69	—												
鄂州	52.31	47.14	0.19	0.64	0.53	—											
荆门	6.10	0.56	0.99	11.01	8.71	0.45	—										
孝感	61.21	2.09	0.32	1.51	1.33	1.84	0.61	—									
荆州	6.31	1.41	2.23	14.14	1.04	0.52	3.43	1.28	—								
黄冈	72.25	10.98	0.17	1.00	0.83	65.40	0.25	3.21	0.83	—							
咸宁	42.76	2.25	0.28	1.00	0.80	1.32	0.69	2.95	0.83	1.68	—						
随州	8.43	0.75	0.78	1.01	4.42	0.63	1.21	2.09	0.30	1.00	0.91	—					
恩施	1.33	0.19	0.10	3.12	0.73	0.14	0.76	0.11	0.82	0.22	0.23	0.08	—				
仙桃	15.83	1.06	0.09	2.50	0.31	0.98	0.63	1.50	4.21	0.56	0.75	0.33	0.34	—			
潜江	8.64	0.70	0.11	3.58	0.53	0.61	1.33	1.99	9.30	0.90	0.94	0.35	0.37	23.14	—		
天门	10.98	0.66	0.09	3.23	0.39	0.61	2.34	3.36	2.37	0.92	0.86	0.45	0.22	18.46	9.03	—	
神农架	0.36	0.05	0.53	0.65	0.73	0.04	0.23	0.09	0.18	0.06	0.05	0.13	0.12	0.07	0.08	0.05	—

根据城市间引力值的大小不同，进一步将空间联系划分为强联系、较强联系、一般联系、弱联系。划分方法如表 5 所示。

表 5　城市联系强度分类

联系程度	联系强度	联系程度	联系强度
强联系	$F_{ij} \geqslant 20$	一般联系	$1 \leqslant F_{ij} < 5$
较强联系	$5 \leqslant F_{ij} < 20$	弱联系	$0 \leqslant F_{ij} < 1$

根据城市间引力强度绘制得到湖北城市空间相互作用网络。

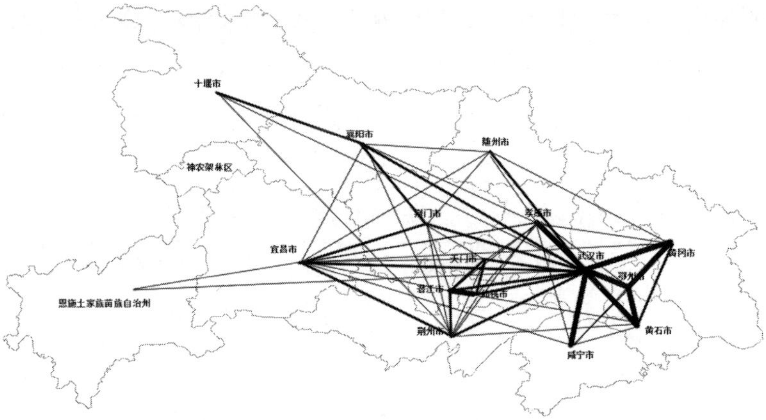

图 1　湖北城市空间相互作用网络

（二）城市联系评价

如表 4、表 5 和图 1 所示，武汉与其他省辖市均存在一般及以上的联系，其中与黄冈、孝感、鄂州、咸宁和黄石属于强联系，与仙桃、天门、潜江、随州、宜昌、荆州、荆门和襄阳属于较强联系。武汉与鄂东各市的经济联系强度高于与鄂西、江汉平原各中心城市的联系强度，说明武汉对鄂西和江汉平原的辐射力和牵引力有限；宜昌、襄阳分别与 13 个和 7 个省辖市经济联系在 1 以上，其中宜昌与荆州、荆门，襄阳与荆门、武汉、十堰属于较强联系；十堰、恩施、神农架与其他市经济联系较弱。从全省空间布局来看，与各省辖市经济联系密切的城市在空间上较为集中，主要集中在鄂东、江汉平原地区，宜荆荆城市群和襄十随城市群联系也比较活跃，与鄂西联系较弱。

根据上述城市经济能级和城市间经济联系，湖北省城市组团发展呈现两大特征。一是城市组团发展正在逐渐从单一中心向多中心模式转变，初步形成了以“一主两副”为核心的圈层和以“多极”为次核心的多核心圈层结构。这与湖北提出的新型城镇化布局和“一主两副多极”区域战略布局高度一致。二是城市组团总体发育程度低且区域性差异很大。这种差异具有一定程度的合理性，并呈现发育的阶段性、空间分异的规律性、内部集聚的异质性和明显的分化性的特点。如表 6 所示，武汉城市圈内部的空间联系强度高于宜荆荆城市群和襄十随城市群。从空间联系的差异性来看，武汉城市圈的差异性是最大的，这主要是武汉的首位度过高所致。

表 6　湖北省三大城市群组团空间联系强度

城市群	城市空间联系强度平均值	城市空间联系强度标准差	城市空间联系强度最大值	城市空间联系强度最小值
武汉城市圈	14. 11	21. 32	72. 25	0. 56
宜荆荆城市群	9. 53	5. 51	14. 14	3. 43
襄十随城市群	3. 59	2. 50	5. 57	0. 78

注：城市群内部各城市之间的空间联系强度平均值计算公式为 $\overline{F_{ij}} = \frac{\sum F_{ij}}{n}$，其中，$\overline{F_{ij}}$ 代表城市群内部空间联系强度平均值，F_{ij} 代表城市 i 与城市 j 之间的空间经济联系强度，且 i 和 j 都处在同一城市群，n 为城市群内总的城市数目。

城市组团发展的本质在于通过城市间的分工合作与协同发展，提高经济和社会运行效率，在区域发展系统与自然生态系统平衡稳定的基础上实现各城市的可持续发展。湖北省城市组团应在“一圈两群”组团基础上，保持“一主两副”核心地位不变，将原来单中心的一些功能合理分散配置于各个分中心，各城市依据体现主导地域功能的原则进行组合，以实现城市地域功能结构的合理重组。

以地理区位、交通轴线、文化底蕴、生态环境、创新能力等为基础，把城市生态、文化和创新功能置于更加突出的地位：空间布局强化“两纵两横”交通轴线功能，生态组团突出构建“一平原四片区”（江汉平原、武陵山区、秦巴山区、大别山区、幕阜山区）生态格局，文化组团推动形成“一主两翼”（鄂东、鄂西北、鄂西南）联动格局，创新组团深入推进“一主两副”创新先行区，加快推进新兴增长极创建国家创新型试点城市和区域创新中心；同时，强化城市功能互动和融合发展，通过城市间的相互联系形成互动和良性发展。如位于福银通道沿线的黄冈、孝感、随州等市，地处大别山区，生态优良，拥有众多红色文化资源，可将其组团发展定位为生态－红色文化发展区。秦巴山和武陵山片区的恩施、神农架、十堰、宜昌等市州，山水自然原生态优势和特色民族风情文化资源优势明显，依托十宜恩、二广通道，组团发展生态文化旅游区。幕阜山片区的咸宁、岳阳和九江依托长江黄金水道，组团发展“绿心”生态经济协作区。

四　湖北城市组团发展的方向与路径

紧紧围绕“建成支点，走在前列”战略目标，以新时代中国特色社会主义新思想为指导，以供给侧结构性改革为主线，以“一主两副多极”战略实施为载体，以区域合作延伸性和动态化为特征，以增强区域发展整体性、协调性为基本脉络，坚持分类引导，推动城市组团向心发展、错位发展、互动发展：立足资源禀赋，走差异化发展道路。充分考虑资源禀赋、交通区位、产业基础、发展规模等要素进行前瞻性、高起点谋划，优化城市群空间结构，明确主导产业和特色产业，实现城市组团差异化和特色化发展；明确功能定位，走协同化发展道路。强化“一主两副”中心城市的辐射带动功能，提升新兴增长极的综合承载能力和聚集能力，推动大中小城市和小城镇合理分工、功能互补，逐步形成横向错位发展、纵向分工协作的组团发展格局；坚持“田园城市”理念，走生态化发展道路。按照“节约紧凑、绿色发展的理念”，改善城市生态环境，在统筹上下功夫，在重点上求突破，着力提高城市发展持续性、宜居性，建成集自然、人文于一体的园林式生态组团；强化集约发展，走内涵化发展道路。树立“精明增长”“紧凑城市”理念，更加注重自然保护和文化传承，更加注重规划建设管理提升，推动城市组团从增量扩张转向存量优化，从外延扩张式向内涵提升式转变；推广新一代信息技术创新应用，走智能化发展道路。推动互联网、大数据、人工智能与城市群深度融合，协同推进规划管理信息化、基础设施智能化、公共服务便捷化、产业发展现代化、社会治理精细化。坚持民生优先，在智慧交通、智慧医疗、智慧环保、智慧政务等领域培育新增长点。

（一）优化绿色生态格局，筑牢城市组团发展屏障

坚持“节约优先、保护优先、自然恢复”的原则，推进城市组团与自然生态互融共生。

1. 共筑生态安全格局

基于水系脉络、生态单元及城市发展，构建“三江四山多试点”生态安全格局。加快重大线性生态工程建设，构建以沿江、沿湖和主要交通轴线绿色廊道为纽带的多层次、复合型生态网络。

2. 共推绿色低碳发展

建立健全绿色低碳发展的经济体系，坚持农业绿色发展导向，增强江汉平原、鄂北岗地、鄂东沿江区域重要农产品供给保障能力，提升“四大片区”特色农产品供给质量；实施循环发展引领计划，加强生活垃圾分类回收和再生资源回收的衔接，推进生产系统和生活系统循环链接。构建以江汉平原、鄂东地区为核心的资源循环利用产业发展聚集区。

3. 共建生态保护制度

强化区域统筹，探索在四大片区开展横向生态补偿试点。积极探索自然资源资产市场化交易，加强生态环境市场交易监管。以“三江两库”为重点，建立跨区域生态治理联防联控体系。改革政绩评价考核机制，建立生态环境损害责任追究制。

（二）完善立体交通网络，夯实城市组团发展支撑

突出交通主轴对接，提升公共交通供给能力和服务水平，促进交通轴线与城市组团协调发展。

1. 打造沿江立体交通走廊

提升“两江”水运功能，整合“两江”港航资源，构建港口与后方陆域协同发展机制。加快沿江高铁建设，推动高速公路网内联外通，加快加密过江通道建设，提升长江、汉江运输联动水平。

2. 推进城市群交通一体化

强化综合交通枢纽建设，推进多式联运型和干支衔接型货运枢纽（物流园区）建设。统筹建设客运枢纽。优化城市群客运网络布局，重点推进城际客运班车公交化运行。推广农村客运片区经营模式。

3. 建设对外开放通道

积极争取国家支持，开展多式联运示范项目，重点打造一批江海直达运输、内外贸铁公水班列、散改集联运、铁公空联运等试点示范工程，支撑湖北省打造内陆开放新高地。

（三）增强产业竞争优势，构建城市组团发展引擎

发挥“一主两副”辐射带动功能，壮大新兴增长极产业实力，打造集聚度高、竞争力强的现代产业集聚区，统筹推进城市空间与产业空间高度契合。

1. 加快创新驱动发展

探索差异化的区域创新发展路径。加快推进武汉市全面创新改革试验，支持襄阳和宜昌国家创新型城市试点建设，重点推进创新基础和发展潜力较好的市争创国家创新型试点城市、建设区域创新中心。完善区域协同创新体系，加快区域开放创新合作。

2. 推动产业集聚发展

继续推进东湖国家自主创新示范区“一区多园”试点。加快推动战略性新兴产业协同实施品牌战略，共建世界级产业集群。支持设立老工业基地产业转型升级示范区（园区），支持资源枯竭城市培育壮大接续替代产业。在创新引领、绿色低碳、共享经济、现代供应链、人力资本服务等领域培育新增长点。

（四）注重历史文脉传承，提升城市组团发展品质

深入挖掘荆楚文化底蕴，建设有历史记忆、文化脉络、地域风貌、民族特点的文化共同体，提升城市群软实力和未来竞争力。

1. 加强地域文化挖掘、保护与传承

联合开展荆楚文化挖掘整理，加强文化生态的整体保护，建设幕阜山、武陵山传统村落及古民居保护利用示范区，打造鄂西和江汉平原民俗风情走廊，推动鄂西南土家族苗族文化生态保护试验区建设。彰显荆楚特色建筑符号，从空间立体性、平面协调性、风貌整体性、文脉延续性等方面统筹城市群建筑布局。

2. 推动区域文化产业协同

加强对地域文化的综合利用，增强“一主两副”文化创意产业的联动和互补，推动形成“一主两翼”（鄂东、鄂西北、鄂西南）文化组团格局；加大对跨地域公共文化资源整合力度，推动公共文化服务机构建立横向、纵向区域联盟，增加鄂西和江汉平原地区公共文化服务供给。

3. 创新发展全域文化生态旅游

以长江、汉江、清江为主轴，以神农架、武当山、长江三峡、大别山、大洪山为龙头，组团开发“四季长江·一路风光”“一江两山”“汉水文化”“清江山水民俗”“大别山红色文化”等精品旅游带。联合探索跨境文脉与跨行政区协同创新模式。

（五）探索多层多极协作，丰富城市组团发展模式

1. 优化提升武汉城市圈

发挥武汉龙头牵引作用，深入推进武汉城市圈“两型社会”综合配套改革，重点推进圈域一体化和武鄂同城、汉孝同城、武咸同城、武黄（冈）同城发展。

2. 重点发展宜荆荆和襄十随城市群

提升宜昌、荆州和荆门三市辐射引领功能，加快三市新区相向发展，打造国家生态文明先行示范区、国家承接产业转移示范区、国际知名文化旅游区；发挥襄阳引领示范作用，强化十堰、随州核心带动作用，建成长江经济带绿色增长极、中部地区城镇先行示范区、内陆开放合作示范区、全省创新发展示范区。

3. 加快发展沿江城市组团

以长江、汉江为主轴，借力长江经济带和汉江生态经济带战略，坚持“多层+多极”“组团+抱团”“集聚+集约”，加快布局沿江城市组团，推进沿江左右岸、上下游、干支流共同开发和联动发展。

（六）共建内陆开放高地，拓宽城市组团发展空间

强化“一带一路”建设与区域合作战略的协调推进，深化沿江和省际毗邻地区开放合作。

1. 强化“一主两副”开放合作示范

深入开展武汉城市圈构建开放型经济新体制综合试点试验，带动全省开放型体制机制创新升级。以湖北自贸区建设为契机，促进三大片区彰显特色、差异发展、融合发展。推动黄石、随州、仙桃、鄂州、孝感等外向度高的市增强优势产业竞争力，加强国际产能和装备制造合作。

2. 推进跨江合作城市组团

以省会城市合作为重点，深入推进长江中游城市群建设。推进与河南、陕西合作共建汉江生态经济带。支持共建三峡生态经济合作区和洞庭湖生态经济区。支持黄冈、黄石、九江积极探索跨江、跨省合作新模式。支持襄阳、随州、南阳等市共建鄂豫城市群。

3. 发展四大片区城市组团

武陵山片区以龙凤经济协作示范区为载体，支持湘西、恩施探索扶贫攻坚区跨省协作新模式；秦巴山片区以南水北调中线工程水源保护跨省协作示范区为载体，支持丹江口与邓州、淅川探索脱贫攻坚与生态环境保护共赢机制；大别山片区以推进大别山革命老区振兴发展为载体，支持黄冈、六安、信阳等开展红色生态文化旅游合作；幕阜山片区以保护“绿心”为载体，加快推进咸岳九一体化，推动通修平建设次区域合作示范区。

4. 加快省际口子镇组团

重点支持郧西县上津镇与山阳县漫川关镇共建“上关合作区”，支持邓州市孟楼镇和老河口市孟楼镇共同做大省际边贸市场，支持监利白螺镇与岳

阳跨江合作建设湘鄂合作示范区，支持赤壁市赵李桥镇与临湘市羊楼司镇建设羊楼洞茶文化旅游协作区。

参考文献

龚迎春、顾羊羊、胡涛等：《地域功能视阈下的河南城市组团发展研究》，《资源开发与市场》2015 年第 12 期。

秦敬云、王敏：《广西城市化进程中的城市组团发展研究》，《桂海论丛》2012 年第 5 期。

安昊：《“TOD 模式”和“分散紧凑型城市组团”》，《艺术与设计：理论》2007 年第 12 期。

龙彬、朱竞：《基于“文化触媒”策略的城市组团总体设计研究》，《小城镇建设》2013 年第 2 期。

姚士谋、张平宇、余成等：《中国新型城镇化理论与实践问题》，《地理科学》2014 年第 6 期。

王发曾：《中原经济区的新型城镇化之路》，《经济地理》2010 年第 12 期。

B.8
湖北"一主两副多极"区域发展新格局研究*

湖北省社会科学院课题组**

摘　要： 湖北发展不平衡不充分问题历来比较突出，区域经济差异在全国名列前茅。21 世纪提出的"一主两副"战略的实施虽然成效明显，但区域差异呈扩大趋势。完善后的"一主两副多极"战略可以有效缓解这一问题，但在实施过程中还存在比较多的问题，需要认真处理。

关键词： 湖北　一主两副多极　区域协调　新格局

协调发展是"五大发展理念"之一，区域协调发展意味着各地充分发挥各自的比较优势，在区域间形成要素自由流动、优势互补、良性互动、合理分工的机制。推动湖北省经济协调发展，不仅要求各地因地制宜拓展发展新空间，而且要求不断完善、优化"一主两副"区域发展格局，以区域经济协调发展推动全省经济高质量发展。

一　"一主两副多极"战略的内涵及特征

进入 21 世纪以来，湖北省委、省政府在立足本省资源要素、发展基础

* 本文系湖北省新型智库 2017 年度重点课题（编号为 ZD2017WT002）成果之一。

** 课题组成员为彭智敏、陈丽媛、李春香、刘陶、周睿全、宋哲。

的同时，结合国家重大战略，有针对性地提出并实施了“一主两副”等一系列区域发展战略，为全省经济社会的跨越发展做出了重大贡献。2013 年 7 月，习近平总书记视察湖北时提出的“建成支点、走在前列”重要指示，为湖北发展提出了新的要求和目标。面对我国经济新常态和“供给侧结构性改革”任务，2016 年底召开的中共湖北省委十届八次全会暨全省经济工作会议提出，突出“一主两副”区域发展战略，加快培育和形成“多极发展”格局。

（一）“一主两副多极”战略的内涵

“一主两副多极”战略的内涵是：充分发挥武汉龙头带动作用，加快建设国家中心城市步伐，为全省“建成支点、走在前列”做出更大更多的贡献；加快襄阳、宜昌建设省域副中心城市，更好地发挥辐射带动作用；推动 5 个左右经济基础好、带动力强的地级市加快发展，形成新的增长极；引导各地错位发展，加快形成全省区域经济多极支撑、协调发展的新格局。

（二）“一主两副多极”战略的特征

1. 系统性

“一主两副多极”战略是总揽湖北区域协调发展的总体性战略。“一主”“两副”“多极”是全省经济一盘棋中的有机组成部分，相辅相成，荣辱与共。“一主两副”的重点发展离不开“多极”的鼎力支撑，“多极”的发展需要“一主两副”的有力辐射和带动，三个部分共同支撑起湖北区域发展新格局。

2. 层次性

从区域发展的空间结构和国家城镇体系结构层面来说，“一主两副多极”形成了自上而下稳定金字塔式的空间结构，三层关系明晰。“一主两副”作为构建重要战略支点的中心城市，明确了武汉与襄阳、宜昌之间在全省经济发展中的地位和相互关系。“一主”武汉处于金字塔的顶层，不仅在全省经济社会发展中占有极为重要的地位，也是全省乃至中部地区承担国家战略最多的城市，武汉城市圈“两型社会”建设、国家中心城市建设、国际性的交通枢纽建设都是国家赋予武汉的重要职责。处于金字塔中层的“两副”宜昌和襄阳作为重点区域，不仅自身经济实力较强，而且承担着带动周边地区发展的职责，在接受武汉辐射的同时，向周边地区形成有效辐射，共同提升湖北在国家经济发展中的地位。“多极”虽然位于整个体系的底层，一方面，接受“一主两副”的辐射，另一方面，作为发展潜力大的城市，它们又是次级区域性中心城市，同时也承担着辐射带动周边区域和小城镇发展的功能，是促进全省区域经济协调发展的“二传手”和形成区域发展新格局的“变电站”。

3. 连续性

湖北区域发展总体战略虽然与时俱进，不断地进行完善、调整，但是战略之间并不是割裂的，具有一定的传承性。2003 年 8 月，《湖北省城镇体系规划》获得国务院批复，“一主两副”战略正式开启。2007 年 12 月，武汉城市圈“两型社会”建设获批。随后，2008 年鄂西生态文化旅游圈的构建以及 2009 年《关于加快湖北长江经济带新一轮开放开发的决定》文件的出台，标志着“两圈一带”战略正式确立。2013 年 10 月湖北省委十届三次会议上，提出要继续实施“两圈一带”区域发展战略，积极推进湖北长江经济带和汉江生态经济带开放开发，标志着“两圈两带”区域发展格局的形成。由此可见，从最初的“一主两副”到现在的“一主两副多极”，湖北区域战略在有序延伸和继承发展，“一主两副多极”战略是对原有战略的不断丰富和发展。

4. 长期性

区域发展战略是基于一个地区各种生产要素、发展基础和未来发展方向的重大经济政策，而这些因素的形成和重大变化绝非一日之功。武汉中心城市的地位发端于明末，鼎盛于晚清，新中国成立之初随着一大批项目的布局，国家工业中心、交通中心的地位更加巩固。襄阳、宜昌不仅历史悠久，长期以来就是交通枢纽和经济重镇，随着三峡水利枢纽、东风汽车等一大批项目的落地，到 21 世纪初成为全省发展的“副中心”。然而，湖北未来的发展仅仅依靠这三个城市是远远不够的，培育、造就一批发展基础好、发展潜力大的中等城市，做大做强它们的经济实力，关乎湖北发展的后劲，关乎湖北在全国经济未来版图中的分量。

5. 规律性

区域经济发展的基本规律表明，区域发展是一个平衡与不平衡之间不断发展、转换的过程。在经济发展还处于不发达阶段的时候，重点区域优先发展的非均衡发展战略是提升整个区域发展水平的重要手段。改革开放以来，我国以东部沿海地区为重点，实施了区域非均衡发展战略，加大沿海地区对外开放和改革力度，由此兴起了东部长三角、珠三角、京津冀三大城市群，成为带动中国区域发展的主要引擎。随后实施的东北振兴、中部崛起以及西部大开发战略成为东部地区优先发展的有力补充和支撑。契合不断变化的国家战略意图，湖北遵循区域发展的客观规律，于 21 世纪初提出“一主两副”战略，强调三个重点城市的发展，着力以点突破。在此发展的基础上，随后的“两圈一带”“两圈两带”则是以点带面，强调中心城市的辐射带动作用。目前，湖北整体经济发展水平仍然较低，还处于工业化中期向工业化后期转换的阶段，“一主两副多极”战略准确地把握住了区域发展的客观规律和本质，既能实现湖北优势地区的有效突破，提升湖北的整体发展水平，又培育了大量后备力量，形成了对重点地区的有力补充和全力支撑，从而推动湖北全域的共同发展。

二　湖北省区域新格局进展及评价

（一）武汉建设国家中心城市取得突破性进展

自 2012 年提出建设国家中心城市以来，武汉市依托现实优势，打造潜在动能，以提升经济发展、产业创新、交通枢纽、国际交往、科教中心、文化动力等国家中心城市功能为重点，持续强力实施工业倍增计划、服务业升级计划、产业创新计划、自主创新能力提升计划、城建攻坚计划、国际化水平提升计划、商贸物流中心建设、“文化五城”建设等，策划实施了一批支撑引领经济社会民生发展的重大项目，国家中心城市建设取得突破性进展。

1. 综合实力显著增强

2005 年武汉市 GDP 为 2238 亿元，居全国第 15 位；2015 年 GDP 上升至 10905.6 亿元，居全国第八位。10 年间，武汉 GDP 增长了近 4 倍，位次上升 7 位；增幅达 387%，位居全国 33 个重点城市第三，在全国副省级以上城市中仅次于重庆居第二位。2017 年，武汉市 GDP 为 13410.34 亿元，排名全国城市第 9。2016 年，一般公共财政预算收入、社会消费品零售总额、全社会固定资产投资和实际利用外资分别为“十一五”末的 3.39 倍、2.18 倍、1.89 倍和 2.59 倍。

表 1　“十一五”以来武汉市经济发展主要指标

单位：亿元，%

项目	2010 年		2015 年		2016 年		2017 年	
	数量	占全省比重	数量	占全省比重	数量	占全省比重	数量	占全省比重
GDP	5515.76	34.89	10905.6	36.91	11912.61	36.88	13410.34	36.72
地方一般公共财政预算收入	390.19	38.59	1245.63	41.45	1322.1	42.62	1402.93	43.19
社会消费品零售总额	2570.4	38.25	5102.24	36.50	5610.59	35.85	6196.30	35.62
全社会固定资产投资	3753.17	34.74	7725.26	27.35	7093.17	24.04	7871.66	24.70
实际利用外资	32.93	81.31	73.43	82.06	85.23	84.14	96.47	87.75

资料来源：湖北省统计年鉴及相关年份统计公报。

表 2　“十二五”期间武汉主要经济指标在全国副省级城市中全面提升

主要指标	“十一五”末位次	“十二五”末位次
地区生产总值(GDP)	6	3
一般公共财政预算收入	10	3
规模以上工业增加值	7	3
全社会固定资产投资	4	1
社会消费品零售总额	3	2
实际利用外资	7	2

注：参照对象为全国 15 个副省级城市。

2. 产业结构不断优化

2017 年，武汉市三次产业结构比为 3.0∶43.7∶53.3。“十二五”时期，武汉现代服务业发展迅速，服务业占比不断提高，工业支撑能力显著增强。目前，全市已经形成大光谷、大车都、大临港、大临空等四大工业板块，形成一批具有全国影响力的行业龙头企业，全省百强企业数量从 2010 年的 62 家增长到 2016 年的 72 家；规模以上工业增加值 2016 年的总量分别为“十一五”末、“十二五”末的 2.02 倍、1.05 倍。产业创新能力不断增强，高新技术产业增加值占 GDP 的比重由“十一五”末的 15.10% 提高到 2017 年的 25.96%。“十二五”末，物流增加值、工程设计产值、软件和信息服务业收入突破千亿元。

3. 人民生活水平不断提高

2016 年，武汉市人均 GDP 分别为 2010 年、2013 年、2015 年的 1.89 倍、1.25 倍、1.07 倍；城镇居民人均可支配收入分别是 2010 年、2013 年、2015 年的 1.91 倍、1.33 倍、1.09 倍。2010 年，武汉城镇居民人均可支配收入为全省平均水平的 1.29 倍，2017 年升到 1.36 倍（见表 3）。

表 3　武汉市居民收入情况

单位：元

项目	2010 年		2013 年		2015 年		2016 年		2017 年	
	武汉	全省	武汉	全省	武汉	全省	武汉	全省	武汉	全省
人均 GDP	58961	27613	89000	42539	104132	50500	111469	57830	123831	61972
城镇居民人均可支配收入	20806	16058	29821	22096	36436	27051	39737	29386	43405	31889

资料来源：统计年鉴和统计公报。

4. 交通物流基础设施日益完善

到 2017 年底，武汉市中心城区“三环十三射”快速路网基本建成，开通京汉广、沪汉蓉高速铁路以及至咸宁、黄石、黄冈和孝感 4 条城际铁路，城市轨道交通线路总长度达 237 公里，迈入“高铁、城铁、地铁”三铁驰骋的新时代。武汉港口岸功能进一步提升，实施启运港退税政策，推动内外贸集装箱在汉中转，武汉港迈入世界内河集装箱港口“第一方阵”；阳逻长江大桥竣工，机场第二通道、汉孝高速机场北连接线建成通车，四环线、武深高速、硚孝高速相继开工建设，“三环十五射”的高速公路主骨架基本形成。至2018年6月底，国际航线达58条，国际及地区旅客吞吐量继续保持中部第一。日益完善的交通网络为商贸物流业发展奠定了基础。从表4可以看出，武汉市的货物运输量总体呈增加趋势，其中铁路货运量大体呈下降趋势，水运、航空、公路货运量呈增长趋势。表4、图1说明随着武汉市铁路、航空运输业的迅速发展，人们更多地选择便捷的铁路、航空方式出行。

表4　武汉市各种运输方式完成货物运输量

单位：万吨

指标	2010年	2013年	2015年	2016年	2017年
货物运输量	40287.93	44528.75	48185.19	49981.8	57271.2
铁路	10145.60	9010.40	6579.00	6744.2	6890.9
水运	9013.00	10485.55	13099.71	14331.9	15292.3
航空	9.33	9.80	10.89	13.8	16.0
公路	21120.00	25023.00	28495.59	28891.9	34982.0

资料来源：根据统计年鉴及统计公报整理。

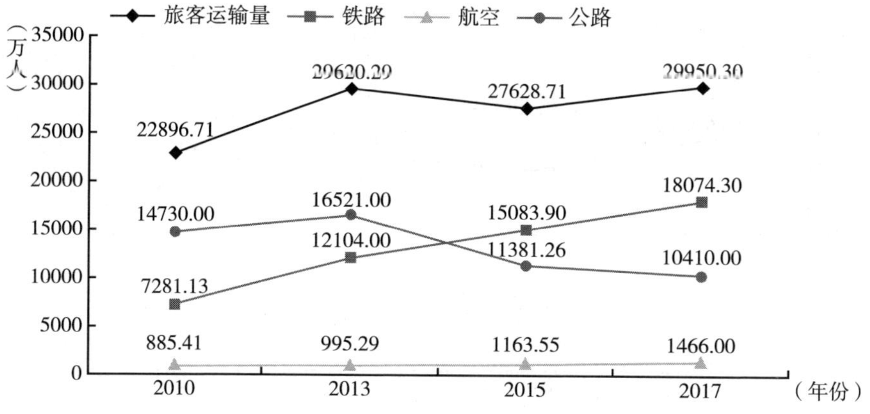

图1　武汉市各种运输方式旅客运输量变化

5. 对外开放水平不断提升

近年来，武汉市进出口总额、实际利用外资等增幅明显，开放型经济水平不断提高。2017 年，全市进出口总额分别是 2010 年、2013 年、2016 年的 1.62 倍、1.34 倍、1.24 倍。实际利用外资分别是 2010 年、2015 年的 2.92 倍和 1.31 倍。世界 500 强企业有 243 家。中欧（武汉）班列货运量及通达地区居全国前列，东南亚、日韩、台湾等地区近海近洋航线逐步开通。总领事馆增加到 5 家。

表 5　武汉开放型经济发展情况

单位：亿美元，%

项目	2010 年		2013 年		2015 年		2016 年		2017 年	
	总量	占全省比重	总量	占全省比重	总量	占全省比重	总量	占全省比重	总量	占全省比重
进出口总额	180.50	69.67	217.52	59.77	280.72	64.17	235.36	60.39	292.17	61.77
实际利用外资	32.93	81.31	52.5	76.22	73.43	82.06	85.23	84.14	96.47	88.18

注：2015 年湖北省进出口总额 2838.8 亿元，根据 2015 年 12 月 31 日，1 人民币 = 0.1541 美元换算。2016 年武汉市进出口总额 1570.10 亿元，根据 2016 年 12 月 31 日，1 人民币 = 0.1499 美元换算。2017 年武汉市进出口总额 1936.2 亿元，根据 2017 年 12 月 31 日，1 人民币 = 0.1509 美元换算。

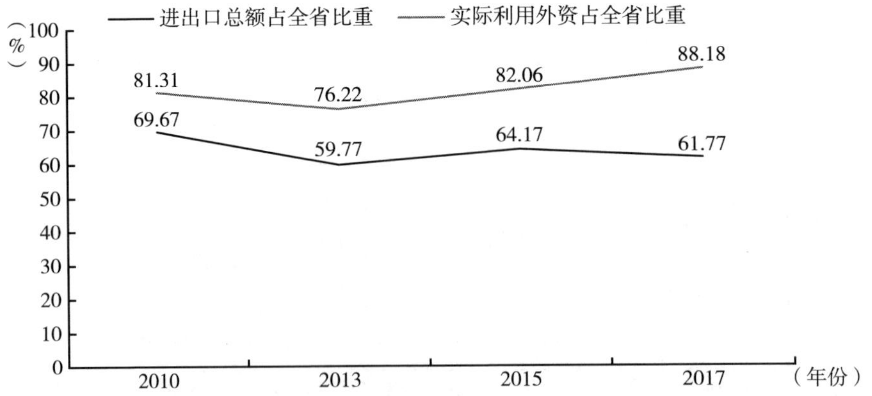

图 2　武汉市进出口总额、实际利用外资占全省比重变化

6. 科教实力全国领先

2017 年，武汉市有高等院校 84 所，占全省的 65.87%；在校大学生、研究生人数共计 107.5 万人；发明专利授权量 25528 件，居全国前列。

（二）两个省域副中心城市省内国内地位大幅度提升

省域副中心建设成效显著。襄阳、宜昌是湖北省的两个副中心城市。近年来，两市围绕建设区域性中心城市，打造区域增长极；通过打造千亿元级产业、建设万亿元工业强市，大力提升产业发展实力；大力推进产城融合，优化提升中心城区空间形态和功能布局，提升城市发展质量；深入实施创新驱动战略；重塑区域交通枢纽地位；注重民生建设等，经济社会发展取得明显成效。

1. 综合实力显著提升

2016 年宜昌、襄阳经济总量在全国城市排名由“十一五”末的第 75 位、73 位分别上升到 2016 年的第 55 位、56 位。2017 年，宜昌、襄阳两市实现生产总值 3857.17 亿元、4064.9 亿元，分别是 2010 年的 2.55 倍、2.82 倍和 2005 年的 6.34 倍、7.11 倍；两市 GDP 合计占全省的比重由 2005 年的 17.98% 提高到 2010 年的 19.01% 和 2017 年的 24.25%；实现一般公共财政预算收入 242.08 亿元、314.91 亿元，分别为 2010 年的 3.45 倍和 6.17 倍，年均增长 24.57%、37.7%，合计占全省的比重从 2005 年的 10.90% 提高到 2017 年的 17.69%；社会消费品零售总额分别是 2010 年的 2.41 倍、2.42 倍；实际利用外资分别是 2010 年的 1.77 倍、2.82 倍（见表 6、图 3）。

表 6　宜昌、襄阳经济发展主要经济指标

指标	2005 年		2010 年		2015 年		2017 年	
	宜昌	襄阳	宜昌	襄阳	宜昌	襄阳	宜昌	襄阳
GDP(亿元)	608.1	571.5	1513.3	1440.5	3384.8	3382.1	3857.17	4064.9
常住人口(万人)	398.52	578.77	405.97	550.03	411.50	561.40	413	563.9
地方一般公共财政预算收入(亿元)	22.53	18.40	70.24	51.01	339.10	339.10	242.08	314.91
社会消费品零售总额(亿元)	226.5	241.2	552.7	613.3	1089.5	1165.1	1330.33	1481.9
实际利用外资(亿美元)	1.05	0.36	2.09	3.26	3.55	7.28	3.7	9.2

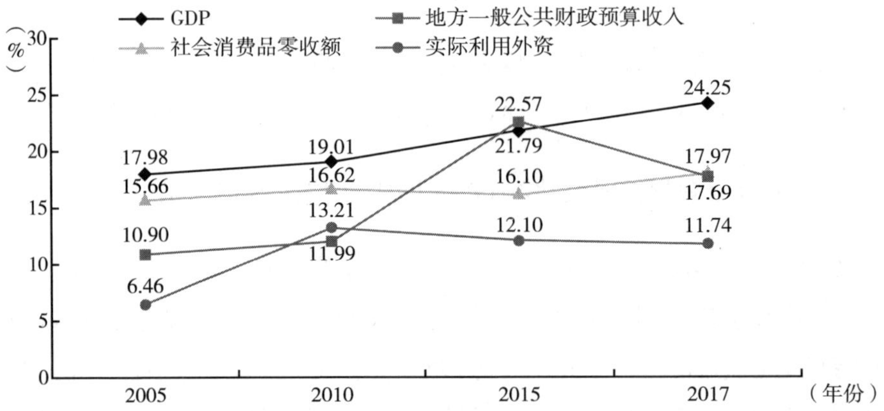

图3　宜昌、襄阳两市经济总量占全省比重

2. 经济结构优化升级

两市工业增加值占GDP的比重显著提高，平均从2005年的38.09%提高到2017年的52.88%，2017年比全省平均水平高14.89个百分点（见图4）；2016年两市高新技术产业增加值突破1500亿元，占生产总值的比重从2005年的7.77%提高到22.02%，比全省平均水平高7.28个百分点。

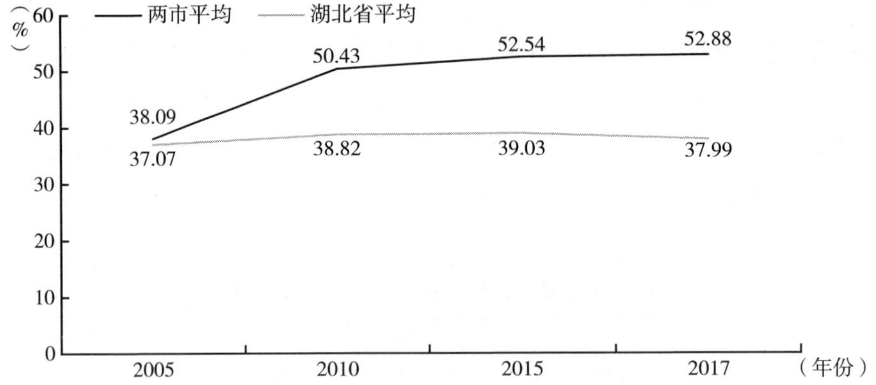

图4　宜昌、襄阳工业增加值占GDP比重与全省的情况

3. 人均收入稳步增长

自2005年以来，宜昌、襄阳经济发展迅速，人均GDP快速增长。2016年，两市人均GDP分别达到89978元、65809元，分别是2010年的2.36倍和2.35

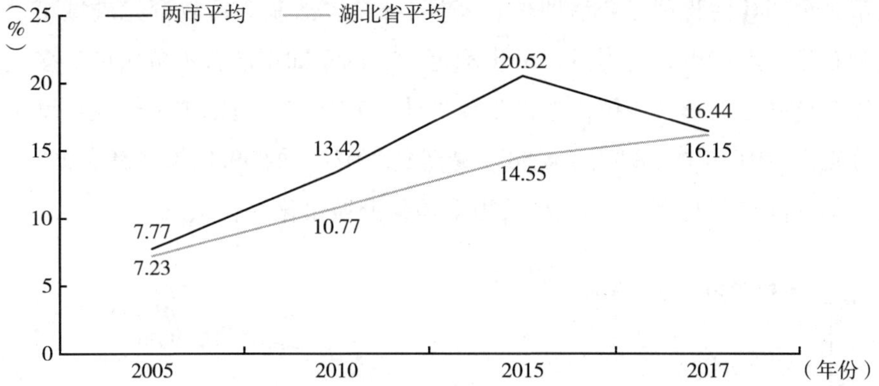

图 5　宜昌、襄阳高新技术产业增加值占 GDP 比重与全省的比较

倍，两市人均 GDP 达 75984 元，是 2005 年两市平均水平的 6.30 倍；城镇居民人均可支配收入分别达到 29735 元、28794 元，分别是 2010 年的 2.08 倍、1.95 倍，农村居民人均可支配收入分别是 2010 年的 2.35 倍、2.32 倍（见图 6）。

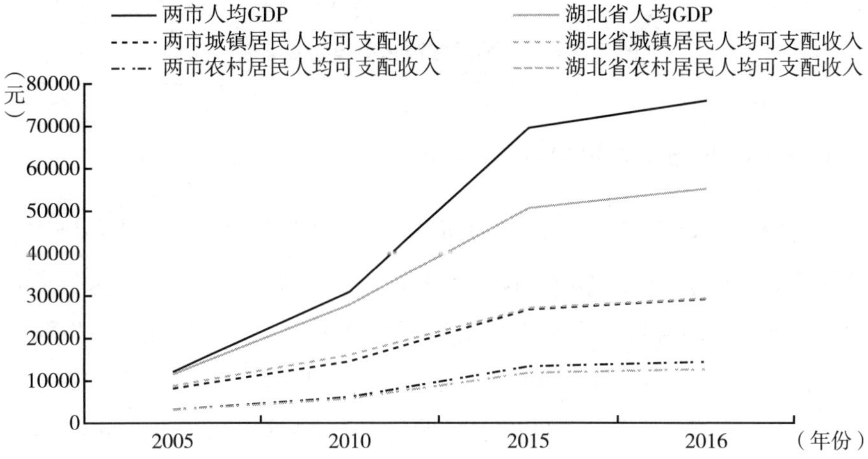

图 6　宜昌、襄阳人均 GDP 及居民可支配收入比较

4. 城市品质明显提高

自 2010 年以来，宜昌、襄阳两市先后获得国家园林城市、国家卫生城市、全国文明城市、国家森林城市、国家环保模范城市、中国十佳食品安全城市、全国社会管理综合治理“长安杯”、全国法制宣传教育先进城市、国家创新型试点城市、全国科技进步示范市、国家知识产权示范城市等多项国家级荣誉称号。新型城镇化建设步伐加快，宜昌市、襄阳市常住人口城镇化率分别由2010年的48%、48.50%提高到2017年的59.86%、59.70%，与全省基本同步（见图7）。宜昌成为全国新型城镇化综合试点。

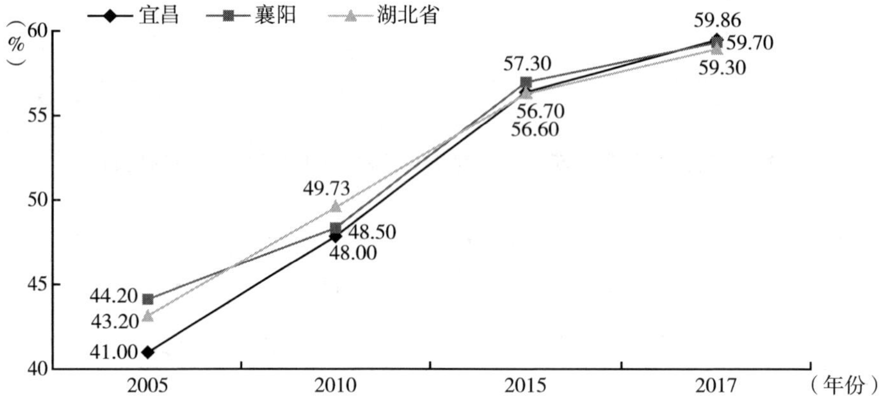

图7 宜昌、襄阳城镇化率与全省比较

（三）其他城市发展状况与分析

发展较快与差距扩大并存。一方面，“十二五”期间，湖北省各城市认真贯彻落实党的十八大精神和中共湖北省委第十次党代会要求，以五大发展理念为指导，结合本地实际，经济发展取得了显著成效。另一方面，多极城市与“一主两副”之间的距离有逐渐拉大的趋势。数据显示，“十二五”以来，湖北13个市州与“一主两副”之间的经济差距呈现扩大趋势。2017年，武汉GDP达到13410.34亿元，襄阳、宜昌GDP分别达到4064.9亿元和3857.17亿元。“一主两副”占全省经济总量的58.4%，其中，襄阳、宜昌合计占全省GDP的比重从2010年的19.01%提高到2016年的24.25%。表7和表8显示，2010~2017年与武汉市相比，荆州等6个城市经济总量占武汉GDP的比重下降了1~2个百分点，其中孝感市下降最多，达1.53个百分点，荆州、荆门下降的幅度在1个百分点以内。和襄阳相比，下降的幅度更加明显：下降7~8个百分点的很普遍，最多的下降幅度达9.19个百分点。这说明，多极在全省区域经济发展格局中地位呈现逐渐下降趋势，多极支撑“名不副实”。

表7　2010年以来湖北省6城市GDP占武汉市GDP比重变化

单位：%

年份	荆州	黄冈	孝感	荆门	十堰	黄石
2010	15.18	15.63	14.52	13.24	13.36	12.51
2013	14.75	14.72	13.69	13.29	11.94	12.64
2016	14.50	14.50	13.24	12.77	12.00	10.96
2017	14.33	14.33	12.99	12.26	12.17	11.03

表8　2010年以来湖北省6城市GDP占襄阳市GDP比重变化

单位：%

年份	荆州	黄冈	孝感	荆门	十堰	黄石
2010	54.42	56.06	52.05	47.46	47.89	44.86
2013	47.44	47.35	44.03	42.74	38.40	40.65
2016	46.74	46.72	42.68	41.17	38.68	33.33
2017	47.29	47.27	42.86	40.94	40.16	36.39

注：宜昌和襄阳的GDP非常接近，这里以襄阳市代表。

三　基于熵值法的13个市州综合实力评价

（一）评价指标体系

区域增长极功能作用的发挥，与城市综合实力密切相关。影响城市综合实力的因素涉及经济、社会、人口、科技、基础设施、生态环境等各个方面，基于指标选取的系统性、全面性、层次性、可比性原则，参考相关评价指标体系，本报告构建经济发展、社会发展、基础设施、科技创新、环境质量五个维度23项指标的评价指标体系（见表9），运用熵值法评估全省13个市州城市发展综合实力。

表 9　2015 年湖北省 13 个市州指标统计值

	经济发展									社会发展				
	GDP（亿元）	规模以上工业总产值（亿元）	固定资产投资总额（亿元）	社会消费品零售总额（亿元）	地方一般公共财政预算收入（亿元）	第二、三产业比重（%）	进出口总额（亿美元）	实际利用外资（亿美元）	人均GDP（元）	城镇化率（%）	人口净流入数（万人）	城镇居民人均可支配收入（元）	农村居民人均可支配收入（元）	人均年末储蓄存款余额（元）
武汉	10906	12863	7725	5102	1246	96.7	280.72	59.91	104132	79.4	231.5	36436	17722	57119
黄石	1228	2006	1380	582	101	91.2	30.33	1.25	50053	60.9	-22.17	27536	12004	29780
十堰	1300	1823	1307	639	93	87.9	6.60	2.38	38490	52.4	-7.64	24057	7779	29855
宜昌	3385	5714	3085	1089	339	89.3	30.86	3.4	82360	56.7	13.32	27275	12990	35820
襄阳	3382	5879	3072	1165	339	88.1	24.12	7.28	60319	52.4	-30.18	26282	13650	30976
鄂州	730	1286	824	262	47	88.4	5.44	2.45	68924	64.3	-4.34	24774	13812	28221
荆门	1388	3090	1457	541	80	85.5	11.75	3.4	47999	54.2	-9.46	26731	14716	33146
孝感	1457	2671	1825	797	123	82.2	11.87	3.45	29924	53.6	-38.68	25753	12655	25379
荆州	1591	2369	1950	946	104	77.8	12.08	1.33	27781	57.1	-72.6	25382	13728	26955
黄冈	1589	1854	2027	881	113	76.1	6.50	1.04	25319	43.3	-115.32	22620	10252	25608
咸宁	1030	1735	1373	401	80	82.7	4.84	0.65	41234	53.4	-49.71	23505	11940	23654
随州	785	1269	960	400	43	83.2	14.06	1.14	35901	47.9	-31.89	22791	13022	30811
恩施州	671	125	726	446	67	78.6	5.25	0.37	17962	40.0	-69.91	22198	7969	25832

续表

	基础设施			科技创新		环境质量			
	建成区面积（市辖区）（平方公里）	货运总量（万吨）	邮政、电信业务收入（亿元）	科技支出（万元）	高等院校数量（个）	高新技术产业占 GDP 比重（%）	城市环境空气质量优良率（%）	污水处理厂集中处理率（%）	建成区绿地覆盖率（市辖区）（%）
武汉	455.01	150496	193.67	681890	82	21.0	52.6	95	42.54
黄石	88.00	7030	23.84	24380	4	12.71	67.1	91.7	32.74
十堰	105.01	5539	27.11	35058	8	12.97	78.6	88.66	33.91
宜昌	165.01	23108	31.41	137161	5	17.50	69.3	91.68	41.41
襄阳	187.98	29183	43.40	201511	5	23.87	56.4	89.56	33.19
鄂州	64.00	2064	10.21	8081	1	15.71	57.3	82.05	32.50
荆门	62.74	7232	22.06	48062	1	12.76	60.5	84.35	36.69
孝感	74.00	3438	26.98	77996	3	11.49	61.9	85	24.38
荆州	82.01	14047	36.83	52915	8	9.73	60.5	88.53	36.40
黄冈	52.20	10569	33.20	68115	4	8.21	65.5	65.29	26.49
咸宁	125.00	8314	15.26	30200	2	8.35	67.7	91	38.82
随州	49.00	6228	12.30	21417	1	10.80	69	90	40.43
恩施州	35.00	4202	24.28	5813	3	1.44	81.4	85	36.80

注：指标参考中国综合实力百强城市评价指标体系等。

（二）综合实力评价

根据《中国城市统计年鉴》（2016）、《湖北省统计年鉴》（2016）以及相关市州2015年统计公报，湖北市州综合实力各指标的统计值如表9所示。

将表9的数据代入熵值法公式，得到各指标的非负化数据和权重（见表10）以及13个市州综合实力综合得分和分项得分（见表11）。

表10　非负化数据和权重

指标	GDP	规模以上工业总产值	固定资产投资总额	社会消费品零售总额	地方一般公共财政预算收入	第二、三产业比重	进出口总额	实际利用外资
权重	0.0495	0.0421	0.0453	0.0461	0.0513	0.0421	0.0532	0.0528
指标	人均GDP	城镇化率	人口净流入数	城镇居民人均可支配收入	农村居民人均可支配收入	人均年末储蓄存款余额	建成区面积（市辖区）	货运总量
权重	0.0463	0.0337	0.0328	0.0412	0.0369	0.0418	0.0456	0.0509
指标	邮政、电信业务收入	科技支出	高等院校数量	高新技术产业占GDP比重	城市环境空气质量优良率	污水处理厂集中处理率	建成区绿地覆盖率（市辖区）	
权重	0.0458	0.0499	0.0526	0.0321	0.0431	0.0251	0.0397	

表11　2015年湖北省13市州综合实力排名

市州	综合	名次	经济发展	名次	社会发展	名次	基础设施	名次	科技创新	名次	环境质量	名次
武汉	1.95281	1	0.85743	1	0.37287	1	0.28464	1	0.26509	1	0.17278	6
黄石	1.23047	4	0.50108	4	0.25194	5	0.15318	7	0.15403	8	0.17024	7
十堰	1.20502	6	0.48410	7	0.22037	11	0.15533	6	0.15779	4	0.18743	4
宜昌	1.35885	2	0.56542	2	0.26214	2	0.16895	3	0.16986	3	0.19248	2
襄阳	1.31593	3	0.55439	3	0.24788	6	0.17652	2	0.18373	2	0.15341	10
鄂州	1.18898	7	0.48814	6	0.25330	4	0.14547	13	0.15517	6	0.14690	11
荆门	1.21651	5	0.49039	5	0.25936	3	0.15006	10	0.15391	9	0.16279	9
孝感	1.16071	11	0.47948	8	0.23589	8	0.15121	9	0.15560	5	0.13851	12
荆州	1.18749	8	0.46858	10	0.24056	7	0.15818	4	0.15447	7	0.16569	8
黄冈	1.09867	13	0.46101	12	0.20214	12	0.15284	8	0.15083	10	0.13184	13
咸宁	1.17863	9	0.46901	9	0.22336	10	0.15549	5	0.14693	12	0.18384	5
随州	1.17711	10	0.46237	11	0.23122	9	0.14591	12	0.14914	11	0.18846	3
恩施	1.10812	12	0.43665	13	0.19415	13	0.14657	11	0.13590	13	0.19484	1

从表11可以看出，除“一主两副”外，综合实力前五名的城市依次为黄石、荆门、十堰、鄂州、荆州；经济发展前五名依次为黄石、荆门、鄂州、十堰、孝感；社会发展前五名为荆门、鄂州、黄石、荆州、孝感；基础设施前五名依次为荆州、咸宁、十堰、黄石、黄冈；科技创新前五名依次为十堰、孝感、鄂州、荆州、黄石；环境质量前五名依次为恩施、随州、十堰、咸宁、黄石。

（三）多极的选取

《湖北省“十三五”规划纲要》指出：“推动3～5个经济基础好、带动能力强的地级市，建设区域性中心城市，成为新兴增长极。”目前，湖北经济总量的近60%由“一主两副”贡献，“多极”的带动功能还未发挥，培育新兴增长极具有现实迫切性。作为新兴增长极，需要综合实力强、经济基础好、带动能力强，此外还需要综合考虑区位因素、发展腹地、发展潜力、创新能力、外部环境等因素。

如果“多极”限定为5个，可以考虑选取黄石、荆门、十堰、荆州、孝感五市。其中，黄石、荆门、十堰、荆州在13个市州综合评价中分别位列第4、第5、第6、第8，除“一主两副”外，综合实力较强，经济社会发展基础好，经济总量均在千亿元以上，基础设施较完善，科技创新能力强，发展潜力大，能有效发挥增长极的辐射带动功能。但是，在广大鄂东地区、“一主两副”中心地带以及省际边界地区缺乏有带动力的经济发展中心，需要打造新兴增长极。因此，黄冈也应纳入区域性经济中心和全省新兴增长极。

四　区域新格局形成过程中的问题及原因分析

（一）湖北区域经济发展存在的主要问题

1. 城市不均衡不充分现象突出，整体结构不合理

一般认为，城市的经济首位度小于2，表明结构正常、集中适当；城市

的经济首位度大于2，则存在结构失衡、过度集中的趋势。2015年，全国27个省份（不含4个直辖市）的省会GDP占比超过30%的省份有10个，湖北以36.91%居第六位，排在前面的全部是经济发展较差的省份。同一年，武汉经济首位度是省内排名第二大城市——宜昌的3.22倍，排名全国第三，仅次于四川的成都市和甘肃的兰州市。湖北省第三层级的城市如荆州市、十堰市、黄石市等GDP也不到第二层级的一半。即在湖北城市四级结构中，在第一、二、三层级之间出现了两个明显的“断层”，区域经济结构的不平衡、不充分问题显而易见。

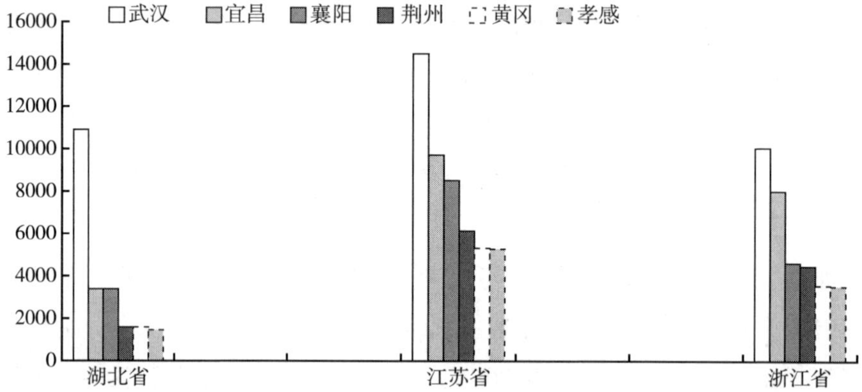

图8　2015年三省前六大城市GDP对比

资料来源：各省2016年统计年鉴。

从图8中可以明显看到，湖北、江苏、浙江三省都有一个城市发展较好，处于领先位置。江苏省和浙江省第二位的城市总量相当于第一位城市的60%以上，排名第六位的城市相当于第一位城市的30%以上。湖北省的宜昌市和襄阳市分别排名第二、第三，经济总量仅相当于武汉市的30%，而排名第六的城市仅相当于武汉市的13.36%。湖北省的城市层级存在明显的“断层”现象，“阶梯”过陡。湖北不仅缺乏大城市的支撑，而且也缺少一批经济实力比较强大的大中城市即“多极”的支撑，这样的结构形式造成了湖北省底层经济不夯实，经济首位度过高，依赖性过强，抵御经济风险的能力不足等问题，不利于湖北经济快速、稳定、全面、协调发展。

2. “一主两副多极”独自发展，城市之间分工合作较少

在现代社会，任何组织的发展，都离不开竞争。没有竞争就没有活力、缺乏动力；但是如果城市竞争过度，也会带来资源浪费、整体利益受损等弊端。就湖北省目前的情况来看，各个城市之间的合作明显不足，竞争多于合作，造成强者（一主两副）更强、弱者（多极）难以壮大。

3. 武汉市“一城独大”现象明显，但主要功能并不完备

长期以来，湖北经济存在“一城独大”的现象，武汉的产业发展能力、科技创新能力、交通枢纽地位、对外开放能力等各方面在省内远超过其他城市，这种状况在“十二五”期间基本上没有改变，部分指标在全省的占比还在提高。

与此同时，作为国家中心城市，武汉市的主要城市功能仍不完备。从产业发展来讲，武汉市第三产业所占比重在国家中心城市中排名靠后，高端服务业发展明显不足。从国家物流中心来讲，相比其他国家中心城市，武汉市作为物流的集散中心功能还没有完全发挥出来，如航空客运与郑州市和长沙市不相上下，武汉长江中游航运中心虽然发展较快，但吸引全省乃至长江中游城市群货物在此中转的能力还没有发挥出来。从区域金融中心来讲，武汉市虽然是湖北省的金融中心，但对周边区域提供的服务却不足，辐射范围只能停留在省内，而且很多金融服务机构虽然有分部在武汉市，但总部还是在北上广深等城市，区域性金融中心的作用并不明显。从企业实力来讲，全国百强企业和中国互联网企业百强在武汉市的并不多，远低于北上广深等城市，这也从另一个侧面说明武汉市为这些企业提供相关服务的能力较弱。武汉市国家经济中心、科技创新中心、国家商贸物流中心、国际交往中心的阶段性任务还没有完成，区域辐射引领带动作用还没有完全发挥出来。

4. “两副”对周边辐射能力弱，缺乏平台支撑

近些年，宜昌、襄阳两个省域副中心逐步成为引领全省经济社会发展的火车头，省内地位作用进一步彰显，在国内的影响力也逐渐提升，但是，作为需要带动周边区域发展的省域“副中心”，两个城市的辐射带动作用并没

有发挥出来。目前，“两副”的发展还是以第二产业为主，第三产业发展明显滞后，这种经济结构必然会进一步吸纳资源，集聚效应大于辐射效应。从表12的情况来看，襄阳市人口净流入所占比重甚至高于湖北省的平均水平，增长极的作用并没有完全发挥出来。

表12　2015年湖北省“一主两副”人口流动情况

单位：万人，%

地区	户籍人口	常住人口	人口净流入数	人口净流入占常住人口的比重
全　省	6138.91	5851.50	-287.41	-4.91
武汉市	829.27	1060.77	231.50	21.82
宜昌市	398.18	411.50	13.32	3.24
襄阳市	591.58	561.40	-30.18	-5.38

资料来源：《湖北省统计年鉴》(2016)。

迄今为止，湖北省虽然已经制定了宜荆荆城市群和襄十随城市群的相关发展规划，但是并没有搭建起相应的平台，“两副”想要更好地发挥辐射作用暂时缺少合适的平台和手段。

5. “多极”发展的基础较弱，相对发展速度缓慢

“多极”虽然从自身上看发展速度不慢，但是相对于“一主两副”的地位却在逐渐下降，在全省区域经济发展格局中地位呈现逐渐下降趋势，多极带动“名不副实”（建议以经济总量占全省比重变化来说明）。“多极”在湖北省发展历史上也是属于相对发展较慢的地区，经济整体基础较弱，没有形成自身独特的优势产业集群，产业带动作用没有发挥出来。

（二）问题形成的原因分析

1. 政策支持力度不平衡，城市差距拉大

湖北省在区域性发展战略制定中有一个从“一主”到“一主两副”再到“一主两副多极”的发展过程。这样的区域发展战略符合区域经济发展的一般规律，从建设核心增长极到次级增长极再到多点支撑共同发展。但是区域发展战

略的早期制定却带来了政策支持上的差异，近几年来，湖北省对于“一主两副”的政策支持远大于对“多极”的支持，无论是项目落地、资金支持还是人才吸引方面都是如此。无论是改革试点，还是自贸区等国家和全省的重大战略，总是优先落户“一主两副”，其他城市改革开放的机遇较少、较晚。这必然导致湖北省“多极”与“一主两副”之间的距离有逐渐拉大的趋势。

2. 城市高端生产要素集聚能力不强，城市发展层次低

除武汉市外，其他各个城市的经济还是以第二产业为主，第三产业的发展明显滞后，特别是高端服务业发展不足，产业对人才的吸附能力不强，导致劳动力和高端人才的流失。很多城市还是以传统产业为主，在经济新常态和推进“供给侧结构性改革”背景下，“一主两副多极”都面临着经济转型升级的任务，整体实力短期内难以提升。

3. 城市创新能力弱，发展后劲不足

目前，武汉市的高校不少，科研力量较雄厚，但是科技成果的转化效率并不高。同时，大部分城市尤其是“多极”地区科技支出占比、高新技术产业占 GDP 比重都比较低，城市创新能力弱；城市之间的科技合作较少，城市竞争新优势短期内难以形成，造成城市发展后劲不足。

五　完善、优化区域新格局的路径

（一）正确处理好“一主两副”与“多极”的关系

1. 进一步提升武汉中心城市的辐射引领功能

积极推进武汉长江中游航运中心建设，提升湖北长江黄金水道功能，建设立体化的国际性综合交通枢纽。增强要素聚集、科技创新和物流、金融、会展等高端服务功能，进一步提升武汉在全国发展大格局中的地位和影响力，充分发挥对全省的龙头带动作用，加快建设国家中心城市进程。

2. 加强宜昌、襄阳省域副中心城市的区域辐射能力

支持宜昌加快三峡生态经济合作区和三峡综合交通运输体系建设，强化

其生态功能和区位、水电优势，建设全省向西部辐射的支点以及世界水电之都。襄阳要以汽车产业为龙头，进一步强化产业聚集辐射功能，建设襄十随汽车产业带；以汉江为依托，建设汉江流域中心城市。进一步提升宜昌、襄阳副中心城市功能，健全以先进制造业、战略性新兴产业、现代服务业为主的产业体系，进一步壮大城市规模，增强城市综合实力。

3. 重点强化“多极”在区域空间发展格局中的节点功能

大力支持黄石、荆门、十堰、荆州、孝感等经济基础好、带动能力强的地级市加快发展，扩大城市规模，提升综合实力，形成新兴增长极。发挥“多极”节点的承上启下功能：一方面，承接“一主两副”的辐射作用；另一方面，承担辐射县市的扩散功能，促进形成多极支撑发展格局。

（二）进一步补齐武汉城市功能“短板”

1. 建设高水平科技创新中心

充分发挥武汉科教资源优势，切实改变武汉科技创新成果转化能力较弱的不利局面，积极推进创新能力建设与产业发展有效结合，将科技创新能力转化为现实生产力。深入开展“大众创业、万众创新”，打造环大学创新生态圈。加快引进世界知名研发机构，建设信息服务和数据处理中心、网络安全人才与创新基地。加快建设产业创新中心。聚焦信息技术、生命健康、智能制造重点产业，构建全新的产业创新体系；积极推进区域协同创新，打造汽车、电子信息、高端装备等世界级制造业集群；加快国家存储器、国家航天产业基地等建设，构建未来产业、战略性新兴产业和支柱产业相融合的迭代产业体系。

2. 增强现代化高端服务功能

创新发展科技金融、绿色金融，加快推进现代物流创新发展城市试点，并引进、培育国内外高端知名会展品牌，加快发展文化创意和设计服务业，增强辐射中部的现代服务功能。

3. 打造国际性综合交通枢纽

全面落实国务院印发的《“十三五”现代综合交通运输体系发展规划》，

积极推进武汉国际性综合交通枢纽建设。进一步发挥高铁区位优势，加快形成沿江高铁及武汉至周边重要城市的高铁大通道，建设完善武汉枢纽货运系统，并统筹建设“中欧班列（武汉）”，建设境外分拨集散中心，扩大武汉战略保障基地铁路快速直达范围，增强运输功能。大力加强航空运输能力建设，争取开设更多国际航线，吸引更多人流和物流；规划建设第二机场，打造武汉区域专业航空货运枢纽；积极推进低空开放，推进武汉区域通用航空取得突破。

4. 构筑面向全球的内陆开放高地

与其他国家中心城市比较，武汉实际利用外资水平不高，对外开放力度有待加大。积极推进武汉探索内陆城市开放新模式，全力营造国际化、市场化、法治化营商环境。全面融入“一带一路”倡议，加快中国（湖北）自由贸易试验区武汉片区建设，不断提高投资自由化、贸易便利化水平。积极吸引更多的国际性组织、国际商会（协会）和国际经贸促进机构落户武汉。放宽外资准入，鼓励外资设立各类功能性、区域性总部和分支机构，并有序扩大服务业对外开放，加快汽车及零部件出口、科技兴贸、船舶出口等外贸出口基地和品牌建设。

（三）加强两个省域副中心辐射平台建设

1. 发挥宜昌市在三峡生态经济合作区的引领作用

充分发挥宜昌区位优势明显、交通物流发达、产业基础较好、城市建设较完善的优势，加快产业聚集和人口集中，积极推进三峡生态经济合作区建设，努力构建全省辐射全国西南地区的支点。着力推进三峡地区的香溪长江公路大桥等交通基础设施建设，加快以旅游和生态为先导的区域合作，打破人力资源流动壁垒，加快政策对接，确保人力资源自由流动。积极争取国家出台编制《三峡生态经济合作区发展规划》，力争尽早实现三峡地区基础设施建设互联互通，生态保护联防联治，社会民生事务共建共享。

2. 依托宜荆荆城市群打造承接产业转移示范基地

在当前长江经济带绿色发展与供给侧结构性改革深入推进的大背景下，

充分发挥荆州国家级承接产业转移示范区以及宜昌国家级加工贸易示范区的优势，加快产业转型升级，积极承接沿海产业向中部转移，共建以转型升级为主题的宜荆荆承接产业转移示范基地。

3. 依托襄十随城市群打造产业联动发展带

襄阳是军工企业和央企集聚地，已经形成了“一个龙头、六大支柱”产业格局。十堰是以汽车制造产业为主，以装备制造、农产品深加工为重点的产业格局。随州是以专用汽车及零部件为主，以电子信息、化工、农产品深加工为重点的产业格局。从产业格局来看，三地有较强的协同发展的产业基础。通过襄十随产业联动发展，挖掘自然资源和产业基础优势，逐步形成汽车及零部件、装备制造、精细化工、轻工、食品等产业链和产业集群，不仅有利于襄阳产业与人口的聚集，还能有效发挥襄阳中心城市的辐射带动作用。

4. 打造鄂豫陕渝毗邻地区物流中心

整合襄阳铁路、公路、水运、航空等综合交通网络资源优势，畅通对外辐射渠道，发挥区域中心城市的货运统筹作用，支撑襄阳产业发展，提升产业聚集与辐射功能。充分发挥襄阳传统铁路枢纽优势，加快建设北煤南运铁路通道，并与公路场站、港口结合，积极发展多式联运，构建高效的现代化物流体系，增强其现代物流服务功能，使其成为辐射鄂豫陕渝毗邻地区的物流中心。

（四）增强“多极”区域综合实力

1. 支持黄石、荆门、十堰、荆州、孝感、黄冈建设区域性中心城市

加快“多极”崛起，补充湖北省中等城市数量，从而进一步优化完善全省城镇体系结构。鼓励其他市州因地制宜特色发展。如随州进一步加快发展专用车，建设特色产业增长极；恩施以旅游业发展为突破口，打造绿色发展增长极；黄冈积极推进大别山革命老区振兴崛起；咸宁打造中国中部“绿心”和国际生态城市；等等。

2. 适当调整“多极”城市行政区划

整体实力不强是“多极”城市的共性，其中心城区规模不大、城市功能不全尤为突出，如黄州区是“小马拉大车”，荆州市是古城、新城布局不合理，江南片区刚刚启动，黄石市城区面积狭小。因此，建议湖北省委省政府充分考虑到行政管理扁平化、财政直管等趋势，参照郧县撤县改区，适时、适当调整，扩大“多极”城市行政区划，为中心城区面积小的“多极”城市未来发展提供足够的空间。

3. 科学规划城市功能分区与布局

统筹提升规划布局、产业业态、市政设施、城市管理、服务功能，增强中心城区承载力、辐射力、带动力。以新区开发、产业园区建设为抓手，构建科学、合理、集约的城市新格局，加快人口向“多极”城市集聚。

4. 通过省市联动搭建促进“多极发展”的各类平台

“多极”建设事关全省经济发展大局，需要省市联动方能成功。一是设立资金平台，即建立省市共同出资的专项基金，支持、协调推动经济基础好、带动能力强的城市，实现错位发展、特色发展，成为新兴增长极。二是建立产业规划平台，把先进制造业的重点布局在“多极”城市，加大支持这些城市的产业园区建设和传统产业转型升级力度。三是加强交通枢纽及重大基础设施项目建设。目前，这些城市交通状况虽大有改观，但仍然存在诸多不足，还需要加大投资力度，继续补齐高速公路、高铁及城市快速干道等方面的“短板”，力争在“十三五”期间建设成为多式联运节点城市和地区性交通运输中心。四是搭建产业协同创新平台。在县市建设专门的产业承接基地和产业协作“飞地”，鼓励高校科研机构在“飞地”设立科研平台，推进产学研协同发展。

参考文献

秦尊文：《湖北“一主两副”战略》，湖北人民出版社，2012。

B.9
优化开发长江主轴　引领长江经济带高质量发展

吴永保　顾晓焱*

摘　要： 武汉是长江经济带的重要国家中心城市，承担加快引领带动长江经济带高质量发展的重大战略任务。目前的长江主轴已经是承载武汉城市功能和发展能级的重要空间载体之一，但还存在沿长江左右两岸发展不够平衡、沿江商务功能区产业特色不够鲜明、交通等方面的公共空间衔接不充分等有待解决的问题。结合实际，建议通过产业策划突出特色、加强基础设施互联互通、制定负面清单、加大开放创新、提升政府服务、增强国际国内交流、提升信息化水平等，促进现代服务功能在长江主轴高度聚集，引领长江经济带和中部崛起。

关键词： 长江经济带　长江主轴　武汉　高质量发展

习近平总书记视察湖北武汉期间强调，“我国经济已由高速增长阶段转向高质量发展阶段。新形势下，推动长江经济带发展，关键是要正确把握整体推进和重点突破、生态环境保护和经济发展、总体谋划和久久为功、破除旧动能和培育新动能、自身发展和协同发展等关系，坚持新发展理念，坚持稳中求进工作总基调，加强改革创新、战略统筹、规划引导，使长江经济带

* 吴永保，武汉市社会科学院副院长，研究员；顾晓焱，武汉市社会科学院城市经济研究所副研究员。

成为引领我国经济高质量发展的生力军”。

武汉是重要国家中心城市，承担加快引领带动长江经济带高质量发展的重大战略任务。长江主轴作为城市的战略功能集聚区，需要在建设全国重要的经济中心、科技创新中心、商贸物流中心、文化创意中心中发挥生态、经济、创新乃至文化等重要功能，达到发挥区域辐射、参与国家竞争的能级要求。一是在总部经济、金融等现代服务业方面，形成高度集聚，服务武汉城市圈、长江中游城市群、长江经济带，在中部崛起中起核心带动作用；二是连贯长江经济带，连接“一带一路”，联通世界，吸引跨国公司、国际性组织和国际性活动在武汉落户，提升武汉的国际竞争力和国际影响力；三是建设集中展示长江文化、生态特色、发展成就和城市文明的生态走廊，成为世界级城市中轴文明景观带。

一　武汉中心城区长江沿岸优化开发基础

目前，武汉市委市政府提出优化开发的长江主轴段，是武汉主城区最大的滨水空间。长江流经武汉主城 25.5 公里，江面宽 1 ~ 2 公里。汉口江滩已经成为独具特色的、展示武汉历史风貌与现代形象的靓丽名片。长江主城段江滩已经过开发，武昌、汉阳及青山江滩为市民提供了各具滨江特色的公共休闲活动空间，同时发挥了城市景观环境绿化生态、群众健身娱乐和亲水休闲活动功能。

武汉因水而兴，沿江两岸集中承载着武汉的城市记忆。沿江解放路、司门口及江汉关一带，一直都是城市的繁华地带。汉口沿江历史风貌区有百余年的历史，一栋栋历史建筑记录着武汉近代工商业文明的发展，见证着城市的开放与包容。武昌古城历史悠久，楚文化、黄鹤文化、宗教文化、学府文化、山水文化、首义文化和红色革命历史文化等交相辉映。近年来，武汉市对沿江历史街区、历史建筑进行了保护性更新改造，特别是百年老街中山大道改造升级后，重现历史风貌，重塑功能，传承了武汉的城市历史文脉，进一步提升了滨江地区的文化魅力。

此外，长江主轴交通基础设施建设成效显著。主城段跨江包括二期长江大桥、长江二桥、长江大桥、鹦鹉洲大桥、白沙洲大桥及长江隧道，轨道交通 2 号线、4 号线及在建的 7 号线、8 号线，进一步提升了长江主轴的各项功能。

长江主轴因其独特的生态景观、历史文化功能和支撑武汉经济社会发展的轴线格局，成为受国际国内关注的武汉地标性区域，也是国内外资本竞相入驻的热土，更是引领长江经济带高质量、高品位发展的标杆区块。

武汉市政府一直都非常重视沿江片的发展，先后推进了汉口沿江商务区、汉正街中央服务区、武昌滨江商务区、青山滨江商务区、四新会展商务区等重点功能区建设，现代服务业已经形成集聚发展态势。目前，总部、金融、商务、商贸、文化创意、时尚消费等高端服务业等加快向沿江集聚，初现规模。武汉天地引领武汉最时尚消费生活方式，江汉路、徐东、钟家村商圈业态功能齐全，汉阳造、昙华林文化创意产业已成品牌，武汉国际博览中心成功举办多场国际性会展。据测算，长江主轴主城段的服务业产值 2000 亿元，全市超过 1/4 的服务业集聚在此。

沿江江汉关、绿地金融大楼等地标性建筑亮点纷呈，景观生态轴加快建设，高端服务和旅游休闲功能进一步集聚，历史建筑保护、生态环境建设与经济社会发展协调融合，初步形成了支撑武汉经济发展的轴线格局。武汉长江主轴已成为承载武汉城市功能和发展能级的重要空间载体之一，串联滨江重点区域的发展轴线，对全市创新驱动发展、产业转型升级起到了一定的带动引领作用。

长江主轴蕴藏巨大的发展潜力，加上武汉招商引资一号工程的大力实施，国际国内资本看好武汉发展、长江主轴发展，竞相投资入驻长江主轴。截至 2017 年，汉正街中央服务区成功引进复星集团、上海绿地、香港恒隆和香港厂商会等重大投资项目，武汉中央服务区建设迈出实质性步伐。汉口滨江商务区在高端住宅方面，汇聚了华发、新世界、万科、瑞安、绿城等大型房地产开发商；在商务写字楼方面，香港周大福、国华人寿、中信泰富、泰康人寿等强势入驻，规划建设648米的周大福金融中心、高端城市综合体及总部。在武昌滨江商务区及武昌古城，武汉绿地中心已突破500米，成为目前江城第一高楼。联发瑞盛项目已经开工建设。武昌古城蛇山南坡显山透绿工程建设完工，昙华林、斗级营整体规划方案编制完成，昙华林核心区建设改造全面启动。长江主轴的六大片区已引来34家国内外知名企业，其中，世界500强企业7家，国家性企业4家，全国性企业23家，且这些企业都会在武汉设立区域总部。

目前的长江主轴已经是承载武汉城市功能和发展能级的重要空间载体之一，串联滨江重点区域的发展轴线，对全市创新驱动发展、产业转型升级起到了一定的带动引领作用。

二　武汉长江主轴优化开发中可能存在的问题

根据调查，目前长江主轴主城段还存在有待解决的几个问题：一是长江左右两岸发展不够平衡；二是目前沿江商务功能区产业特色不够鲜明；三是由于在交通等方面的公共空间衔接不充分，南岸咀等空白段亟待开发等。

1. 长江左右两岸发展不平衡

长江左岸从江汉路至三阳路比较繁华，人流量大。一是这一片本身就是武汉传统的商业街区，传统的江汉路步行街、新建的武汉天地，都是引领武汉消费潮流的商业区。二是自2000年以来，政府对汉口江滩先后进行了三期防洪及环境综合整治改造，提升了江滩的景观、生态及服务功能，带动了人气。目前的汉口江滩与沿江大道景观相邻，与黄鹤楼景区相望，与长江百舸争流相映，构成武汉市中心区独具魅力的景观中心。汉口沿江商务区建设推进了江汉路至三阳路文化、创意、休闲、消费、旅游产业的发展，长江左岸汉口片是长江主轴目前发展最好的片区。三是旧城改造已经接近尾声。江汉沿江、硚口沿江经过几年的老城区综合改造，拆迁接近尾声，为招商引资重大项目提供了空间承载，招商建设如火如荼。目前汉正街中央服务区招商引资总投资接近 800 亿元[①]，蓄势待发。

长江右岸从中山路至长江二桥，人气稍显不足。一是武昌沿江片是传统的工业区和仓储区，“退二进三”后武昌重点发展的是中北路金融区、楚河汉街中央文化区，沿江现代服务业还未发展起来。比较典型的是徐东滨江片新开发区域尚在建设中，除了万达积玉桥片有比较完善的配套商业服务设施，其他地段与对岸的汉口滨江商务区相比，比较冷清。特别是新生路以北，尚在建设中的绿地金融城、刚投入建设的联发瑞盛项目等尚未形成服务功能集聚人气。二是武昌江滩坡陡，难以进行亲水活动。三是旧城改造尚在进行中，特别是中山路以南是武昌老城区，人气较旺，但是存在产业低端、交通拥堵、建筑破旧、形象比较差、功能不强、拆迁困难较大等问题。

长江两岸由于发展建设基础不同、生态环境的差异，在城市开发、公共服务功能上形成落差，一定程度上影响了长江主轴整体形象。

2. 沿江商务功能区产业定位特色不鲜明

长江主轴上的重点功能区分别为汉口滨江国际商务区、汉正街中央服务区、汉阳归元片、武昌滨江商务核心区、青山滨江商务区，发展定位及重点发展业态如表 1 所示。

表 1　长江主轴重点建设片区重点发展业态

功能区	特色资源	功能定位	重点发展业态
汉正街中央服务区	武汉近现代商根和文脉、两江交汇的独特景观	延续商根和文脉，展现现代都市风貌，引领滨水地区复兴的中央服务区	现代金融、总部办公、高端商贸、文化旅游（世界级滨水中央服务区、面向全球的现代服务业核心功能区）
汉口滨江国际商务区	租界历史文化风貌、汉口江滩最具活力的滨水空间	承载长江经济带现代服务业核心职能的国际总部商务区	金融证券、跨国企业总部、商务办公、高端商业服务、文化旅游及特色创意产业
武昌滨江商务核心区	武昌科教优势，目前武汉第一高楼——绿地国际金融城	代表武汉总部经济聚集最高水平，具有国际影响力的区域性总部商务首善区	以总部经济为引领、以金融商务为载体的科技服务产业

① 《投资 800 亿　汉正街中央服务区建世界级城市中轴》，《长江日报》2017 年 2 月 9 日。

续表

功能区	特色资源	功能定位	重点发展业态
汉阳归元片	“汉阳造”近代工业文化、知音文化、辞章文化、宗教文化	集佛教文化、知音文化、古城文化于一体，承载集商业、办公、文化、居住于一体的中央文化区	艺术演出产业、文化娱乐产业、广告设计创意产业、养生产业、媒体网络产业、旅游产业
青山滨江商务区	重工业转型、循环经济、生态经济	国家循环经济创新服务中心及当代工业文化展示平台，引领青山区由武汉市工业重镇向生态宜居宜业城区转型	总部经济、生产性服务业、文化创意产业

注：根据长江主轴战略规划及硚口区、江岸区、武昌区、汉阳区等行政区“十三五”规划整理。

从功能定位上看，汉口滨江商务区突出了国际总部，汉正街中央服务区突出了商根文脉，汉阳归元片突出了佛教文化、知音文化，青山滨江商务区推出了循环经济及产业转型，突出了本片区的文化特色和工商业传统，但是从业态上看，除汉阳归元片定位为文化区外，其他各功能区都将总部经济、金融、商业服务、文化创意等现代服务业作为重点发展产业，特色不够鲜明。此外，沿江商务功能区除了正在建设中的武昌滨江商务区和汉正街中央服务区外，即使是发展得比较好的汉口滨江商务区，商业贸易、文化旅游、休闲娱乐功能相对发达，但金融证券、总部机构集聚有限，目前的经济控制与商务服务功能尚待发展。

由于功能定位缺乏特色与层次性，各发展片区在发展的过程中，缺乏明确的产业导向和特定的政策倾向，使得各发展片区所在行政区纷纷出台吸引企业总部、高端服务业以及高端人才等财政、金融政策，为争夺商业商务资源展开无序竞争。

3. 由于在交通等方面的公共空间衔接不充分，南岸咀等空白段亟待开发

南岸咀一直以来作为战略性空间留白，还没有进入开发建设阶段。南岸嘴位于城市中心，拥有“两江四岸”景观的绿洲，这在全国是绝无仅有的。南岸咀与古琴台、铁门关、龙王庙、禹功矶、汉正街等人文、街市景观一起，构成武汉市最具地域特征、历史记忆性、文化、艺术性的景观地带。不过，与对岸集家嘴和龙王庙不同的是，南岸咀 18 年未曾开发。南岸咀虽然

有着优越的地理位置，在历轮总体规划中都被确定为具有独特地域特征的城市标志性区域，但其历史上是武汉的“忧患点”，大水期间屡次遭淹，一直没有得到开发，也未成为人们城市意象中的一部分。此外南岸咀片区三面临水，主要通道龟北路—晴川桥一线承载能力非常有限，交通不便也成为南岸咀开发的一个制约因素。

对一些地标性建筑资源开发不够充分。以龟山为例，作为以前武汉“天际线”标志的龟山电视塔的业态功能挖掘不够。龟山位于武汉城市中心，拥有“一山扼两江，登顶瞰三镇”360度无死角观景视界，但由于没有得到较好的开发，无论是商业、旅游还是餐饮，均人气较低，鲜有游人前往。目前，龟山电视塔已不对外营业，仅剩的亮点瞭望台和旋转餐厅也已不再存在。

长江主轴的交通轴、经济轴、文化轴、生态轴和景观轴之间发展不协调。交通轴的发展不充分，导致各发展片区经济功能衔接互动不足，造成重复建设与产业特色不鲜明。此外，交通等公共空间衔接不充分，导致沿江文化、生态和景观资源挖掘不够，开发不充分，甚至存在一些空白段，这也制约了经济开发。

三　推进武汉长江主轴优化开发的对策建议

长江主轴应通过产业策划突出特色、加强基础设施互联互通、制定负面清单、加大开放创新力度、提升政府服务水平、增强国际国内交流、提升信息化水平等，促进具有联动效应的同类或相关功能实现高度聚集，在功能链条、地域空间上形成有机联系，主题上相互呼应、功能上相互衔接、空间上相互联系，从而发挥长江主轴的整体性、协同性，成为带动引领长江经济带和中部崛起的“中部脊梁”。

1. 建议加强长江主轴各片区业态策划，突出主要功能

突出长江主轴商务功能区的产业特色，促进形成主题上相互呼应、功能上相互衔接、空间上相互联系的长江主轴功能体系。

在业态策划上，一是突出商务区的层次性。核心商务区突出最重要的指挥、管理、控制和协调的商业、商务和管理功能；其他商务区是核心商务区的延伸及辅助功能区，承担着次级商务、公共服务、居住、文化、旅游等功能，是对核心商务区的补充、辅助和支撑。二是突出现代服务业功能的差异性，跨国总部、金融总部、商贸等属于控制能力较强的产业；而咨询服务、文化产业、商业及会展博览等属于服务功能强的产业。三是行业细分方面。总部经济包括跨国公司地区总部、国内大企业总部、区域性总部以及营运总部、高成长性总部、国际组织（机构）地区总部等。同样是发展总部经济，不同功能区可以根据基础条件和优势，选择总部经济的细分领域，避免功能区间过度竞争。政府也可以根据不同功能区的发展重点，制定差异化的扶持政策。

建议汉正街中央服务区重点发展具有全球或区域控制与管理功能的跨国总部、区域总部等，建设集现代金融、总部办公、高端商贸及文化旅游于一体的核心中央服务区。汉口滨江商务区重点发展国际组织（机构）总部、金融总部、高端商贸商业等，打造集中体现租界历史文化风貌、现代都市景观、生态宜居城市形象的国际总部商务区。武昌滨江商务区重点发展科技服务（研发设计、知识产权、科技金融、创业孵化、检验检测认证）、战略新兴产业总部，建成凸显文化产业特色的集文化、商务、旅游和居住于一体的区域性商务首善区。青山滨江商务区重点发展先进制造业总部、绿色产权交易等生态经济，打造国家循环经济创新服务中心及当代工业文化展示平台。

2. 建议加强交通等基础设施互联互通，促进各功能区协同发展

通过加强交通等基础设施的互联互通，促进不同片区关联互动，串联起沿江历史、文化、生态亮点，提升功能，集聚人气。

建议高标准规划“立体化”的交通系统和智能化的管理系统，完善多层次的客运体系，综合利用高架、地面、地下多种交通方式，方便各种交通工具之间的换乘衔接，提高长江主轴各功能区之间的通行效率，促进协同发展。

一是推进滨江公共空间的贯通。加快沿江绿地及公共开放空间建设，通过水上平台、栈道、桥梁等方式，实现沿江主要功能区公共空间贯通，形成

较为完整的滨江公共空间体系，提升滨江公共空间的效率。建议依托两岸公共空间，构建安全、连续、便捷、舒适的慢行交通网络，串联长江主轴沿岸，提升滨水空间的人气和活力。而在地理位置比较特殊的南岸咀片区，由于三面临水，主要通道龟北路—晴川桥一线承载能力非常有限，建议在并入慢行交通网络的同时，通过兼顾观光功能的地面或水面轻轨的开发，增强南岸咀与对岸硚口、江汉区域间的联系，一边连接汉口汉正街片，一边连接汉阳南岸咀和龟北片。此外，通过隧道、航运等方式，将武昌大堤口至汉口龙王庙、汉阳南岸咀三点连接起来，促进三镇跨江的联系。

二是消除近江交通的“断点”和“盲点”，进一步提升沿江地区交通出行的通达性、便捷性。加快推进规划滨江区域支路系统建设，提高沿江区域路网密度。完善集家嘴、王家巷、中华路等沿江轮渡码头系统布局和功能改造，提高沿江区域水陆联运的基础设施配套。进一步完善沿江区域水、陆公交枢纽建设和线网布设，大力推进沿江中运量公交体系规划建设。

三是注重地下空间综合利用。开展地下空间竖向分层规划，形成功能适宜、协调一体、互联互通的地下空间系统。

3. 制定负面清单，加大金融服务业开放创新

建议探索以一区多园的方式，将科技金融改革的政策应用到沿长江主轴的现代服务业园区内。通过制定负面清单，进一步扩大金融行业的开放，吸引国内外金融机构集聚集中。让武汉长江主轴成为新兴科技金融业态的策源地、孵化器、蓄水池。

一是在金融行业准入方面，鼓励民间资本设立中小型银行、资产管理公司、金融租赁公司、消费金融公司、汽车金融公司、企业财务公司、支付机构、保险公司和保险专业中介机构。支持外资和民间资本发起设立证券公司。支持发起设立网络证券、网络保险和网络基金销售等创新型互联网金融机构。支持外资股权投资基金落户，支持外资股权投资企业管理创新。鼓励金融机构在武汉设立全国性或区域性金融后台运行与服务机构。建设武汉保险示范区，鼓励设立再保险公司，推进保险资金受托属地监管试点，探索建立综合性保险中介服务集团。

二是在金融产品创新方面，鼓励金融改革创新先行先试，支持开展跨国公司外汇资金集中运营管理试点。继续深化投贷联动，探索银保联动贷款和科技型企业直投业务。鼓励保险机构进行科技保险产品创新，发起或参与设立科技创业投资基金，参与重大科技项目投资，开发专利保险产品。

三是在加强要素市场建设方面，进一步放宽准入门槛和参与主体资格、交易产品、交易方式要求，加快武汉股权托管中心、金融资产交易所、武汉票据交易中心、碳排放权交易中心创新发展，建立知识产权交易流转市场，促进产权、股权、技术产权和资源要素集聚和资本入驻①。

4. 加强政府公共服务，优化营商环境

公共性的服务功能是代表着武汉未来参与国际竞争的核心城市职能。公共服务设施、市政基础设施等能起到旗舰引导和以点带面开发的作用。

一是向长江两岸集聚区域性的现代服务业和公共服务设施、文化设施、商业设施。沿长江主轴布局多样性的商业设施、文化设施，尤其是公益性的文化场馆，如音乐厅、美术馆、展览馆等，加紧建设长江文明馆、汉口滨江音乐厅、琴台美术中心、琴台文化公园等。

二是弱化行政功能，加强滨水空间与城市活动的衔接，提升空间活力。国外凡拥有江河穿城而过的城市规划相关案例，规划中都非常注意滨水空间与城市建筑区域的空间衔接与城市活动衔接。而汉口临江大道从车站路的武汉市人才交流中心一直向北到六合路的江岸区政府，大部分的临江区域被行政部门占据，一方面，阻断了黎黄陂路与武汉天地之间的商业景观功能区的连续性，另一方面，市民、游客难以亲近，空间活力不足。建议借武汉市打造长江主轴以及长江新城的时机，将武汉市政府及相关部门整体迁往长江新城，将原来市政府部门占据的租界建筑打造成展现历史文化风貌、休闲观光建筑群，与黎黄陂路的古建筑街区以及武汉天地形成联动效应，完善临江大

① 科技部、财政部、知识产权局、中国银监会、中国证监会、中国保监会、外汇局等：《武汉城市圈科技金融改革创新专项方案》（银发〔2015〕225 号）。

道景观轴。迁往长江新城的市政府也可以带动新区的商业与土地开发，促进长江主轴各个部分的均衡发展。

三是制定“一区一策”的个性化土地和招商政策。结合业态策划与土地出让和经营情况，制定针对性强的招商目录，对于符合招商目录企业在土地供应方式、收益返还政策以及税收、资金、融资等方面实行“一区一策”，强化招商激励。为吸引重点企业入驻，鼓励各区根据国际惯常做法制定相关的优惠政策，如提供办公和其他设施便利、财政支出等。

四是探索在长江主轴选择一到两个重点发展区进行管理创新，探索“业界共治”的管理模式，提升入驻企业参与功能区建设的积极性，发挥重大企业在行业管理中的作用，提升专业服务水平。

5. 加强国际国内交流，提升国际影响力

加强国际国内交流，把长江主轴打造成国际国内交往的平台。

加强国际交流。一是积极举办各种国际性会议和论坛。筹办好 2019 年世界军人运动会、飞行者大会，推动“大河对话”成为国际知名文明论坛，申办更多国际性会节活动。加强政府高层人士和海外国际组织的联系，结合武汉的经济优势，继续积极争取与重要国际组织合作，举办国际会议和国际专业论坛，尽可能多地形成以武汉冠名的宣言、倡议甚至条约等成果，提高武汉在国际组织中的知名度。二是吸引国际性组织落户。建设好领事馆区，对接国际规则和惯例，争取更多领事机构、国际性组织、国际医疗教育等机构落户，加强武汉与世界的相互往来。

加强国内交流。一方面，要加强与武汉城市圈、长江中游城市群的金融合作；按照国家关于长三角区域经济协调发展的战略部署，深化长江主轴与长三角其他城市的金融合作，拓展合作领域，完善沟通交流机制；争取率先打破金融机构业务的地域限制，为企业提供跨区域金融服务，促进长江中游金融一体化发展，更好地发挥武汉的集聚和辐射作用。另一方面，长江主轴的建设需要深入对接“一带一路”倡议和长江经济带等国家战略，依托区域交通、生态、城镇与文化网络，融入区域协同发展的空间体系，积极融入长三角经济发展。

6. 提升信息化、智能化水平，打造中央智力区

中央商务区本身应是一个运转高效的电子商务中心，信息中心功能的强弱是衡量中央商务区能级的重要指标。建议从基础设施提升与开放管制两方面提升长江主轴的信息功能。

一是加强信息基础设施的建设。结合武汉“互联网+”产业创新工程，把长江主轴打造成信息基础设施一流的功能片区。促进高度发达的科学技术与现代金融结合，推动未来的金融商务中心走向无形化、无中心化和知识化。充分利用现有教育、科技和文化资源，大力推动发展信息和网络技术，推动服务创新，完善信息流通机制，建立符合国际规范的长江主轴商务金融服务体系。

二是开放部分信息管制。《欧盟企业在中国建议书2015/2016》中指出：“互联网限制对在华经营的企业产生了严重的不利影响。这些限制事实上构成了内外资企业都不得不支付的‘互联网税’。”① 建议对Google、Facebook、Twitter这些外籍人士日常工作生活必备的互联网媒体，可以在长江主轴重点商务区开放“英文版本”，为国际投资者提供必要的工作和生活便利。

7. 加强南岸咀、龟山电视塔等重要节点的开发建设

具有标志形象的景观与建筑，具有引领性。一个好的标杆性项目往往能带动一片区域的发展。建议注重南岸咀等重要节点的建设，通过策划设计，引进标杆项目，带动龟北、琴台片的发展。

建议将长江文明馆迁至南岸咀。长江文明馆是在中华民族伟大复兴的背景下，体现国家担当与文化使命感的国家级文明博览馆，也是一个以人为本、立足长江、面向世界、面向未来的世界文化经济交流平台。长江文明馆，将成为展示长江的新窗口、旅游观光的新景点、城市形象的新标志、文化展示的新高地、生态文明研究及产业发展的新平台。

在龟山电视塔的开发上，一方面，要弱化电视塔的发射传输作用，逐渐

① 刘胜军：《自贸区创新的六大突破口》，《企业观察家》2016年第10期。

挖掘旅游观光的功能，在塔内布局展览和演出空间，打造360度全景瞭望台甚至极限运动平台。开设旋转餐厅、咖啡馆和纪念品平台等；另一方面，提高龟山电视塔的文化软实力，可以在城市形象片中凸显电视塔的意象，将电视塔内的场景作为电视剧和电影的取景地。在电视塔外延架设城市屏幕以及铺设灯光和射线，与长江两岸的灯光景观融为一体。

参考文献

刘石：《长江新城谋划与建言》，武汉出版社，2017。

林永俊：《武汉长江主轴远景概念规划出炉，沿江交通走廊拟建四层》，《楚天都市报》2017年12月12日。

郭文杰、林永俊：《长江主轴左右岸大道示范段开工》，《楚天都市报》2017年12月21日。

B.10
武汉军民融合发展研究

顾晓焱*

摘　要： 武汉具备军民融合深度发展的良好基础，军民融合的基本格局初步形成，但也存在民参军渠道不畅、军转民动力不足、军民资源共享程度不高、机制不活等问题。借鉴上海、西安、成都等城市军民融合发展的经验，提出促进武汉军民融合向纵深推进的政策建议：建立专门的地方性军民融合领导机构，加强对军民融合的规划引导，加快光谷国防科技工业园及国家商业航空基地建设，建设军民协同创新平台，引导优势民营企业进入军品科研生产领域，加强对军民融合的金融、财政支持等。

关键词： 武汉　军民融合　光谷国防科技工业园

党的十八大以来，以习近平同志为核心的党中央着眼于实现中国梦强军梦，把军民融合发展上升为国家战略，作出了一系列重大决策部署，推动了经济建设和国防建设协调发展、平衡发展、兼容发展。自从党的十八届三中全会明确提出推动军民融合深度发展的战略后，我国在军民融合顶层统筹统管体制建设上取得重大突破，重点领域融合发展的格局初步形成，军民科技协同创新的成效逐步显现，我国军民融合进入由初步融合向深度融合推进的新阶段。

目前我国的军民融合度在30%左右[①]，十九大之后，军民融合进入新时

---

* 顾晓焱，武汉市社会科学院城市经济研究所副研究员。

① 毕京京：《中国军民融合发展报告》，国防大学出版社，2014。

代。十九大报告在“坚持走中国特色强军之路，全面推进国防和军队现代化”中指出：“更加注重军民融合，实现党在新时代的强军目标”，对军民融合的目标和内容提出了新的要求，“坚持富国和强军相统一……深化国防科技工业改革，形成军民融合深度发展格局，构建一体化的国家战略体系和能力”。

一　武汉军民融合现状及存在的问题

武汉军工资源丰富，国防科技工业领域的产业实力强，科教资源丰富，具备军民融合深度发展的良好基础。武汉光谷激光科技园、中航工业武汉特种飞行器研发中心、量子通信武汉至合肥干线等一批军民融合产业化重大项目的启动和建设，有力地提升了军工经济对地方经济发展的辐射引领作用，带动了产业转型升级。“军转民”势头强劲，据统计，在汉军工企事业单位民品产值比重超过70%。军民融合体制机制创新突破，特别是民营企业高德红外公司全资收购地方重点保军单位9604厂，轰动一时。

（一）武汉具备军民融合深度发展的良好基础

1. 武汉军工资源丰富

航天集团、航天科工集团、中航集团、中船重工集团、兵器工业集团、兵器装备集团、核工业集团、中国电子信息产业集团等军工集团，在武汉都布局控股公司、投资项目或研究机构。

表1　在汉部分军工企业及研究所

机构名称	隶属军工集团	主营方向
武重集团	兵器工业集团	武重重大关键设备的数控化率达90%，是国内加工设备最先进、规模最大、制造能力最强的数控重型、超重型机床研发制造基地，中部地区一流的国际化加工协作基地
长江光电有限公司	兵器装备集团	集军民两用精密光机电仪器、光学元器件、光通信元器件的科研、生产、经营于一体的现代光电企业

续表

机构名称	隶属军工集团	主营方向
武汉滨湖电子有限责任公司	兵器装备集团	以“地球空间信息产业”为突破口，专注于智能道路检测系统及轨道交通检测系统的研发、生产、销售和服务
中国航天三江集团公司(控股三江航天火箭公司)	航天科工集团	由原中国航天科工集团第四研究院、原中国航天科工集团第九研究院(原中国三江航天集团)整合重组应运而生的具有国际先进水平的航天系列型号研究院，国内一流、国际知名的高端装备制造和服务企业
武汉锐科光纤激光技术股份有限公司	航天科工集团	主营大功率光纤激光器的研发与规模化生产及销售；武汉锐科激光研制出我国首台万瓦级光纤激光器等
长江动力集团有限公司	中国航天科技集团有限公司	中国先进的中小型汽轮机、水轮机和发电机的专业制造商
航天电工集团	中国航天科技集团有限公司	钢芯铝绞线、铝合金导线等航天材料
中国核动力运行研究所	中国核工业集团	中国目前唯一专门从事核动力运行技术研究的科研单位。现已建成保障国家核电运行安全的技术支持和后援体系，技术能力处于国内领先水平
武汉中原电子集团有限公司(国营710厂)	电子信息产业集团公司	在军用短波、超短波战术通信、抗干扰通信、数字移动通信等领域市场占有率达60%，主营面向能源互联网的智能传感设备研发与应用
武汉达梦数据库有限公司	电子信息产业集团公司	专业从事自主可控高安全数据库管理系统研发与产业化，其前身是华中科技大学数据库与多媒体研究所，是国内最早从事数据库管理系统研发的科研机构

表2 在汉部分军工企业及研究所

机构名称	隶属军工集团	主营方向
武汉船舶工业公司	中国船舶重工集团公司	生产船舶及配套机电设备，经营舰艇修理和拆船业务；对航天、冶金、石化、轻工、水电、起重机械、建材项目的成套机电设备和土建的设计、制造、安装工程总承包
武昌造船厂集团有限公司	中国船舶重工集团公司	主要承担水面及水下舰艇及军贸总装和相应配套的全部军品生产任务及民品业务。作为国家重点军工企业，武船集团承担了我国多项军用战斗及辅助舰船及其他相关国防装备的生产任务，并承接了近海巡逻舰、轻型护卫舰等军贸产品的生产及出口业务
武汉船用机械有限责任公司	中国船舶重工集团公司	目前国内规模最大、实力最强的船用特辅机专业生产厂家

续表

机构名称	隶属军工集团	主营方向
武汉重工铸锻有限责任公司(471厂)	中国船舶重工集团公司	大型船用螺旋桨、艉轴管、大型轴系锻件等
湖北华舟重工应急装备	中国船舶重工集团公司	应急装备,专用设备,专用车辆的设计、制造、安装服务(不含汽车及特种设备)
中国舰船研究设计中心(701所)	中国船舶重工集团公司	原武汉船舶设计研究所,主要承担舰船总体研究、设计、开发的任务,唯一同时承担水面、水下舰船总体研究设计任务的核心科研单位
武汉数字工程研究所(709所)	中国船舶重工集团公司	我国以计算机技术为基础、以开发应用为目标的国家重点单位。研发无人机探测、监管与反制一体化系统,可以成功破解无人机管控难题,形成低空通航产品线
武汉船用电力推进装置研究所(712所)	中国船舶重工集团公司	我国唯一从事船用电力推进装置专业研究所,专业范围涉及自动控制、计算机开发应用、电力电子、电机、开关电器、多种化学电源、绝缘、化工材料等。中船重工712所研制出我国第一台兆瓦级高温超导电机
华中光电技术研究所(717所)	中国船舶重工集团公司	主要从事以工程光学为基础、以激光技术与红外技术应用为重点的光电探测技术研究和大型特种光电系统的研发,是国家骨干科研机构和光电技术的主要研究中心
武汉第二船舶设计研究所(719所)	中国船舶重工集团公司	是以舰船总体研究、设计为主,兼顾民用开发的多学科、多专业的大型总体研究所
武汉船舶通信研究所(722所)	中国船舶重工集团公司	国家认定的重点军工科研院所,专门从事通信系统和通信设备研究、制造及通信电子工程开发和设计,集科研、生产、经营于一体军民结合的高科技工程技术研究所,是国内唯一从事舰船综合通信系统和配套设备研制的研究所

除了多家军工企业及研究机构布局武汉，武汉还拥有多所军事院校。武汉拥有7所军事高校，分别直属海军、空军、火箭军，以及军委联合参谋部、装备发展部等，学科门类包括海洋工程、通信指挥、预警监视等。

表3　在汉军事院校及主要培养方向

名称	隶属军事部门	培养方向
海军工程大学	海军	一所以工为主、工管结合、指技合一、文理兼容、具有鲜明海军特色的全国重点大学,全军重点建设的五所综合大学之一和对外开放院校,被誉为“海军军官的摇篮”

续表

名称	隶属军事部门	培养方向
第二炮兵指挥学院	火箭军(原二炮)	为二炮部队培养指挥军官和高层次专门人才的中级指挥院校
国防信息学院	军委联合参谋部(原总参谋部)	中国人民解放军唯一中级通信指挥军事高等院校,主要培养通信指挥、指挥自动化人才,承担作战部队信息作战干部、通信系统干部轮训任务
空军预警学院	空军	全国唯一预警监视领域的专门院校,全军唯一预警监视和电子对抗均为主体学科专业的院校,全空军唯一指技兼容的中级军事任职教育院校
武警指挥学院武汉分院	武警	主要担负初级指挥干部、船艇指挥干部、船艇士官的培训任务及招收的地方大学应届毕业生干部的集训任务
武汉军械士官学校	装备发展部(原总装备部)	主要担负全军军械士官和部分技术兵的培训任务

2. 国防科技工业领域的产业基础好、实力强

国防科技工业的军民融合重点产业领域有电子信息、航空航天、新能源、新材料、船舶与海洋工程等。

武汉市的智能制造和电子信息产业已经超过千亿元规模，以东湖国家创新示范区为核心，全市集成电路、新型显示等新一代信息技术核心基础产业集群初具规模，高端装备制造产业集群、新材料产业集群等基本成形，国内竞争优势明显，在下一代信息网络、高效节能、智能制造装备、先进结构材料等一些细分领域具有国际竞争优势。具备融入国防工业产业链，形成与国防工业互通有无、互为支撑、融合发展的实力。

船舶与海洋工程装备产业已经具备从舰船设计到制造的全产业链，达到国际一流水平。中船重工 701 研究所研制了“蛟龙号”水面支持系统。武船等军工企业建造交付了我国最先进的全球级海洋综合考察船“向阳红 01”号。除了军工项目，武船大力发展高端海洋工程装备，RSV 水下机器人支持船、25 万吨矿砂船出口欧美，S26T 常规潜艇出口泰国、马来西亚。

航空航天方面，以航天科工四院、航天科技 42 所、武汉大学、华中科

技大学、中国科学院武汉分院、武汉光谷国家地球空间信息产业化基地等区域内的重点企业、高校、科研院所等为核心单位，形成了涵盖导弹武器系统、航天固体运载器、重型越野装备、航天激光装备、卫星应用等航天产品及相关衍生产业，同时积聚了一批核心配套单位，基本形成了全产业链发展能力，形成了强大的集成辐射能力。

（二）武汉军民融合格局初步形成

1. 军民融合组织管理体系基本形成

2011 年 4 月，武汉市在全国率先成立“军民融合式发展工作领导小组”，组长由分管武装工作的市委副书记担任，成员有市委、市政府有关部门，驻汉部队和军事院校，有关企事业单位、地方大专院校和科研院所等。此外，市国防动员委员会办公室也有推进军民融合的职能。在省级层面，湖北省在全国率先建立省级军民融合发展体制机制创新专项领导小组，由一名省委常委担任组长、分管副省长任副组长，省国防科工办作为牵头单位，会同相关部门推进专项改革工作。

2. 形成了一系列引导支持军民融合深度发展的政策措施

湖北省委省政府、省军区联合出台《关于统筹经济建设和国防建设推进军民融合深度发展的意见》，明确了湖北省军民深度融合发展的目标任务和主要措施，形成了省级层面的军民融合发展战略布局。在规划、土地、资金、配套设施建设等方面，制定了一系列引导支持军民融合深度发展的政策措施。湖北省设立了 100 亿元的“长江航天产业投资基金”和 10 亿元的“湖北省船舶与海洋工程装备产业投资基金”。目前，湖北省军民科技成果项目库初步建立，已有 180 多项技术成果入库。47 家军工单位在省科学仪器设备协作共用网发布信息，多家已获双向补贴。

武汉军地联合下发《关于推进军民融合式发展的意见》，明确规定：在交通设施建设中兼顾部队机动需求，在城市基础设施建设中落实战时防空要求，在信息基础设施建设中满足军事通信需求，在重要产业发展中注重军民兼容。

3. 民营企业以多种形式“参军”

民营企业“参军”热情高涨，全省200多家从事国防科研生产单位中，民营企业超过50%，在多个领域形成了关键配套产品研制生产能力。

表4 武汉“民参军”部分典型企业

企业名称	“民参军”主要产品及研发项目
武汉高德红外公司	成功研制具有完全自主知识产权的红外探测器，由一般军工配套向总体和分系统提升，成果满足国内军民市场的重大战略需求
武汉海创电子股份有限公司	其自主研发制造的石英晶体谐振器、时钟晶体振荡器、温补晶体振荡器和热敏电阻器，成功为“神舟”、“嫦娥”、“天宫”和“北斗”等我国重点工程配套，多次受到国家级表彰*
武汉能钠智能装备技术股份有限公司	主营特种计算机系统的设计、开发、生产、销售及系统集成一体化。作为“民参军”的典型代表，公司客户遍及中船重工、中国兵器、航天科工、中电科、国家核电等军工集团

注：《“武汉造”元器件　助力神舟十一号发射》，长江网－武汉晚报，2016年10月19日。

此外，民营企业以参股等形式与军工企业合作“参军”。如武汉威泰数控立车有限公司是由武汉重型机床集团有限公司、华中科技大学（华中数控系统有限公司）、武汉东湖高新技术开发区等五家股东单位共同发起成立的一家“产学研”相结合的高新技术企业。

4. 以重组、投资控股等模式培育军民融合产业主体

（1）中国兵器工业集团重组武重机床

2011年6月武汉市政府与中国兵器工业集团公司正式签署《战略重组武汉重型机床集团有限公司协议》。重组后，中国兵器工业集团占有武汉重型机床集团公司80%的股份，武汉市国资委占有20%的股份。通过实施重组，巩固提升武重集团在重型机床领域的国内龙头地位，加快进入世界重型机床“第一方阵”的步伐。

（2）中国船舶重工集团公司重组武船重工

中船重工分两步重组武船重工。2017年8月中船重工引入中国信达、中国东方、国风投基金、国调基金、中国人寿、华宝投资、招商平安和国华

基金八名投资人对全资子公司武船重工进行增资，通过进行市场化债转股，解决武船杠杆率高、财务费用较高的问题。2017 年 9 月，中船重工通过发行股份从上述 8 名投资人手中回购股权。2017 年 10 月，中船重工重组武船重工，收购武船重工 36.15% 的股权，由此实现对武船重工的全资控股，降低武船重工的资产负债率。在当前民用船舶产能总体过剩的趋势下，重组有利于降低经营风险，确保重点项目推进，提高中长期市场竞争力和盈利能力。

5. 军地高校联合培养人才走在全国前列

2013 年 1 月 31 日，武汉地区军队院校协作中心举行了“武汉军地高校战略合作签字仪式”，7 所军队高校和 7 所教育部直属高校的院长或校长在“联合办学育人协议书”上签名。从 2013 年起，教育部和四总部联合下发通知，实施国防生卓越工程师教育培养计划，武汉多个部属高校开始与军队联合培养高层次工程技术后备力量。

总体而言，在海洋工程、数控机床、电子信息、航空航天等与国防科技工业相关的高技术领域，以及高素质人才的培养方面，武汉利用自身科教优势与产业优势，参与军工装备制造、军队信息化建设、军事高素质人才培养，取得了良好成效，军民融合的基本格局初步形成。

（三）武汉军民深度融合的瓶颈

武汉军民融合发展刚进入由初步融合向深度融合的过渡阶段，推动军民融合发展还存在“民参军”渠道不畅、军转民动力不足、军民资源共享程度不高、机制不活等问题，军民融合整体效益与巨大潜力亟待挖掘和进一步发挥。

1. 目前军队管理体制与地方管理体制条块分割，导致军民融合领导管理体制不完善

目前，虽然在重点融合领域建立了一些跨军地、跨部门的协调机构，但是这些机构往往只是起牵头、协调、沟通作用，没有决策权和监督管理权，难以对军地之间、政府各职能部门之间的不同意见进行高效整合。此外，在我国现行科技管理体制下，军民双方各成体系，自我封闭，军民分离，造成

军用技术的研究与开发很少考虑民用的前景和利用民用技术的可能，民用技术的开发也很难与军用挂钩，造成低水平重复，难以协同攻关，不利于科技资源的有效运用。

2. “民参军”面临比较高的门槛和比较多的障碍

民营高新技术企业进入军工领域的门槛依然比较高，在一定程度上制约了民营企业参与武器装备科研生产的积极性。在军民融合过程中，还存在标准不一致的现象，军用标准与民用标准不匹配、不协调等问题，成为阻碍武器装备科研生产体系军民融合的重要因素。在税收方面，目前民用企业生产的军品只有枪、炮、雷、弹、军用潜艇、飞机、坦克、雷达、电台等11类特定产品可免征增值税，后勤装备保障方面优惠政策缺失，严重影响民营企业参与军事装备科研生产的积极性。

3. 多元化投融资机制尚不健全

承担军民两用技术开发的单位难以建立多元化的筹资渠道，没有专项投资和市场化运作的风险投资体系，没有形成适合发展高技术产业的融资环境。

二　国内先进省市促进军民融合产业发展的经验及启示

上海、西安、成都、绵阳、长沙等地在体制机制上实现突破，军民融合发展走在全国前列。四川在军民融合方面有“四个率先”：率先在全国建立省级军民融合发展领导机构、率先在全国设立省级军民融合产业发展基金、率先在全国成立省级军民融合高技术产业联盟、率先与国家国防科工局和所有央属军工集团建立战略合作关系。上海军民融合产业产值高、企业强。2016年，上海军民融合产业总值达到3800亿元，比上年增长12%左右，占全市工业总产值的10%左右，成为推进上海工业稳增长、调结构的重要抓手。这些省市促进军民融合有如下一些发展经验。

1. 建立专门的地方性军民融合领导机构和军地协调机构

长沙、西安、成都、绵阳等市在设立军民融合领导协调小组的基础上，把军民融合纳入政府“三定”（定编制、定岗位、定职责）方案，做到领导分工有融合责任、部署工作有融合重点、工作指导有融合内容、考核评比有融合标准、解决难题有融合投入。

西安市设立军工资质受理办公室，统一组织协调武器装备科研生产保密资格证、武器装备质量管理体系证、武器装备科研生产许可证、装备承制单位资格证等“四证”办理，建立军工资质统一受理机制。鼓励社会中介机构代办“四证”业务。

2. 形成军民融合推进机制

出台政策意见。根据中央军民融合发展委员会和国防军队改革的有关政策，围绕体制机制创新，立足现有政策聚焦和若干政策突破，出台上海、西安等市级军民融合深度发展具体举措。

制定专项行动计划，形成协同推进机制。上海围绕市区联动、部门协同、创新先行、合力推进的军民融合产业发展思路，制定上海市军民融合产业发展专项行动计划，建立全要素整合的委办局协同推进机制和上下联动的市区合力推进机制。

军队与地方或职能部门通过签订战略合作协议，建立军地协调机制、军地联合办公制度、军地联席会议制度等协同机制，加强融合。如上海市政府与国防科工局、军工特色高校签订战略合作协议，约定在共同承担国家重大专项、航天航空等重点领域产学研合作、技术成果来沪转化和产业化、共建国防特色学科、支持上海科创中心建设等方面加强战略合作。北京大学、中国科学院与海军签署军民融合战略合作框架协议，在科研项目、人才培养、政策技术咨询、文化软实力建设领域加强合作。湖南省政府与国防科工局签订战略合作协议，确定了规划对接、科技协同和产业发展等一系列合作事项，加强军工领域超级计算能力建设，将长沙超算中心逐步建成国防科技工业超算中心。

3. 加强军民融合产业园建设

上海市政府从资金、土地、税收、规划建设、人才等多方面聚焦政策，支持航天产业基地发展。专设航天产业基地行政审批“绿色通道”，为入驻企业提供“一站式”服务。建立财政专项资金，扶持航天产业基地开发建设和再发展，对基地内企业建立研发机构、承担重大科技项目、科技成果转化、申请专利、上市、申报高新企业、编制标准、科技中介服务等方面均予以资金扶持，重点培育航天技术产业化应用龙头企业。设立创业投资引导基金，重点扶持航天主导产业、卫星导航应用等相关创业企业。筹建卫星导航产业发展基金，一期资金 3 亿元，主要投资处于成长期和扩张期、未公开上市的卫星导航应用产业中的相关制造业、服务业企业。积极扶持航天产业基地公共服务平台建设。

着力培育军民融合市场主体。西安提出集中资源打造一批军民结合型大集团大公司，集聚一批参与军品生产的重点民口配套单位，孵化一批科技型小微企业。

以重大投资项目、重点产业化项目、两用技术成果转化项目为抓手，促进军民融合产业发展。上海以央企上海总部建设为抓手，推动北斗地基增强网、重型燃气轮机、豪华游轮、中核上海总部、中核建上海科创园等一批重大项目落户上海，以此牵引军民融合产业发展。

4. 建设联合创新平台，促进军民协同创新

成立军民融合产业促进中心、产业联盟以及军民融合产业协会，搭建联合创新平台，加强军民重大任务协同攻关，特别是面向国家科技创新 2030 重大项目、强基工程、战略前沿等重点领域，充分发挥创新主体作用，开展协同创新。

上海市军民融合产业促进中心由航天八院、上海交大、中船 711 所、中航 615 所、中科院硅酸盐所、临港集团、闵行高新中心、上海电科所、炬通实业等单位发起成立，围绕“小核心、大协作、开放型”国防科工体系，探索市场化机制，推进军工技术成果转化和产业化，为军民融合企业发展提供专业服务。镇江成立华东地区首家以军民融合为特色的产业联盟。厦门市军民融合相关企业自发成立“军民融合产业协会”。成都市及四川长虹集团等省属重点企业分别与有关军工企业签署项目合作协议，省内 10 家军工及地方科研力量共同签署了四川军民融合高技术产业联盟协议。

5. 积极引导“军转民”“民参军”

发布技术推荐目录，为“民参军”“军转民”提供信息服务。上海发布了《市新材料领域民参军技术与产品推荐目录》，共收录了101项先进适用的技术与产品向军队和军工集团推荐；组织了12项“军转民”、32项“民参军”重点技术与产品上报工业和信息化部、国防科工局，进入全国《军用技术转民用推广目录》和《民参军技术与产品推荐目录》。

构建军民融合技术成果交易平台。上海市按照政府指导、需求牵引、市场运作的模式，会同市发改委等部门，依托闵行区、上海联合产权交易所等单位，成立上海市军民融合技术成果交易中心，探索军民融合技术成果交易的业务模式和运作机制，促进军民两用技术成果相互转化和产业化。

6. 加大对军民融合的财政金融支持力度

设立军民融合产业基金。按照“国家地方共建、市区共同引导、社会资本主导、专业公司运作”的思路，发起设立军民融合产业投资基金，满足军民融合重点产业、两用技术成果转化、军工企事业单位改制重组等投融资需求。上海设立了首期总规模40亿元的军民融合产业基金。四川省设立了全国首只地方财政出资的省级军民融合产业发展引导基金——四川天府弘威军民融合产业发展股权投资基金，基金总规模100亿元。

在财税激励政策方面，西安市对军工单位民品研发生产企业新增的所得税市与区县留成部分，按照同等金额对企业进行奖励。对于军工单位民品产值占比超过80%的企业，给予100万~500万元的奖励。

在金融支持方面，绵阳市成立全国首家军民融合科技支行。天府股交中心设立军民融合板，为全省“军转民”“民参军”企业提供私募证券发行融资、证券转让、股权质押融资等服务。金融机构推出“军工研发贷”“军工资质贷”“军工订单贷”等20余项专属信贷产品，“军融宝1234号”等20多项专属保险产品，以及军民融合“保贷通”等担保产品。省、市两级定期举办军民融合银企对接等各类融资对接活动。四川省计划在全省军民融合创新示范区、高新技术产业园区开设特色金融机构，整合金融资源，服务军民融合企业。支持创建绵阳科技城军民融合金融综合改革创新试验区，加快探索军民深度融合发展创新。

7. 加强军民融合成果的展示交流

建立展示中心。上海依托闵行区以及在沪各军工单位、民口企业、院所高校，建立上海市军民融合成果展示中心，通过图片、文字、实物、模型、互动体验等方式，集中展示上海军民融合发展的经验和成就。

举办大会。邀请军民融合领域不同层面的领导、专家、学者，以主旨演讲与专题发言相结合的形式，举办上海军民融合产业深度发展推进大会，就军民融合发展有关议题进行交流研讨。

三 促进武汉军民融合向纵深推进的对策建议

借鉴先进城市经验，结合武汉实际，建议从强化军民融合的体制机制建设、加快军民融合产业基地建设、建设军民协同创新平台、促进武汉军民融合向纵深推进、引导优势民营企业“参军”、加强金融支持和财政支持等方面，推进重点领域的军民产业融合。

1. 建立促进军民融合产业发展的专门机构

推进军民融合产业的发展，涉及一系列具体事项，包括建立军用和民用双向技术领域转移网络和技术市场、制定军民结合型高新技术产业化的优惠政策等。这些具体的任务，目前由许多分散的对口职能部门完成，影响完成的效果和力度。因此，应该抓紧贯彻落实党中央新部署新要求，成立军民融合领导管理机构，从顶层加大融合力度，切实解决融合过程中各自为政、多龙治水、分散管理的问题。

把军民融合纳入政府定编制、定岗位、定职责方案，做到领导分工有融合责任、部署工作有融合重点、工作指导有融合内容、考核评比有融合标准、解决难题有融合投入。整合军民双方优势资源，形成优势互补、互相支持、互相带动、共同促进的军民融合的良好局面。

2. 加强对军民融合的规划引导

强化顶层设计，把军民融合纳入武汉市国民经济和社会发展规划。把军民融合发展规划与全市经济社会发展规划有机结合，打破经济建设和国防建设自成体系的发展格局，促进经济社会建设与国防军队建设共用经济技术平台，优化区域资源配置，提高资源使用效益，实现军地协调发展、良性互动。

制订武汉军民融合发展专项规划。明确统筹经济建设和国防建设的指导思想、目标任务、重点领域和保障措施，确定一批经济建设与国防建设带动效应明显、军民融合发展推动深入的工程项目。

3. 加快光谷国防科技工业园及商业航天产业基地建设

从资金、土地、税收、规划建设、人才等多方面聚焦出台政策，支持光谷国防科技工业园及国家商业航天产业基地建设。

对示范基地内的企业，在军工投资、市场准入、信息互通、民技军用、产融合作、绿色通道等方面予以倾斜。

专设行政审批“绿色通道”，为入驻企业提供“一站式”服务，提供全天候精细化服务。依托国内最大的光纤光缆生产基地、激光产业基地、光通信技术研发基地等高新产业制高点，建成军民融合高新产业“孵化”平台，将东湖新技术创业中心、光谷创业街、留学生创业园等开辟为军民融合绿色通道。

重点培育军民融合产业化应用龙头企业。设立创业投资引导基金，重点扶持航天主导产业、卫星导航应用等相关创业企业，打造一批军民结合型大集团大公司，集聚一批参与军品生产的重点民口配套单位，孵化一批科技型小微企业。筹建卫星导航产业发展基金，投资处于成长期和扩张期、未公开上市的卫星导航应用产业中的相关制造业、服务业企业。围绕中国航天科工集团的飞云工程、快云工程、行云工程、虹云工程、腾云工程，全力打造体系完整、重点突出的商业航天产业集群。到“十三五”末，吸引 100 ~ 150 家航天科工及相关企业入驻产业基地。

积极扶持产业基地公共服务平台，入驻企业优先享受武汉市科技扶持政策，对建立研发机构、承担重大科技项目、科技成果转化、申请专利、上市、申报高新企业、编制标准、科技中介服务等方面予以资金扶持。凡纳入国家或武汉市自主创新产品目录的自主创新产品均可纳入政府采购支持的范围。

4. 建设军民协同创新平台

实施《关于加快国防科技工业科技协同创新的意见》，制定工作方案，明确责任主体、任务分工和时间表，建立军工科研机构与民用科研机构、高等院校的协同创新机制。

以湖北省船舶与海洋工程装备院士工作中心、雷达技术军民融合武汉大学协同创新中心、湖北激光产业技术研究院等现有科技创新平台为基础，搭建更多军民融合、产学研一体的科技协同创新平台，支持各方合作组建军民融合技术创新联盟和产业发展联盟，促进军工单位与民口单位在科研创新服务平台和人才团队方面共建共享。支持以股权为纽带的军民两用技术联盟创新合作。

促进驻汉军事院校及研究机构与武汉市科研单位及高校合作创新。签署军民融合战略合作框架协议，建立高层会晤、中层协调、专家聘任、高新技术推介和重大项目通报等合作机制，推进专业骨干人才培养，推动双方科技资源共享融合。

建立军民融合的信息和科技资源共享平台。及时发布政策法规、技术及产品供需、重大项目等信息，加大军地之间设施、设备和实验室的开放力度，使创新资源得到充分有效利用。开展军地联合攻关，以专项工程的形式攻克核心技术。

5. 引导优势民营企业进入军品科研生产和维修领域

通过政策引导，鼓励有条件的民营企业参与军品研制生产和融合式发展项目建设。

发布技术推荐目录，为“民参军”“军转民”提供信息服务。制定《武汉民参军技术与产品推荐目录》，收录先进适用的技术与产品向军队和军工集团推荐；积极组织“军转民”“民参军”重点技术与产品上报工业和信息化部、国防科工局，进入全国《军用技术转民用推广目录》和《民参军技术与产品推荐目录》。

积极对接军工能力自主化工程。制定军工能力自主化专项行动计划，提出需求清单，与国家有关部门开展对接，推进自主化技术攻关。

6. 加强对军民融合的金融、财政支持

建设多元化军民融合金融创新服务体系，推动军民融合向深度发展。

建立银行、证券、保险等军民融合专营机构。探索成立军民融合科技支行、“军民融合金融服务中心”，支持保险公司为军民融合企业提供风险保障。支持军民融合金融产品创新，推出“军工研发贷”“军工资质贷”“军工订单贷”等专属信贷产品，以及军民融合担保产品。定期举办军民融合、银企对接等各类融资对接活动，搭建融资对接平台，实现金融机构与军民融合企业融资制度化和常态化对接。

在财税激励政策方面，探索对军工单位民品研发生产企业新增的所得税市与区留成部分，按照同等金额对企业进行奖励。

设立军民融合产业基金。发起设立军民融合产业投资基金，满足军民融合重点产业、两用技术成果转化、军工企事业单位改制重组等投融资需求。

此外，通过举办军民融合研讨会、建设军民融合成果展示中心，宣传军民融合成果，提高武汉市在军民融合中的影响力和话语权。

参考文献

《习近平谈军民融合：是国家战略　关乎国家安全和发展全局》，人民网，2017 年 1 月 23 日。

习近平：《决胜全面建成小康社会　夺取新时代中国特色社会主义伟大胜利——在中国共产党第十九次全国代表大会上的报告》，人民出版社，2017。

《“十三五”国家科技创新规划》。

《中共中央关于全面深化改革若干重大问题的决定》，《实践》（党的教育版）2014 年第 1 期。

蒋超良：《“统”“融”“新”“深”同步发力　努力开创湖北军民融合深度发展新局面》，《人民论坛》2017 年第 27 期。

杜兰英、陈鑫：《发达国家军民融合的经验与启示》，《科技进步与对策》2011 年第 23 期。

杨志坚：《协同视角下的军民融合路径研究》，《科技进步与对策》2013 年第 4 期。

游光荣、闫宏、赵旭：《军民融合发展政策制度体系建设：现状、问题及对策》，《中国科技论坛》2017 年第 1 期。

黄西川、张天一：《军民融合高技术产业集群创新能力评价——来自江苏省 5 个军民融合产业集群的实证研究》，《科技进步与对策》2017 年第 14 期。

杜丹丽、康敏、杨栩：《军民融合发展中创新驱动系统构建研究》，《经济纵横》2017 年第 4 期。

秦尊文：《为国家军民融合事业作出更大的贡献》，《人民论坛》2017 年第 18 期。

《国防科工局　财政部关于推动军工重大实验设施和大型科研仪器向社会开放的通知》（科工计〔2015〕1229 号）。

工业和信息化部办公厅、国防科工局综合司：《军用技术转民用推广目录（2016 年度）》（工信厅联军民〔2016〕167 号），2016 年 11 月。

国务院、中央军委：《经济建设和国防建设融合发展“十三五”规划》，2016 年 12 月。

工业和信息化部办公厅、国防科工局综合司：《军用技术转民用推广目录（2017 年度）》（工信厅联军民〔2017〕91 号），2017 年 10 月。

工业和信息化部、国家发改委、财政部、中国人民银行、中国银监会、中国国防科工局《关于印发〈船舶工业深化结构调整加快转型升级行动计划（2016～2020 年）〉的通知》（工信部联装〔2016〕447 号），2016 年 2 月。

《中国军民融合发展报告 2016》，国防工业出版社，2017。

湖北省委、省政府、省军区：《关于统筹经济建设和国防建设推进军民融合深度发展的意见》。

《省人民政府办公厅关于印发湖北省航空产业发展规划（2015～2020）的通知》（鄂政办发〔2015〕57 号）。

湖北省国防科工办：《关于印发〈2016 湖北省国防科工办军民融合专项行动计划〉的通知》，2016 年 4 月。

湖北省国防科工办：《印发〈湖北省军民融合产业示范基地创建管理办法〉的通知》（鄂国军民〔2017〕41 号），2017 年 6 月。

B.11
推进湘江流域绿色技术创新发展的对策研究

曲　婷*

摘　要：　当前解决环境问题的根本途径是依靠绿色技术创新。然而近年来湘江流域资源和生态环境问题不断凸显，流域资源分布不均，水资源利用效率不高，可持续发展压力持续增大，究其根源，绿色技术创新能力滞后已成为阻碍湘江流域绿色发展的重要因素。本文在分析当前湘江流域在绿色技术创新方面面临的主要问题的基础上，提出需要从绿色技术创新平台搭建、绿色技术自主创新能力提升，以及绿色技术创新人才引进培育等方面持续发力，以尽快形成有利于促进湘江流域绿色技术创新的体制机制，全面构建湘江流域绿色发展新格局。

关键词：　绿色发展　湘江流域　技术创新

一　引言

我国对绿色技术创新的研究始于20世纪90年代，学者们主要从环境经济学、企业战略管理以及创新技术扩散等研究视角对绿色技术创新的内涵、

* 曲婷，博士，湖南省社会科学院区域经济与绿色发展研究所科技创新研究室主任。

特点和评价体系进行了相关研究界定。但是，由于研究地域、经济发展水平等存在较大差异，最终研究成果尚未形成统一结论，研究视野还有待进一步拓展。湘江流域作为我国重金属和水污染的重点区域之一，生态环境问题具有一定的典型性和代表性，重要性和紧迫性不言而喻，湖南省已确定把湘江保护与治理作为省政府“一号重点工程”。本文以湘江流域为样本，从湘江流域绿色技术创新发展面临的主要问题出发，研究推进湘江流域绿色发展的对策建议，对于探索绿色技术创新实践、更好发挥绿色技术创新的引领作用具有重要意义。

二　湘江流域生态环境发展现状

湘江流域作为长江流域的重要一级支流，地处长江经济带与华南经济圈的辐射地带，是湖南省经济社会发展的核心地区。长期以来，受传统粗放型经济发展模式的弊端影响，湘江流域的工业产业结构主要偏重于重化工型高能耗产业，能源结构利用上长期以煤炭为主，加之水资源利用效率不高，导致湘江流域资源和生态环境问题不断凸显，可持续发展压力持续增大。从资源环境看，湘江流域资源分布不均，水资源利用效率不高，重金属污染严重，农村面源污染有进一步加剧趋势。综合来看，湘江流域水污染主要包括工业污染源、生活污染源和农业面源三部分。影响湘江流域水质的主要污染物包括总磷、化学需氧量、氨氮、溶解氧、五日生化需氧量、氟化物、砷和石油类等，其中个别断面存在镉、六价铬、高锰酸盐指数和阴离子表面活性剂等指标浓度超标现象①。与此同时，流域河道底泥重金属污染严重。受湘江干支流重金属污染物排放累积影响，3154 千米河道底泥镉、汞、砷、铅等重金属呈不同程度超标，其中镉超标达到 422 倍，不少水系尾砂入河，底泥淤积，给当地居民饮水安全造成严重威胁。工业污染源主要来自有色冶金、重化工产业，这些产业布局总体呈现近水靠城的分布特征，湘江流域区

① 湖南省环境保护厅：《2016 年度湖南省环境质量状况》。

域性、结构性环境风险突出[①]；生活污染源主要来自湖南城镇居民，长期以来居民直接将未经处理生活废水排入湘江导致湘江水体的有机物出现超标现象。农业生产活动对湘江水源的污染，主要来自大量使用的化肥和农药，随着养殖业的发展，畜禽养殖污染比重也不断上升，城市饮用水源特别是下游长株潭核心区饮水水源水质不能得到保证，对沿线城市居民的健康构成威胁，流域水资源环境质量亟待改善。解决环境问题的根本路径是依靠绿色技术创新，在传统的技术创新概念上引入环境保护，这是实现可持续发展的必然趋势[②]。然而当前湘江流域绿色技术创新大多还停留在末端污染治理的阶段，绿色技术创新能力滞后已成为阻碍湘江流域绿色发展的重要因素。

三　湘江流域绿色技术创新发展面临的主要挑战

（一）绿色技术总体发展水平不高

首先，我国绿色技术相关法律政策及市场机制尚未完善。我国还未建立相对完善的环境保护法，现有关于绿色技术创新的法律法规尚未形成体系，环保机构的执法地位也不够明确。此外，我国尚未建立起有利于绿色技术创新推广的市场机制，大大制约了企业进行有效的绿色技术创新和市场应用。其次，当前我国绿色技术创新投入资金严重不足。据统计，当前要解决我国的环境问题，绿色技术投资至少应占到国民生产总值的1.5%左右，然而目前我国绿色技术投入水平远低于发达国家的平均水平。主要原因在于当前我国绿色技术创新的主要资金还是依靠政府投入，企业尚未真正成为绿色技术创新的投资主体，因此企业作为主体推进绿色技术创新的积极性和主动性还有待进一步被激发。

---

① 湖南省环境保护厅：《湖南省“十三五”环境保护规划》。

② 肖仁桥、徐梅：《绿色技术创新发展研究述评》，《重庆科技学院学报》（社会科学版）2017年第2期。

（二）技术创新价值观念落后

由于当前我国经济发展不平衡，中部地区受地理位置限制，在经济发展落后于东部沿海发达地区的同时，在技术创新价值观上也与东部沿海发达地区具有不小的差距。湘江流域周边相当一部分企业还是将经济效益视为企业发展的主要标准，尚未形成绿色技术创新价值观，对环境效益不关注或者“假关注”，导致企业实际直接投入绿色技术创新的资金较少。很多企业在权衡排污收费额和以生态环境为代价创造的经济效益后，宁愿接受排污收费也不愿意进行绿色技术创新。还有的企业虽然造成较大的环境污染，但由于是当地的支柱型企业，对这些企业进行生态化改造，短期内将在很大程度上影响该地区的经济收入，因此当地政府陷入两难境地，这也成为湘江流域绿色技术创新发展的一大障碍。

（三）绿色技术创新体制机制不顺

从体制机制看，湘江流域统筹协调管理体制尚未完全建立，上下游联动协作机制有待形成。目前湖南还未建立起成熟的排污权交易市场机制，虽然有多项排污权政策在湖南先行先试，但是有关排污权交易的政策和法律滞后，排污权交易尚处于试点阶段，各市州均出现了企业的“有偿使用费收不上来”的现实难题①。此外，当前湘江流域绿色技术创新的引导机制尚不健全，绿色学科建设、产学有待加强，技术信息网络和信息传递机制有待健全，需要尽快建立健全绿色技术创新与产学研合作的协调引导发展机制。

四　湘江流域发展绿色技术创新的对策建议

（一）搭建绿色技术创新平台

推进绿色技术创新平台建设是实现湘江流域绿色技术创新发展的基础环

① 《湖南排污权交易试点5年收费难　部分市州滞后》，红网，2015年9月23日。

节。通过搭建科研基础平台、产学研一体化平台，以及绿色技术创新服务平台，突出绿色技术成果的产出、转化和应用机制，才能实现科技成果产业化和创新化发展的终极目标。

1. 推进重大科研基地与基础平台建设

一是争取国家重大科技基础设施政策支持。积极争取《国家重大科技基础设施建设中长期规划（2012～2030年）》中流域水污染预测模型开发，以及环境污染机理与变化研究模拟实验装置建设等国家重大科技基础设施落户湖南，重点提高流域水污染等预报预警能力。二是加大科研基地培育力度。强化绿色技术创新国家重点实验室和研究中心等国家级研发平台建设；优化省级科研基地和创新平台布局，培育和打造一批绿色技术省级重点实验室和区域创新服务中心，推进绿色技术创新能力和绿色产业技术创新服务能力提升。三是加大省内重大科技基础条件平台建设力度。推进科学数据、科技文献、实验动物等公益性科技基础条件平台建设，促进建成全省统一、开放共享的科技资源公共平台；支持市州和特色产业县市区根据自身资源状况、产业特色和创新需求建设区域科技服务平台，力争3～5个能够认定为国家级科技条件平台。

2. 推进产学研一体化和科技创新服务平台体系建设

一是推进产学研深度融合。鼓励高校、科研院所和企业延伸产学研链条，支持高校、科研院所设立市场化研发机构，支持高校、科研院所与企业共建经济实体，鼓励企业创办国家和省级重点实验室、工程技术研发中心等，引导企业参与高校的早期研发，鼓励高校科研人员围绕绿色产业、企业关键技术需求开展科技攻关。二是深化国际国内产学研合作。依托国际大科学计划、大科学工程，与国外著名高校、科研机构和企业建立国际联合研究院等新型研发机构，大力引进国际一流高校和研究机构合作设立分支机构，发展一批国际科技合作平台和基地；深化与中国科学院、北京大学、清华大学、浙江大学等国内知名科研机构和高校合作，加快绿色技术引进和消化吸收再创新；加强知识产权国际合作，建设知识产权合作示范区，支持企业设立境外研发机构，利用全球智力资源开展技术研发活动。三是强化科技创新服务平台体系建设。创新公共技术服务平台建设和管理模式，推进科技创新平台和大型科研仪器设备开放共享，将省内符合条件的科研设施和科学仪器全部纳入网络平台管理范畴，盘活科技资源使用，加强科技创新平台资源整合，推进多层次、多领域、多部门协同合作的网络化、特色化、专业化科技创新平台服务体系建设。

3. 推进绿色技术成果转化应用

一是健全绿色技术成果转化利益分享机制。深化科技成果处置权、收益权改革，落实关于促进高校、科研机构科技成果转化的各项政策，鼓励绿色技术持有者以技术入股形式获取公司股份，对于技术转让或技术入股所得的净收益或股权，单位可按不低于70%的比例奖励科研负责人、骨干技术人员等重要贡献人员和团队；对于高校、科研院所的知识产权1年内未实施转化的，在成果所有权不变更的前提下，成果完成人或团队可自主实施成果转化，转化收益中的70%归成果完成人或团队所有①。二是构建绿色技术成果转化应用的帮扶机制。面向湘江流域绿色技术创新和绿色产业发展需求，采取无偿资助、后补助、贷款贴息等多种方式支持绿色技术重大项目的研发和产业化转化；加快专业化科技中介机构发展，构建技术交易、投融资等支撑服务平台，培育科技服务新业态，延伸绿色技术创新服务链，对绿色科技企业向科技中介机构购买相关服务给予资助，打造绿色技术服务生态系统。三是构建知识产权服务体系。推进湖南省知识产权信息服务平台建设，提供检索、数据分析和供需信息查询等多项服务，加大对知识产权的侵权典型案例的公开审讯力度；大力发展知识产权代理、法律、信息、咨询、培训等第三方服务，优先安排绿色产业相关知识产权应用试点示范，为其提供知识产权分析评议、运营实施、评估交易、保护维权、投融资等多项服务，构建全链条的知识产权服务体系②。

---

① 武汉市人民政府：《关于促进东湖国家自主创新示范区科技成果转化体制机制创新的若干意见》。

② 《国务院关于加快科技服务业发展的若干意见》（国发〔2014〕49号）。

（二）提升绿色技术自主创新能力

提升自主创新能力、掌握绿色产业关键技术是湘江流域绿色技术创新发展的核心环节。只有强化基础研究，掌握关键技术，坚决淘汰落后产能，壮大新兴绿色产业体系，才能抢占发展先机，赢得湘江流域绿色创新发展的主动权。

1. 强化基础领域和关键技术研发

一是强化基础领域研究和关键技术攻关。主要围绕资源与环境科学，遵循“立足重大领域、面向重大需求、突破重大技术”的基本原则①，针对湘江流域水体水质、土壤环境、大气质量、生态环境质量等方面存在的主要问题，加强在水、土壤、大气、固体废弃物等污染防治及生态修复等方面的基础研究和关键技术攻关，突出绿色化、智能化和生态化发展方向，重点强化湘江流域生态保护和重金属治理方面的科技创新；探索基础研究和前沿技术研发的组织模式，组织实施一批绿色技术创新相关的省级重大科技专项和综合示范工程，努力构建水－土壤－大气协同治理、工厂－农村－城市资源协同循环、区域环境系统协同监管的关键技术和政策措施体系。二是强化协同创新机制建设。充分发挥长株潭国家自主创新示范区、“两型社会”试验区、湘江新区等国家级平台的叠加效应，积极推进长株潭协同创新机制建设，加强与湖南毗邻的武汉城市圈、环鄱阳湖城市群在绿色产业前沿和关键技术研发应用等领域的对接交流，争取将长株潭建成我国中西部地区最重要的绿色科技创新中心。

2. 推进传统产业转型升级

一是大力推动绿色产业技术标准和评估机制制定。积极推进与国际接轨的包括污染物排放、环境质量、节能标准及环保标识等在内的各类绿色技术标准的制定，重点依托大型龙头企业，引导和支持建立以企业为核心的产业技术联盟、国家或国际产业标准联盟以及市场战略联盟，协调和集成各方面

---

① 湖南省人民政府：《湖南省“十三五”科技创新规划》（湘政发〔2016〕27号）。

力量实现产业自主标准的建立。对新承担的绿色产业领域国家标准制定的主要参与单位，给予一定奖励。着力培育专业的第三方评估机构，通过完善绿色发展标准，对绿色生产和服务活动的风险和效果进行客观公正的专业化评估。二是积极引导传统产业企业转型发展。积极采用高新技术、先进适用技术对高消耗、高污染企业进行改造提升，坚决淘汰落后产能，降低低端、落后产能在产业体系中的占比，广泛开展循环经济试点，强化执行力和动态更新机制，倒逼企业采用绿色技术创新发展，推进传统产业向绿色化转型。三是完善传统产业转型升级评价激励机制。建立依托土地、资金、人才、环境容量等要素资源配置引导企业转型升级的管理机制，鼓励企业采取易地搬迁、入园发展、就地改造等方式进行技术改造、转型发展；构建产业转型升级评价机制，建立包括经济增长贡献、节能减排、空间利用、发展潜力等在内的企业评价制度，引导优质企业通过自主创新做大做强，倒逼低效企业转型绿色发展。

3. 培育壮大新兴绿色产业体系

一是完善新兴绿色产业发展引导机制。建立并更新《湖南省战略性新兴产业（产品）发展指导目录》《湖南省战略性新兴产业关键共性技术发展导向目录》等，引导要素资源向绿色产业与技术创新的重点支持领域集聚。二是加大对新兴绿色产业企业的扶持力度。完善新兴绿色产业发展税收优惠财政补贴等政策体系，加大对新兴绿色产业发展的专项引导资金支持力度，对符合条件的省内企业首次自主研发或国产化制造的首台（套）绿色产业相关重大成套技术装备，给予一定奖励；优先安排首创性绿色技术应用试点示范，在政府采购（招投标）等方面给予优先支持①；对在省内实现应用转化的绿色技术相关发明专利，给予一定奖励或补助。充分利用股权、产权等多方交易机构，大力发展柜台交易，积极吸引风投基金和民间资本投资新兴绿色产业。三是健全新兴绿色产业产品和服务推介机制。加大政府采购或订购倾斜力度，逐步扩大绿色产业产品的采购范围，更加注重节能环保产品的

① 《湖南省加快环保产业发展实施细则》（湘政办发〔2015〕35 号）。

全生命周期和科技创新水平，建立科学的公共绿色采购评价体系，鼓励各地在新兴绿色产业领域实施一批示范应用工程，发挥商会等服务组织的作用，促进产销合作。

（三）强化绿色人才引进培育机制

引进培育绿色人才是实现湘江流域绿色技术创新的重要环节。为了最大限度地发挥人才在绿色技术自主创新中的主导作用，需要通过大力引进高层次人才、不断培养本土创新人才、强化人才激励和评价机制，以及优化人才服务环境来促进人才的合理开发和配置，引导人才发挥最大潜能，推进湘江流域绿色技术实现自主创新发展。

1. 强化绿色人才引进培养机制建设

一是大力引进培养绿色产业相关的创新创业领军人才。加大对绿色产业创新创业领军人才的投入力度，制定和实施全省绿色产业人才引进和培养工程，在绿色产业领域重点引进掌握国际领先技术、具有丰富科研经验和较强自主创新能力，善于研发转化先进技术成果、创制国际国内各类绿色技术标准，在湖南转化科技成果、引领产业跨越发展的海内外高层次人才和团队，特别是对于世界一流团队来湘从事绿色技术创新创业活动的给予重点扶持；大力引进善于把握市场经济规律、吸附和转化前沿绿色技术成果、推动绿色产业商业模式创新的高成长性企业团队或个人。二是大力推进创新创业人才培养计划。坚持外引和内优相结合，重点加大对绿色产业高层次创新型科技人才、企业经营管理人才和高技能人才的培养力度。依托省内国家重点实验室、工程中心等各类重要平台，在本土优秀人才中遴选和支持一批具有国际或国内领先水平的绿色学科带头人；充分发挥创业导师的传帮带作用，启动“总裁培育计划”“商业领袖训练营”等创业人才培养方案，特别针对绿色产业创业领军人才和青年创业英才等创业人才开展“一对一”“多对一”“多对多”等创业辅导，助力科技创新人才成长为商业领袖。同时注重培养一批青年创业骨干人才，坚持实战导向，组织创业专家会诊、人才沙龙交流等活动解决人才在创新创业过程中遇到的难题；充分发挥企业高技能人才在绿色产业人才培养中的主体作用，优化高等院校学科和专业设置，支持省内有实力的高校和职业院校加大绿色产业相关专业学科建设力度，鼓励采用订单式培养、校企共建企业等创新模式，推进校企深度合作对接，加强高技能绿色技术人才储备。

2. 强化绿色人才激励机制建设

一是要改革绿色产业科技人员薪酬分配制度。坚持物质激励与精神激励相结合、直接激励与间接激励相结合的原则，鼓励用人单位探索年薪制、项目工资和协议工资制等薪酬分配创新模式；鼓励绿色产业相关高等学校、科研院所及国有企业向基层单位和研发团队放权，赋予领衔绿色技术专家、绿色学科带头人和科研带头人等绿色产业高层次人才更大的科研经费支配权、研究人员聘用权、技术路线决定权和科研设备购置权；按照国家实施创新驱动发展的若干意见，在绿色技术研发和推广领域率先推行完善相关制度，促进科技人员保留基本待遇到企业开展技术创新或创办企业。二是强化高层次人才的精神激励机制。畅通高层次人才参政议政渠道，充分发挥高层次人才参政议政的激励作用，提高高层次人才在“两代表一委员”中的比重，聘请其担任省市区各级政府的科技顾问、经济顾问、法律顾问等，为湖南省重大决策建言献策，发挥人才的智慧和作用；加强高层次创新创业人才的荣誉激励，开展优秀人才表彰、“创业之星”、“创新之星”等各项评选活动，树立优秀人才典型，发挥优秀人才的榜样作用。

3. 强化绿色人才评价机制建设

一是要健全绿色人才分类评价体系。建立以能力、业绩以及贡献度为主要依据的人才评价体系，对于绿色产业相关科技成果转化和研发应用型人才，建立健全与基础研究人才相区别的评价体系，突出对人才效益成果的评价考核。二是要建立绿色人才大数据库。通过大数据管理，动态收集和处理与人才相关的各种动态数据，实现绿色产业人才数据实时更新、人才评价实时生成。三是优化对绿色产业创新创业人才和项目的评价机制。按照“谁用人、谁评价，谁受益、谁评价”的原则，进一步扩大用人单位评审自主权，向由第三方专业机构和用人单位等市场主体评价人才的体制机制过渡，扩大风险投资机构、企业高管、高校专家等在人才和项目评审中的评价权重；创新对绿色产业项目的扶持评审机制，完善“前评审、后考核”全链条的人才管理模式，建立政策扶持与考核结果挂钩的动态调整机制，根据考评结果实行分类管理，督促人才及项目更好地产生效益，提高财政资金的使用效率。

4. 强化绿色人才服务优化机制建设

一是大力推进绿色产业创新创业服务体系建设。利用大数据、云计算、移动互联网等现代信息技术，建设公开统一的创业云公共服务平台，为绿色产业相关创业者提供检验检测、研发设计、技术转移、成果转化等多样化的社会专业性服务；大力发展众创空间，鼓励大学科技园建设以大学生为创客群体的创客空间，支持行业领军企业等社会力量对闲置厂房等进行改造，鼓励和支持创业咖啡、创业媒体、创业社区、创新工场、虚拟孵化器和前孵化器等新型孵化器发展，着力完善优化“众创空间→孵化器→加速器→科技园”的全链条创新创业生态环境；积极发展星创天地，鼓励农业科技园区、科技特派员创业基地、科技型农民专业合作社等建设农村星创天地，打造线上创业服务平台，为创客提供开展创业培训、培育孵化、示范推广、金融服务和市场营销等服务。二是大力推进高层次绿色人才服务保障体系建设。针对高层次人才，尽快建立落实人员编制、创业融资、户籍管理、税收优惠、出入境管理等各项保障扶持政策，畅通“绿卡”办理通道，为海外回湘的高层次人才开辟绿色通道，使其能够尽快取得“中国绿卡”；健全人才流动法律维护机制，建立健全人才流动时，知识产权、合同管理、服务年限、进入退出等方面的处置机制；提高高层次人才医疗保障水平，妥善解决人才住房保障、社会保障以及子女入学等问题，尽快建立与国际接轨的教育、医疗服务体系；搭建人才交流网络和服务平台，定期举办人才沙龙、人才疗养等活动，为人才学习、培训、交流、沟通、商讨业务提供平台。

参考文献

湖南省环境保护厅：《2016年度湖南省环境质量状况》。

湖南省环境保护厅：《湖南省“十三五”环境保护规划》。

武汉市人民政府：《关于促进东湖国家自主创新示范区科技成果转化体制机制创新的若干意见》。

B.12
推动湖南高新技术产业开发区提质升级研究

陈文锋*

摘　要： 自国家批准设立长沙高新技术产业开发区以来，湖南省开发园区发展迅猛。实践证明，产业园区对湖南省对外开放、招商引资、促进区域经济增长以及科学可持续发展起到了重要的推动作用，已成为推动湖南经济社会发展的重要引擎。近年来，湖南省高新技术产业开发区取得显著成绩的同时，政策红利释放不足、管理体制机制不顺、创新导向不突出、创新要素支撑不力、产业竞争力不强等发展问题也亟待解决。推动高新园区提质升级要从政策支持方式、管理体制机制创新、考核评价体系构建、要素资源优化配置、创新型产业集群建设等五个方面着力，为湖南加快建成现代产业体系和对外开放平台提供有力保障。

关键词： 湖南　高新技术产业开发区　提质升级

高新技术产业开发区（以下简称“高新区”）是湖南兴产业、强创新、促开放、聚资源、树形象的主要载体与平台。当前，高新区已成为引领和支撑湖南经济社会发展的核心引擎，但也存在政策红利释放不足、管理体制机

* 陈文锋，博士，湖南省社会科学院区域经济与绿色发展研究所助理研究员。

制不顺、创新导向不突出、创新要素支撑不力、产业竞争力不强等发展瓶颈。亟待进一步在政策支持方式、管理体制机制创新、考核评价体系构建、要素资源优化配置、创新型产业集群建设等五个方面着力来促进湖南高新区的高质量发展。

一　推动湖南高新区提质升级正当其时

经济新常态下，单纯由要素驱动、优惠政策驱动的发展模式难以为继。要彻底摒弃粗放的发展方式，向创新要先进生产力、核心竞争力就必须把经济发展真正转到创新驱动的轨道上来。高新区作为湖南科技发展和社会进步的重要载体、深入实施“双创”战略的重要平台，要做好“高、新”文章，就必须率先实现提质升级、转型升级。

（一）湖南高新区已迈入创新发展、提质升级的新阶段

20 多年来，在湖南省委省政府的战略部署下，湖南高新区已形成了独具特色的创新资源、独具优势的创新能力和独具影响的经济规模，经历了从探索起步、规模扩张向提质升级迈进的新阶段。

1. 1991～2001年：“1＋3”奠定湖南高新区发展的坚实基础

自 1991 年 3 月长沙科技试验区更名为长沙国家高新技术产业开发区后，湖南省委省政府进一步推动高新区的发展，相继批准设立了株洲高新区、湘潭高新区、衡阳高新区，并且株洲高新区随后升格为国家级高新区。这段时期初步探索建立了适合高新技术产业发展的新型管理体制和市场推进机制，推动了高新区基础设施建设，为高技术产业项目落地和企业发展创造了先决条件。

2. 2002～2013年：“5＋7”提升湖南高新区发展的战略地位

2002 年湖南省委省政府批准益阳高新区为省级高新区。2009～2012 年，在各级政府部门的共同努力下，湘潭高新区、益阳高新区、衡阳高新区先后升格为国家级高新区。同时，随着郴州、岳阳临港、韶山、衡阳西渡、常德

汉寿、常德鼎城、益阳沅江7个省级高新区的先后设立，湖南形成了5个国家级、7个省级高新区的发展格局。在长沙高新区发展由科技园区向科技产业新城转变、纯科技产业向多业并举转变、园区管理向准政府转变的示范带动下，其他高新区也基本明确了发展定位：高科技成果转化示范区、新型产业聚集区、“两型社会”建设先导区、创新驱动引领区等。

3. 2014年至今：“8 +24”助推湖南高新区发展的换档升级

2014年12月，长株潭国家自主创新示范区的设立，更进一步凸显了高新区在全省的战略地位。2015年3月，国务院批准郴州高新区晋升为国家级高新区。2015年5月，省政府批复同意设立宁乡高新区、平江高新区、岳阳高新区。2016年7月，浏阳、湘阴、津市、涟源、永州、怀化、泸溪等7个省级高新区获批。2017年，湖南省新认定开福、望城、岳麓、云溪、汨罗、衡山、桃源、新化、江华、隆回、张家界等11个省级高新区，实现省级高新区在各市州的全覆盖。截至目前，湖南省共有8个国家级高新区、24个省级高新区，合计占全省园区数量的22%。总体来看，32家高新区形成了较为鲜明的产业特色，突出了自主创新、内生增长、资源集约利用的发展目标，倡导了“创新、协调、绿色、开放、共享”的五大发展理念，高新园区建设进入全面加快产业结构转型升级、提质增效的重要时期。

（二）高新区已成为湖南经济社会发展、创新创业的强引擎

“十三五”时期，高新区牢牢把握对外开放、国际产业资本转移等重大机遇，不断壮大总量规模、厚植创新创业土壤、培育高新技术产业，成为推动地方经济社会发展、促进产业结构优化升级、增强企业自主创新能力、提高产品国际市场竞争力的重要引擎与核心载体。

1. 经济规模持续壮大，带动能力显著增强

2017年，32家高新区以占湖南0.33%的土地面积，集聚了湖南超过1/3的高新技术企业，创造了湖南近1/3的工业总产值和出口总额。其中，国家级高新区工业用地地均税收和人口密度最高，工业用地建筑系数和地均税收增幅最大，已成为所在地区经济增长的重要力量、税收增加的重要来源和

湖南对外开放的重要高地。2017 年科技部发布的全国高新区排名显示，湖南国家高新区在全国的排名均有提升，其中长沙高新区在全国排第 13 位，较上年提升 3 位；株洲高新区排第 23 位，较上年提升 5 位。

2. 高新产业迅速成长，高端集群优势突出

湖南 11 个国家高新技术产业化基地中有 9 个分布在高新区内。长沙有色金属精深加工基地、株洲高新区轨道交通基地、湘潭高新区能源基地、岳阳精细化工基地等一批国家级和省级产业示范基地成为产业集群发展的重要载体，已初步形成了新材料、先进制造、生物医药、电子信息、新能源与节能环保产业等五大创新产业集群。其中，电动汽车、风电装备、节能与环保设备、工程机械、高性能金属材料、特（超）高压输变电装备、生物医药等高新产业快速向价值链和技术链的高端发展，逐步实现了从比较优势向产业优势的转化。

3. 创新成果加快涌现，“长株潭现象”备受瞩目

2017 年湖南高新区专利申请量占省级以上产业园区的 54.97%，专利授权量占 40.53%。其中长沙高新区、株洲高新区分别名列全省省级以上产业园区专利申请量和专利授权量的第一、第三位。在长沙、株洲、湘潭三个国家级高新区的支撑带动下，长沙、株洲、湘潭三市以占全省 1/7 的面积、1/3 的人口，创造了全省 60% 的科技成果，每万人口发明专利拥有量近 13 件，是全国均值的 2 倍。加速涌现出“天河二号”超级计算机、“海牛”深海钻机、永磁同步牵引电机、新一代大容量石墨烯超级电容、常导短定子中低速磁悬浮列车等多项世界和国内领先的科研成果，“自主创新长株潭现象”引起国内外高度关注。

4. 平台载体日益丰富，创业氛围更加浓厚

截至 2017 年，湖南近 70% 的省级以上技术研发平台集聚在高新园区内，拥有国家级和省级科技企业孵化器、创业服务中心、生产力促进中心、创新创业指导中心、设计创新平台等各类型创新创业服务平台达 70 余家，占全省的 45%。服务创业团队 4000 余个，在孵企业 7000 余家，吸纳安排就业 5 万余人。新技术、新业态、新模式持续涌现，成为“大众创业、万众创新”最活跃的区域。

二 推动湖南高新区提质升级存在的制约因素

在取得发展成绩的同时，湖南高新区与国内外一流高新区相比，在知识创造和技术创新能力、产业升级和结构优化能力、国际化和参与全球竞争能力、可持续发展能力等方面还存在较大差距。创新绩效导向不突出、政策红利释放不足、管理体制机制不顺、创新要素支撑不力、产业竞争力不强等已成为影响湖南高新区争先进位、量质齐升的关键因素。

（一）强化高新区创新驱动发展的导向还不突出

高新区应以发展高新技术产业、形成自主创新能力为重点，突出创新创业载体和平台功能。但由于省级层面对各种类型的开发区采用同一套评价指标体系、同一种评价方法，地方层面将项目引进、园区经济等指标放在对高新区进行年度绩效考核的首要位置，因此不仅造成高新区与其他类型园区在功能定位、发展模式等方面基本雷同，创新特色难以体现；而且一些高新区仅将招商引资视为园区发展的主要目标，将重点集中在投资密度高、项目规模大、政策引导强、成果见效快的大企业、大项目上，高新区沦为“招商金字招牌”。如2016年长沙市对长沙高新区的绩效考核指标中，项目引进与建设、税收收入、规模以上工业及服务业增加值、固定资产投资等指标占总指标分数的66%，而与创新能力相关的考核指标仅占总指标分数的20%。

（二）推动高新区发展的管理体制机制还不顺

1. 高新区发展的顶层设计缺失

除支持长株潭三市高新区打造国家自主创新示范区外，湖南省级层面尚未专门出台支持高新区发展的政策文件，也未成立省级以上高新区建设的议事协调机构。同时，尽管湖南省委省政府在《关于进一步促进产业园区发展的意见》中划分了省发改委、省经信委、省科技厅、省人社厅、省国土资源厅、省建设厅、省商务厅等部门在省级以上产业园区管理中的权责范围，但由于涉及行政主管部门众多，资源整合难度增加，在支持高新区发展中难以形成合力。

2. 高新区行政主体地位不明

当前，湖南绝大多数高新区实行的是准政府的管委会体制，为市县政府派出机构，实行属地管理。虽然地方政府赋予了高新区管委会一定的行政管理权限，但实际上在法律层面未对高新区管委会的功能定位、管理体制和政策保障等方面予以明确。高新区管委会一方面缺乏行政主体资格，另一方面却承担了控违拆违、城市管理等越来越多的社会管理事务，行政化趋势更加明显。

3. 高新区管理人才活力不足

作为政府派出机构，高新区管委会理论上属于行政机构，按规定应使用行政编制，但目前编办核定为开发区专项编制，实质上等同于全额拨款事业编制。事业单位职工进步空间有限，一方面造成对人才的吸引力有限；另一方面高新区培养的优秀干部和后备人才难以交流和推荐到其他单位任职，干部流动缺乏合适的渠道，一定程度上会影响干部的工作积极性。

（三）指导高新区发展的政策红利释放还不足

1. 政策支持体系不完善

近年来，湖南从省级层面出台了《关于进一步促进产业园区发展的意见》《关于加快产业园区体系建设的意见》《推进创新创业园区发展加快实施“135”工程实施细则》《湖南省加快推进产业园区转型升级的实施方案（2016～2018年）》等一系列推动产业园区发展的政策文件。总体来看，这些意见、方案忽视了高新区的主体特征和目标属性，指导性、专业性、连续性不强。尽管编制了《长株潭国家自主创新示范区发展规划纲要（2015～2025年）》，出台了《关于建设长株潭国家自主创新示范区的若干意见》（湘发〔2015〕19号），但相关职能部门和地方政府尚未出台相应的实施细则，可操作性不强。

2. 财税政策实施滞后

在建设东湖国家自主创新示范区时，湖北省已明确将东湖高新区上交省财政的新增税收全额返还政策延长，武汉市比照省级政策配套，并且执行东湖高新区土地出让收入省级留成部分返还政策。武汉市还要将省级返还资金全额落实到东湖高新区。而湖南尽管在《关于建设长株潭国家自主创新示范区的若干意见》中提出了相关财税支持的措施，但并未明确专项资金的额度，也未明确相关细则。

3. 科技投入总量偏低

湖南 32 家高新区规模以上工业企业研发投入强度为 1.4%，低于全省 1.5% 的平均水平。其中 14 家省级高新区研发投入强度只有 0.81%，8 家国家级高新区研发投入强度只有 1.77%，远低于全国 147 家国家高新区 5.6%（2015 年数据）的研发投入强度。同时，高新区之间研发投入两极分化现象比较严重，32 家高新区中有 6 家研发投入强度在 1.5% 以上，有 5 家研发投入强度在 0.5% 以下。

（四）支撑高新区发展的创新要素配置还不优

1. 高技能型人才缺口巨大

据调研统计，目前湖南技能劳动者仅占城镇从业人员的 23.5%，较全国平均水平低 15.5 个百分点，其中高技能人才占比不足 6.4%。2016 年第四季度，湖南省内对高级专业技术人才有效需求超过有效求职人数的 3 倍。

2. 融资渠道单一

在现有的金融、房地产、融资平台等政策环境和市场环境下，高新区依靠传统的“储地—融资—建设”路子已越来越难。同时风投、债券及股权交易等资本市场在湖南发展缓慢，银行开展信用贷款、知识产权质押贷款等新型融资业务的动力不足，企业仍依赖土地抵押等传统融资方式。

3. 土地利用两极分化

一方面，部分高新区用地需求在不断增加，但园区工业用地储备严重不足。如湘潭高新区总面积仅45.8平方公里，两年内将面临无地可用的窘境。另一方面，部分高新区土地利用效益不高。有近60%的高新区工业用地单位面积土地产出强度低于全省高新区428万元/亩的平均水平，其中最低的仅为36.79万元/亩。有超过80%的高新区单位面积土地税收产出强度低于全省高新区8.77万元/亩的平均水平，其中最低的仅为1.18万元/亩。

（五）驱动高新区发展的产业竞争力还不强

1. 产业发展质量不高

总体来看，湖南高新区主导产业突出，但“大而不强”的状况仍未根本转变，主营业务收入中高技术研发的产品生产和商品销售收入、技术创新性收入、人均劳动生产率、地均产出率仍然比较低。而尽管战略性新兴产业、高技术服务业增速较快，但相比之下体量仍然较小，并且新兴产业的技术扩散还停留在表面，与之配套的技术产品仍处在价值链中低端。

2. 企业协作生态链尚待形成

湖南高新区内大部分行业龙头企业的主要配套产品有固定的配套厂商，大宗采购件面向国内公开招标，容易忽略本地一些有优势的中小企业。同时，大多数高新区内协会、信息发布平台等中介组织的缺失或功能发挥不足严重制约了企业之间的沟通交流，主机企业与配套企业间产品的供需链、创新链、信息链无法及时共享，难以形成相互信任的供给与合作关系。调查发现，“员工或朋友推荐”和“知名度高的企业”成为多数企业选择合作伙伴的主要渠道。

3. 缺少接力的科技型中小企业

考虑到经济效益、带动性和影响力，湖南高新区对大企业的重视程度非常高，而对一些中小企业的支持力度则相对不够。以株洲高新区为例，中小企业数占园区企业总数的82.3%，但产值仅占30.1%。中小企业实力普遍不强、技术创新能力不足，缺乏发展前景好、成长性佳、技术含量高的独角兽企业、瞪羚企业。

三　推动湖南高新区提质升级的政策建议

高新区作为湖南重要的创新高地、人才高地和开放高地，推动其提质升级要紧紧围绕“创新引领、开放崛起”的重大战略出台连续性、系统性、针对性的政策措施，为湖南加快建成创新创业的生态网络、构建具有全球竞争力的现代产业体系和对外开放平台提供有力保障。

（一）实施针对高新区创新发展的考核评价体系

根据以创新驱动为导向的省级高新区绩效评价指标体系，探索完善考核评价机制，加强对全省高新区的绩效评价、分类指导和动态管理。其中国家级高新区参照科技部的考评结果，省级高新区由省高新园区发展领导小组进行考核。规范地方政府对高新区的管理，对地方党委政府、高新区和党政一把手实行联动考核，将高新区提质升级考核结果与地方党政领导、高新区领导的提拔任用紧密挂钩，并作为地方政府绩效考核的重要内容。建立符合全省高新区发展实际的统计监测体系，健全信息交流、定期报告和产业统计监测调查制度，对全省高新区逐步建立月排序、季通报、年考核的激励约束机制。

（二）创新符合高新区发展定位的管理体制机制

1. 成立以省级领导为组长的高新区发展领导小组

将高新区从产业园区领导小组中剥离出来，成立湖南高新区发展领导小组，由省委或省政府领导担任组长，整合发改、经信、科技、商务、住建、人社等相关职能部门资源，每年定期到高新区进行现场办公，专门研究解决高新区发展中存在的突出问题。

2. 明确高新区管委会的行政权力与管理职责

根据《湖南省高新技术发展条例》和《中共湖南省委湖南省人民政府

关于进一步促进产业园区发展的意见》（湘发〔2009〕4 号）等精神，尽快出台《关于进一步确认高新区管委会行政执法主体资格的意见》；督促各高新区所在市（县）发布《下放高新区管委会行政权力清单》，分别赋予国家级和省级高新区地市级和县级经济部门的审批权限；落实、加强高新区管委会的行政主体资格和机构人员编制。

3. 强化地方政府对高新区管委会的干部队伍建设

探索对高新区党政一把手实行“条块结合”的双重管理，即市（县）党委在对高新区党政一把手进行调整前，应充分听取和征求上级科技主管部门的意见。支持由市（州）、县（市、区）委副书记分管高新区工作，或由市（州）、县（市、区）委常委兼任高新区党工委书记。

（三）建立健全符合高新区主体特征的政策支持体系

1. 强化政策支持高新区发展的指导性和连续性

加快修订《湖南省高新技术发展条例》，研究制定《湖南省加快推进高新技术产业开发区发展的实施意见》。抓紧实施《湖南省高新技术产业开发区创新驱动发展提质升级三年行动方案（2017 ~ 2019 年）》，加快出台《关于建设长株潭国家自主创新示范区的若干意见》的相关配套政策和实施细则。在全省高新区深入实施“创新型产业集群培育、科技创新服务体系建设、体制机制改革创新”三大工程，协同推进各部门出台指导全省高新区发展的相关配套政策。

2. 加大对高新区建设的财税支持力度

减免高新区土地开发的行政事业性收费；将高新区范围内各项税费收入中省级留成部分，通过转移支付方式全额安排给各高新区管委会；将高新区土地出让收入省级及省级以下留成部分全额返还。

3. 设立高新区创新发展基金

整合湖南省发改委、省经信委、省科技厅等省直相关部门的专项资金，成立湖南高新区创新发展基金。由省财政每年统筹安排不低于 10 亿元，重点支持湖南高新区内的龙头企业、骨干企业、快速成长企业的创新项目。湖南高新区创新发展基金内设自创区专项，集中用于支持长株潭自创区重点产业和项目。

（四）提升高新区创新创业的配套服务和要素供给能力

1. 加强创新创业的公共服务平台建设

推动新一代信息技术与高新区发展深度融合，选择有条件的高新区推动政务云、工业云、工业大数据和工业互联网等功能型平台建设。加大对孵化器、创业社区等运营机构的补助。鼓励企业与高等院校、科研院所等合办新型研发机构。支持科技要素交易市场、科技成果（知识产权）交易中心等公共服务平台建设。

2. 大力引进、培养创新创业人才

整合安排专项资金，通过采取“院士工作站”“创业导师工作站”“技术移民”等方式引进高层次创新团队、高科技研发人才、高层次管理人才、高水平网络营销人才和高技能人才到高新区发展。着力建设“政务服务 + 创业服务 + 生活服务”全环节人性化的人才服务链，鼓励和支持高新区对各类人才分层分类提供配偶就业、子女入学、医疗、社保、出入境和停居留、创业扶持等便利化服务。加快建立高新区高层次人才需求信息库。

3. 加快完善科技金融服务

探索实施“高新区合伙人计划”，充分利用 PPP 等方式鼓励和引导社会资本参与园区开发建设。大力发展债券市场，省财政在分配地方政府债券额度时，对高新区发行置换债券规模和新增债券规模予以单独考虑。在长株潭自创区实行投贷联动试点和贷款风险补偿试点。

4. 着力提升土地利用效率

优先保障高新区重大创新项目用地需求，探索存量建设用地二次开发机制。构建工业用地亩产效益评价体系，建立土地产出效益与新增建设用地计划分配挂钩制度。探索工业用地弹性年限出让和长期租赁、先租后让、租让结合制度。探索对国家级高新区的用地指标实行单列。

（五）打造高新区多点支撑的产业发展格局

1. 规划实施重点产业支持工程

围绕先进轨道交通装备、工程机械、生物医药、新能源装备等优势产业，补链强链。紧扣产业链的关键环节、缺失环节和薄弱环节，规划一批补链、强链和扩链的重大项目，在重大技术创新和产业链关键配套上加大支持力度，推动形成更多的千亿元产业甚至是万亿元产业。围绕地理信息、新材料、航空航天、核电核能、节能环保等高成长性产业，提质升级。绘制"产业链全景图"，标明每个环节的核心技术、价值比重和湖南高新园区发展现状，为招商引资提供依据和指南。对那些在产业链中拥有核心技术、占据价值高端、起决定作用的关键环节，积极引进一批国际国内知名企业、行业龙头企业特别是世界500强企业，推动高新区高成长性产业层次和规模体量再上大台阶。将移动互联网、大数据、新能源汽车、工业机器人等新兴产业，培育壮大。对新兴产业进行科学引导，突出高端化取向，实行重点突破、整体跟进的战略，使之一开始就形成连续的产业链态势，加强各行业之间、各企业之间的联系，使之形成创新生态网络。

2. 规划实施创新型产业集群工程

出台《湖南省高新区主导产业发展指导目录》，从产业布局、产业链完善等方面明确各园区的主导产业与特色产业，避免高新区间同质化竞争。如长沙高新区重点发展高端工程机械、电子信息、新材料等产业；株洲高新区重点发展轨道交通、通用航空、新能源汽车等三大动力装备及安全防护产业；湘潭高新区重点发展新能源装备、军民融合智造等产业。益阳高新区重点发展专用设备制造、通信和电子设备制造、农产品精深加工产业；衡阳高新区重点发展输变电装备制造、电子信息、核能产业；郴州高新区重点发展有色金属新材料、电子信息和先进装备制造产业。

3. 规划实施骨干企业培育工程

整合规模以上企业统计数据库、火炬统计数据库、企业上市培育数据库等数据库资源，参考国家中小微型企业划分标准和湖南省中小企业培育类型标准，建立湖南高新园区骨干企业培育数据库。将高新区内骨干企业按照年销售收入指标分为“大集团”企业（年销售收入 10 亿元以上）、“提升型”企业（年销售收入 4 亿 ~ 10 亿元）、“小巨人”企业（年销售收入1 亿 ~ 4 亿元）、“成长型”企业（年销售收入 2000 万 ~ 1 亿元）、“拟上规”企业（年销售收入 2000 万元以下）等五个梯度，着力从整合资源、锁定目标、重点扶持等方面加大财政扶持和金融服务力度，帮助企业快速发展壮大。

参考文献

中共湖南省委、省人民政府：《关于建设长株潭国家自主创新示范区的若干意见》（湘发〔2015〕19 号）。

湖南省人民政府办公厅：《湖南省加快推进产业园区转型升级的实施方案（2016 ~ 2018 年）》（湘政办发〔2016〕52 号）。

B.13

湖南文化产业发展现状、省域比较与推进路径研究

高立龙*

摘　要： 自从湖南在全国率先提出和大力实施文化强省战略以来，文化在经济社会中的引领支撑作用不断显现和增强，随着文化强省战略的实施和阶段性目标的达成，如何继续发挥湖南省文化发展优势和提升发展短板，推动文化产业转型升级，打造文化强省的升级版，努力在文化强省建设中走在全国前列，已经成为当前亟须破解的重要课题。本文在分析湖南省文化产业发展现状的基础上，寻找当前湖南在文化和创意产业发展中存在的主要问题，通过与文化强省建设省域比较发现，与发达地区相比湖南文化产业的发展仍存在差距，最后提出文化产业壮大、文艺精品创作、文化宣传交流、文化人才提振、文化体制改革、文化发展保障六大工程作为湖南发展文化产业的主要推进路径。

关键词： 湖南　文化产业　路径

文化是民族的灵魂，文化的力量深深熔铸在民族的生命力、创造力和凝聚力中，因而被称为国家和民族的“软实力”。文化发展不仅可以不断提高人

---

* 高立龙，湖南省社会科学院区域经济与绿色发展研究所助理研究员。

民群众的思想道德素质和科学文化素质，而且对促进经济增长、增强国家和区域综合竞争能力也有巨大的作用。以习近平同志为核心的党中央高度重视文化建设，对文化改革发展作出了一系列重要论述。党的十九大报告将文化的地位和作用提升到一个前所未有的崭新高度，提出“没有高度的文化自信，没有文化的繁荣兴盛，就没有中华民族的伟大复兴。要坚持中国特色社会主义文化发展道路，激发全民族文化创新创造活力，建设社会主义文化强国”。

自从湖南省第九次党代会在全国率先提出和大力实施文化强省战略以后，湖南省人民的精神面貌发生了深刻变化，文化创意产业不断壮大，文化在湖南省经济社会中的引领支撑作用不断显现和增强，“文化湘军”“文化湖南”成为湖南走向全国和世界极其亮丽的名片。“十二五”期间，湖南省文化和创意产业增加值年均增长 15.6%，高出同期经济增长速度 3.1 个百分点，增加值占 GDP 比重持续提升。在大力打造文化强省的过程中，湖南的文化发展具备了坚实的基础和明显的优势，也得到了省委省政府的大力支持。随着文化强省战略的实施和阶段性目标的达成，如何继续发挥湖南省文化发展优势和提升发展短板，打造文化强省的升级版，如何在新形势下推动文化产业转型升级，努力在文化强省建设中走在全国前列，已经成为湖南政府部门、文化界和学界亟须破解的重要课题。

一　湖南文化产业发展现状

2017 年，湖南文化和创意产业实现较快发展，产业规模持续扩大，结构调整不断推进，速度效益协调同步，发展后劲稳步增强，但产业发展不平衡不充分的问题值得关注，实现高质量发展仍须努力。

（一）发展成就

1. 产业引领经济发展

2017 年，湖南省文化和创意产业实现增加值 2196.18 亿元，首次迈上 2000 亿元新台阶，比上年增长 14.9%（未扣除价格因素影响，下同），增速比同期 GDP 现价增速高 5.3 个百分点，对 GDP 增量的贡献达 9.4%。文化和创意产业增加值占 GDP 的比重为 6.35%，比上年提高 0.25 个百分点。文化和创意产业增速明显高于同期经济增速，发展势头及对经济发展的拉动作用进一步增强。

表 1　2014～2017 年湖南文化和创意产业增加值及占比

单位：亿元，%

年份	增加值	占 GDP 比重	年份	增加值	占 GDP 比重
2014	1513.86	5.60	2016	1911.26	6.10
2015	1707.18	5.90	2017	2196.18	6.35

2. 规模扩张快于全国

2017 年，湖南省规模以上文化产业企业（以下简称“规模以上文化产业企业”）3162 家，比上年同期增加 465 家，同比增长 17.2%。据对上述企业调查，2017 年，湖南省规模以上文化产业实现营业收入 4385.23 亿元，同比增长 12.2%，高出全国平均增速 1.4 个百分点。与上年同期增速相比，提高 2.5 个百分点（见图 1）。

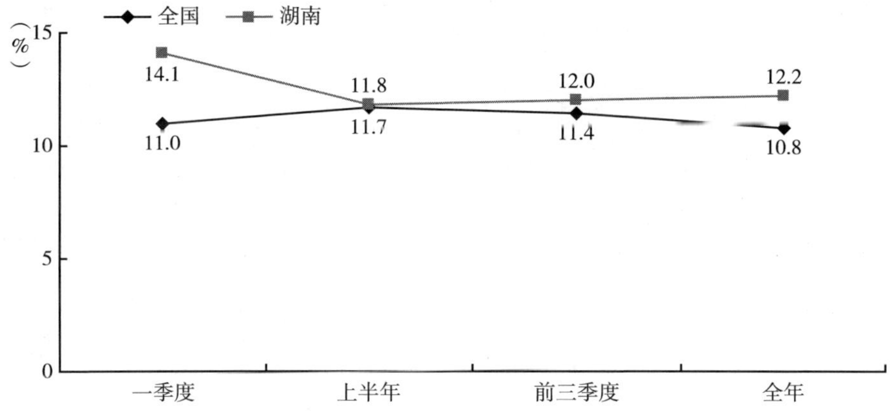

图 1　2017 年湖南规模以上文化产业营业收入增速与全国平均水平比较（名义增速）

3. 结构调整稳步推进

规模以上文化服务业新增市场主体加快成长。2017 年，湖南省共有规模以上文化制造业企业 1508 家，比上年增长 3.9%；文化批零业企业 429 家，同比增长 10.9%；文化服务业企业 1225 家，同比增长 42.8%。规模以上文化服务业企业个数增速分别高出规模以上文化制造业和文化批零业增速 38.9 个和 31.9 个百分点。在 2017 年新增的 465 家规模以上文化产业企业中，新增文化服务业企业共计 367 家，占比为 78.9%。规模以上文化服务业实现营业收入占比稳步提升。2017 年全年，规模以上文化制造业实现营业收入 3347.27 亿元，比上年增长 12.6%；文化批零业实现营业收入 380.95 亿元，增长 7.3%；文化服务业实现营业收入 657 亿元，增长 12.9%。规模以上文化服务业实现营业收入增速分别比同期文化制造业和文化批零业快 0.3 个和 5.6 个百分点。规模以上文化服务业实现营业收入占全部规模以上文化产业的比重为 15%，同比提高 1.3 个百分点。规模以上传统优势文化产业与新型文化产业实现营业收入增速呈现企稳回升态势。

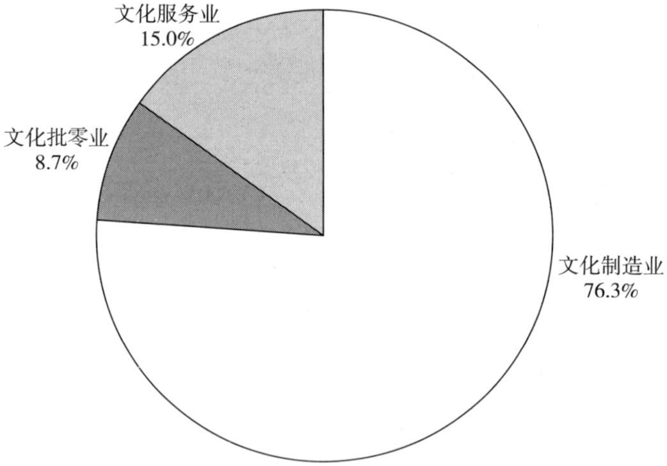

图 2　2017 年湖南规模以上文化企业营业收入结构
（按三大产业分）

4. “双效合一”有力提升

文化产业关联效应强，产业链长，带动相关产业吸纳就业的潜力大。2017 年湖南规模以上文化产业企业从业人员 50.87 万人，比上年增长 7%，增速提高 5.8 个百分点。其中，文化制造业从业人员 38.25 万人，增长 6.7%；文化批零业从业人员 1.85 万人，下降 0.2%；文化服务业从业人员 10.77 万人，增长 9.4%。在改善民生、增加就业、社会效益取得进步的同时，企业经济效益实现较快增长。2017 年湖南省规模以上文化产业企业实现利润总额 256.81 亿元，比上年增长 15%。其中，规模以上文化制造业、文化批零业和文化服务业分别增长 8.8%、-4.7% 和 44.4%。得益于规模以上文化服务业营业利润率显著上升，2017 年湖南省规模以上文化产业企业营业利润率为 5.9%，同比上升 0.2 个百分点。其中，文化服务业营业利润率为 10.3%，上升 2.3 个百分点；文化制造业和文化批零业营业利润率分别下降 0.2 个和 0.7 个百分点。

5. 文化需求较快增长

从文化产业投资需求看，2017 年湖南文化产业完成投资 2279.47 亿元，比上年增长 13.9%，高出湖南省固定资产投资完成额增速 0.8 个百分点。从文化产业三大行业完成投资看，文化制造业、批零业和服务业分别增长 4.6%、-3.4% 和 19.8%。文化服务业投资增长强劲，完成投资额 1502.33 亿元，增速高出全部文化产业投资完成额 5.9 个百分点，分别高出文化制造业和文化批零业投资完成额 15.2 个和 23.2 个百分点，引领增长的地位彰显。其中，文化服务业中的文化娱乐业投资完成额增速更是达到 24.4%。从文化消费需求看，随着文化市场蓬勃发展，城乡居民的休闲文化生活更加丰富多彩。2017 年，城镇居民人均文化娱乐支出 1826 元，增长 20.6%。农村居民人均文化娱乐支出 440 元，增长 17.7%。城乡居民人均文化娱乐支出增速分别高出人均生活消费支出增速 12.5 个和 9.2 个百分点。

（二）存在的问题和不足

通过对 2017 年的数据进行分析，当前湖南文化和创意产业发展中的主要问题集中反映在产业发展不平衡不充分上。

1. 国有文化企业示范带动作用不够强

2017 年，国有文化企业生产增长低迷，示范带动作用不够。从登记注册类型看，73 家国有文化企业从业人员 1.66 万人，同比下降 0.2%；而同期内资文化企业从业人员平均增速为 6%，全部规模以上文化产业企业平均增速为 7%。实现营业收入 146.41 亿元，同比增长 1.9%，低于内资文化企业实现营业收入平均增速（8.6%）6.7 个百分点，低于全部规模以上文化产业企业平均增速（12.2%）10.3 个百分点；实现利润总额 10.75 亿元，同比下降 3%；而同期内资文化企业实现利润总额增速为 14.8%，全部规模以上文化产业企业平均增速为 15%。从企业控股情况看，326 家国有控股文化企业实现利润总额 41.7 亿元，增长 29.2%，虽然增长较快，但实现营业收入增长依然比较低缓，为 597.85 亿元，同比增长 7.8%，低于全部规模以上文化产业企业平均增速（12.2%）4.4 个百分点；从业人员 5.86 万人，下降 0.6%。

2. 文化产业主体发展不够足

从文化产业十大行业类别来看，总体呈“九升一降”态势，文化创意和设计服务业、文化信息传输服务业等新型文化产业发展不充分，增速较慢，位次靠后，文化产业主体发展还不够充足。从营业收入同比增长看，增速最快的是文化艺术服务业，增长 55.5%，其余依次是：文化休闲娱乐服务业，增长 29.6%；文化产品生产的辅助生产，增长 14.6%；文化专用设备的生产，增长 13.6%；工艺美术品的生产，增长 13.2%；文化用品的生产，增长 12.2%；广播电影电视服务业，增长 11.5%；文化创意和设计服务业，增长 9.5%；文化信息传输服务业，增长 8.5%。一个下降的行业是新闻出版发行服务业，下降 2.2%。与全国文化产业十大行业类别结构比较，2017 年，湖南文化信息传输服务业占比仅为 1.6%，文化创意和设计服务业占比仅为 6%，比全国平均水平分别低了 7.1 个和 6.9 个百分点。与全国平均增速比较，湖南文化创意和设计服务业实现营业收入增速略高出全国平均增速（8.6%）0.9 个百分点，但文化信息传输服务业实现营业收入增速比全国平均增速（34.6%）低了 26.1 个百分点。文化产业行业分化，特别是新型文化产业发展还不充分，导致作为文化产业主体的文化产品的生产占比不高。2017 年湖南规模以上文化产业这一占比为 26.9%，全国为 47.6%，湖南比全国低了 20.7 个百分点。

3. 文化产业区域发展不平衡

文化产业区域发展不平衡主要表现在地区规模以上文化产业发展水平存在较大差距。2017 年，长株潭地区的规模以上文化产业企业 1602 家，占湖南省的比重超过一半，为 50.7%；单位平均营业收入达 17427 万元，超过湖南省单位平均营业收入水平 3558 万元；实现营业收入 2791.79 亿元，占湖南省的 63.7%。其余不足五成的规模以上文化产业企业、不足四成的营业收入分布在洞庭湖地区、湘南地区和大湘西地区，这三大经济板块的规模以上文化产业企业单位规模均低于湖南省平均水平。其中，洞庭湖地区的规模以上文化产业企业占湖南省的 17.2%；单位平均营业收入比湖南省平均水平少 2102 万元；实现营业收入占湖南省的 14.6%。湘南地区的规模以上文化产业企业占湖南省的 14.7%；单位平均营业收入比湖南省平均水平少 1890 万元；实现营业收入占湖南省的 12.7%。大湘西地区的规模以上文化产业企业占湖南省的 17.4%；单位平均营业收入比湖南省平均水平少 6685 万元；实现营业收入占湖南省的 9%。从极差值来看，长株潭地区规模以上文化产业企业个数是湘南地区的 3.4 倍；单位平均营业收入规模、实现营业收入分别是大湘西地区的 2.4 倍和 7.1 倍。分市州看，长沙市规模以上企业数量和单位平均营业收入均遥遥领先其他市州。2017 年，规模以上文化产业企业 1045 家，占湖南省的比重达 33%，单位平均营业收入 21295 万元，超过湖南省平均水平 7426 万元。

表 2　2017 年湖南省及分市州、区域规模以上文化产业发展情况

区域	企业数（家）	单位平均营业收入（万元）	营业收入	
			绝对额（亿元）	比上年增长（%）
湖南省	3162	13869	4385.23	12.2
长　沙	1045	21295	2225.33	10.2
株　洲	354	10189	360.69	12.8

续表

区域	企业数（家）	单位平均营业收入（万元）	营业收入	
			绝对额(亿元)	比上年增长(%)
湘　潭	203	10137	205.77	16.1
衡　阳	165	13620	224.74	54.2
邵　阳	163	11292	184.05	23.3
岳　阳	215	17202	369.84	0.5
常　德	172	8762	150.71	19.8
张家界	51	5118	26.10	-0.1
益　阳	157	7617	119.58	10.8
郴　州	213	13009	277.09	4.8
永　州	88	6407	56.38	40.8
怀　化	125	4124	51.55	22.6
娄　底	171	7138	122.05	10.1
湘　西	40	2839	11.35	-8.0
长株潭	1602	17427	2791.79	10.9
洞庭湖	544	11767	640.12	6.4
大湘西	550	7184	395.11	16.0
湘　南	466	11979	558.2	24.0

二　湖南推进文化强省建设的省域比较

近年来，湖南省文化产业发展取得了显著成效，总体来看，在中部地区处于领先优势，但是与发达省份相比，差距依然较大。

1. 产业发展整体比较

2016 年，湖南省文化及相关产业增加值 1911.26 亿元，占 GDP 的比重达6.1%，是湖南省战略性新兴支柱产业，进入全国第一方阵，增加值和占 GDP 的比重均明显高于河南和湖北两省，在中部六省位居第一。但与发达省份相比，湖南省文化产业的规模还不够大，2016 年广东、江苏和浙江文化及相关产业增加值分别为湖南的 222.71%、182.5% 和 167.43%（见表 3）。2016 年，湖南省文化及相关产业法人单位数为 39658 个，略低于河南和湖北两省，与发达省份差距较大，分别仅相当于广东、江苏和浙江的 32.4%、32.65% 和 35.1%（见表 4）。2016 年，湖南省文化及相关产业实现固定资产投资1662.19亿元，高于浙江、广东和湖北三省，但差距较小；低于江苏和河南，其中与江苏省差距较大，仅为后者的62.93%（见表5）。

表3 2016年文化及相关产业增加值省际比较

单位：亿元，%

省域	文化及相关产业增加值	占GDP比重	其他省份相当于湖南比重
湖南	1911.26	6.10	100.00
湖北	853.78	2.61	44.67
河南	1212.80	3.00	63.46
广东	4256.63	5.26	222.71
江苏	3488.00	4.51	182.50
浙江	3200.00	5.80	167.43

注：湖北省为2015年数据。

表4 2016年文化及相关产业法人单位数省际比较

单位：个

省域	法人单位数	其中：文化制造业	文化批发和零售业	文化服务业
湖南	39658	6609	4283	28766
湖北	46263	3897	6927	35439
河南	52103	7410	8853	35840
广东	122397	34025	19054	69318
江苏	121450	26111	19937	75402
浙江	112984	35105	18400	59479

资料来源：《中国文化及相关产业统计年鉴2017》。

表5 2012～2016年文化及相关产业固定资产投资省际比较

单位：亿元

年份	湖南	湖北	河南	广东	江苏	浙江
2012	481.52	396.85	680.55	706.83	871.68	553.16
2013	864.34	622.22	846.67	876.78	1438.36	696.60
2014	1045.82	874.03	1039.61	1004.49	1822.62	851.55
2015	1227.75	1109.18	1390.97	1233.24	2409.81	1074.73
2016	1662.19	1385.16	1841.81	1401.20	2641.22	1442.31

资料来源：《中国文化及相关产业统计年鉴2017》。

2. 文化企业发展比较

2016 年湖南省规模以上文化制造业企业共有 1417 家，分别比河南和湖北多 411 家和 877 家，但明显低于发达省份，仅相当于广东、江苏和浙江的 40.97%、50.83%和 62.04%；限额以上文化批发和零售业企业和规模以上文化服务业企业分别为 349 家和 736 家，数量与湖北省较为接近，低于河南省和其他三个发达省份。2016 年湖南省规模以上文化制造业企业实现营业收入和利润总额分别为 2782.92 亿元和 175.42 亿元，明显高于湖北省，与河南省基本持平，两项指标虽与广东和江苏差距明显，但略高于浙江省；限额以上文化批发和零售业企业利润总额高于湖北省，略低于浙江省；规模以上文化服务业企业营业收入和利润总额均高于河南省，但均低于湖北省，与发达省区差距较为明显（见表 6 ~ 表 8）。

表 6　2016 年规模以上文化制造业企业基本情况省际比较

省域	企业单位数（家）	年末从业人员（万人）	资产总计（亿元）	营业收入（亿元）	利润总额（亿元）
湖南	1417	38.96	1177.96	2782.92	175.42
湖北	540	9.97	758.83	1158.75	56.80
河南	1006	31.36	1600.84	2431.12	193.61
广东	3459	138.72	6303.24	8847.43	331.25
江苏	2788	74.83	5239.83	7907.09	485.59
浙江	2284	36.42	2778.33	2611.57	137.66

资料来源：《中国文化及相关产业统计年鉴 2017》。

表 7　2016 年限额以上文化批发和零售业企业基本情况省际比较

省域	企业单位数（家）	年末从业人员（万人）	资产总计（万元）	营业收入（万元）	利润总额（万元）
湖南	349	1.67	228.21	329.43	16.01
湖北	445	2.35	209.04	410.76	15.02
河南	640	2.96	220.66	397.23	20.31
广东	1073	7.27	1240.00	2381.87	39.19
江苏	1056	7.06	1554.70	2590.67	62.54
浙江	820	4.47	670.17	1285.19	18.28

资料来源：《中国文化及相关产业统计年鉴 2017》。

表 8　2016 年规模以上文化服务业企业基本情况省际比较

省域	企业单位数（家）	年末从业人员（万人）	资产总计（万元）	营业收入（万元）	利润总额（万元）
湖南	736	7.96	1278.46	498.46	51.55
湖北	667	12.20	1347.39	571.32	71.15
河南	1072	11.54	1046.07	351.33	38.73
广东	2121	29.20	5404.27	2479.16	463.78
江苏	2976	34.12	4535.32	1955.96	207.94
浙江	1372	15.70	4620.72	2414.21	617.52

资料来源：《中国文化及相关产业统计年鉴 2017》。

3. 居民文化消费比较

2016 年湖南省居民人均文化娱乐消费支出为 740.7 元，比上年增加 101.7 元，城镇居民人均文化娱乐消费支出和农村居民人均文化娱乐消费支出分别为 1244.3 元和 300.4 元，分别比上年增加 149.2 元和 46.8 元，城乡支出比为 4.14。与其他省份相比，湖南省不管是人均文化娱乐消费支出还是城镇居民人均文化娱乐消费支出抑或农村居民人均文化娱乐消费支出均明显高于湖北和河南，人均文化娱乐消费支出分别比湖北和河南高 188.9 元和 167 元；与发达省份相比，湖南省三项指标尚有一定差距，其中城镇居民人均文化娱乐消费支出与发达省份相比差距较小，农村居民人均文化娱乐消费支出略高于广东（见表 9）。

表 9　2014～2016 年居民人均文化娱乐消费支出省际比较

单位：元

省份	居民人均文化娱乐消费支出			城镇居民人均文化娱乐消费支出			农村居民人均文化娱乐消费支出		
	2014 年	2015 年	2016 年	2014 年	2015 年	2016 年	2014 年	2015 年	2016 年
湖南	458.5	639.0	740.7	805.2	1095.1	1244.3	168.7	253.6	300.4
湖北	417.3	487.6	551.8	649.7	754.9	823.9	163.0	185.1	235.0
河南	439.9	501.5	573.7	833.4	902.1	1038.6	166.5	213.7	228.7
广东	871.6	1015.5	1139.6	1202.9	1387.8	1550.3	202.5	241.4	276.7
江苏	1141.9	1204.6	1266.7	1550.9	1636.2	1700.0	465.9	469.6	512.7
浙江	880.5	927.2	1093.0	1209.1	1272.2	1462.9	328.1	334.6	440.9

资料来源：《中国文化及相关产业统计年鉴 2017》。

三　湖南发展文化产业的主要推进路径

针对湖南省当前文化产业发展的短板和不足，以发达省份文化建设的成效为目标，从文化产业壮大工程、文艺精品创作工程、文化宣传交流工程、文化人才提振工程、文化体制改革工程、文化发展保障工程六个方面推进湖南省的文化产业发展壮大，着力打造文化强省升级版。

（一）文化产业壮大工程

以引导文化产业优化升级为着力点，培育形成新的增长点、增长极、增长带。通过重点行业企业带动和有力政策推动，促进文化产业优化结构布局、增强创新能力、提高质量效益。

1. 构建具有湖南特色的现代文化产业体系

着力推动文化产业供给侧结构性改革，重点培育和发展数字媒体、数字出版、创意设计、动漫游戏、移动多媒体、网络新媒体等六大新兴产业，推动影视传媒、新闻出版、演艺娱乐、文化旅游、广告会展、文化艺术等六大传统文化产业转型升级，加快构建湖南特色的现代文化产业体系。着力发展文化软件、广告服务、专业设计等创意设计产业，优化提升数字媒体、数字出版、影视传媒、出版发行、演艺娱乐、工艺美术、体育竞技与表演等产业，加快培育文博会展、绿色印刷、艺术品收藏及拍卖、动漫游戏、移动多媒体等新兴文化产业。促进文化与科技、制造、农业、金融、旅游融合，鼓励传统业态实现线上线下融合，引导和扩大文化消费。

2. 着力优化产业布局

持续开展省级文化产业示范基地和园区的评选活动，推动湖南长沙天心文化产业园、湘台文化产业园区等重点园区的建设发展，积极支持昭山文化产业园区创建国家级文化产业园。立足现有的 12 个国家级文化产业示范园区和基地、15 个省级特色文化产业示范园区基地，重点打造一批文化创意基地，提高文化产业规模化、集约化、专业化水平。加快发展县域特色文化产业，形成“一县一品”的发展格局。

3. 推进文化产业差异化发展

发挥科技创新型、文化创意型产品的优势，提供差异化、特色化的文化产品，通过文化创新驱动，更高效地激活文化创造力。发展湘菜、湘绣、湘瓷、湘茶、烟花等特色产业，推动地方文化产业差异化发展。

4. 强化文化市场管理

以优化市场健康、发展环境为着力点，加快建立统一开放、竞争有序、诚信守法、监管有力的现代市场监管体系。坚持简政放权、放管服结合，有序发展文化生产要素市场，为文化市场主体营造更好的发展环境。建好湖南省文化市场技术监管平台，实现与文化部监管平台无缝对接。通过完善并落实文化市场黑名单、双随机抽查、双告知、双公示制度，推进文化市场信用体系建设，推动上网服务营业场所及娱乐行业转型升级等措施，常态化开展执法检查，确保文化市场持续安全健康繁荣发展。完成好文化市场综合执法改革，打造一支高素质的文化市场管理队伍。

（二）文艺精品创作工程

落实中央和湖南省关于繁荣社会主义文艺的意见，坚持以人民为中心的创作导向，以湖湘优秀传统文化为根脉，以创新为动力，以创作生产优秀作品为中心环节，不断推出更多无愧于民族、无愧于时代的文艺精品。

1. 制定出台文艺精品创作生产行动计划

明确创作生产的重点方向、重点题材，鼓励原创和现实题材创作，推动舞台艺术与其他各门类艺术、专业艺术与群文创作协调发展。力求在打造有影响力的“高峰”之作上有突破，省文化厅重点抓 3 ~ 5 个重点剧目的创作，冲刺全国奖项。力求在创作有“韵味”的扛鼎之作上有突破，创作一批适合基层演出的文艺作品和具有湖湘文化特色的文化旅游剧目。积极做好戏曲传承发展工作，实质性推动戏曲进校园，复排、移植整理一批经典剧目。加大各级财政对艺术创作的扶持力度，完善扶持机制，力争实现每年有 50 ~ 70 个艺术项目入选国家艺术基金资助项目。加强对文艺精品的传播推广，促进文艺作品多渠道传输、多平台展示、多终端推送，扩大优秀作品的知名度和观众覆盖面。

2. 加强文艺创作生产的引导和扶持

坚持以“人民为中心”的创作导向，以弘扬和传播社会主义核心价值观为重要内容，加强文艺创作和优秀出版物生产的引导，围绕“中国梦”题材、地方特色题材、爱国主义和革命历史题材、现实生活题材、少数民族题材、少儿题材等开展创作。鼓励和推动艺术创新，优先扶持思想性、艺术性、观赏性有机统一、具有地方特色的优秀文艺作品；建立和完善文艺创作题材规划论证机制、文艺精品创作生产投入机制、文艺精品创作生产扶持机制；建立健全优秀文化产品的评价体系、激励机制和传播机制。

3. 实施重点创作工程

以“五个一工程”为龙头，加强文艺精品创作生产。实施文学湘军振兴工程，制订湖南文学创作扶持计划，推出文学精品。推进湖南戏剧振兴工程，扶持重点地方戏曲院团，力争 2 ~4 台剧目获得国家级奖项。精心打造影视剧作品，让更多具有湖湘特色的影视和演艺作品在全国产生重大影响，走向世界。实施“潇湘其魂美术创新工程”，创作一批体现中国特色、代表湖湘精神的美术作品。

（三）文化宣传交流工程

推动对外文化工作理念创新、思路创新、体制机制创新，创新对外传播、文化交流、文化贸易方式，把对外文化工作提高到新水平；加强与“一带一路”沿线国家的文化交流与合作，推动形成深度融合的互利合作格局；加快对外文化贸易优化升级，打造湖湘文化品牌。

1. 加强文化对外交流传播

对接国家“一带一路”倡议布局，配合省委省政府对外交往重点国家和区域，逐步扩大湖南省对外文化交流规模，提升交流效果，扩大湖湘文化国际影响力。制订湖南文化“走出去”发展规划，建好湖南省对外文化交流资源库，促进与其他兄弟省区、“一带一路”沿线国家的文化交流与合作。依托“欢乐春节”、与海外中国文化中心年度合作等部省合作平台，打造一批对外文化交流品牌活动，力争每年在境外举办1～2次大型湖南文化活动。创新对外文化交流机制，加强对外文化交流工作网络建设，各市州文化主管部门和省直文化单位成立相对应的对外文化交流工作部门，不断巩固发展多元化的对外文化交流新格局。加快对外文化贸易优化升级，努力打造中国品牌，塑造湖南形象。

2. 推动湖湘优秀传统文化“走出去”

遴选体现中华传统文化和湖湘传统文化特色的演艺节目和非遗产品在春节期间赴海外参加“欢乐春节·锦绣潇湘”全球性品牌文化活动。积极开展部省合作项目，通过派出演出、展览、专家讲座、培训出访团组和人员，开展文化合作伙伴来湘接洽、艺术家来华采风、优秀学员来华等互访活动，深入传播湖湘传统文化。打造“湘风楚韵·湖南文化季（周）”活动品牌，走进“一带一路”沿线国家和地区，综合展示湖南的歌舞、杂技、戏曲、书画、非遗、文博、动漫等资源，立体传播湖湘优秀传统文化。加大文化交流平台建设力度，建设专门的对外文化交流资源库和网站，通过视频、图片、文字等方式，在网络上展示和传播湖湘文化资源，建立起与海外文化界的互动交流平台。

3. 吸引优秀文化企业和项目入驻

推动省内大型骨干文化企业跨地区、跨行业、跨所有制发展，打造行业龙头企业和跨界融合的产业集团。扶持小微文化企业发展，支持专业化的创意和设计企业向专精特新方向发展。推动重点文化产业园区建设，加强文化园区公共技术、孵化功能、信息资源、交易展示、人才培养等服务体系建设，吸引文化企业入驻和文化产业项目落地。推动湖南文化发展的“引进来”，培育发展一批外向型文化企业，鼓励文化企业对外投资合作，推进文化产品和服务出口，努力开拓国际文化市场。

（四）文化人才提振工程

加快各类文化人才成长步伐，实现人才队伍总量稳步增长、结构更加合理、活力不断增强、效能充分发挥，为文化发展改革提供坚强的人才保障和广泛的智力支持。

1. 大力实施文化人才战略

增加文化人才总量，优化文化人才结构，提高文化人才素质。继续实施好“三区人才计划”文化工作者专项，加大“百千万”文化人才工程的实施力度，将湖南打造成中部地区文化艺术人才洼地。实施以“四工程一基金一制度”为重点的湖南舞台艺术人才振兴计划，选送优秀舞台艺术人才到中央戏剧学院、上海戏剧学院等高校进修，选拔中青年专业技术人员与艺术名家跟班学习，从国内知名高校引进舞台艺术相关专业的研究生，安排优秀舞台艺术人才资助资金对获得国家级奖励的个人进行奖励。

2. 培养专业化高层次人才

发挥政府的导向和扶持作用，培养一批德艺双馨、成就突出、影响广泛的高层次文化人才。加强新型文化智库建设。实施国家“千人计划”文化艺术人才项目和海外高层次文化人才引进计划。开展文化部优秀专家选拔扶持工作。举办高层次文化人才国情研修班。加强艺术研究院所专业人员队伍建设，培养学术带头人和研究骨干。探索建立专家学术休假制度、学术（艺术）助手制度和师承制度等高层次人才培养制度。在文化艺术领域培养一批青年学术技术带头人，形成高层次领军人物的重要后备力量。利用国家公派留学计划选派有发展潜力的优秀学者、中青年艺术家到国外著名院校或文化机构留学。继续组织实施文化产业创业创意人才扶持计划，加强对设计、音乐、传统工艺等重点领域创业创意人才的选拔、培养和展示推广，有效激发文化产业领域创新创业活力。支持符合条件的文化单位设立博士后科研工作站，加快培养复合型文化产业人才和科技人才。

3. 健全文化人才培训体系

按照分级负责、分类管理的工作原则，进一步完善组织调训、干部培训、在职教育、挂职实践和远程培训相结合的工作格局。依托党校、行政学院、干部学院、高等学校、职业院校、重点大型企业和各级各类教学点，扎实开展初任培训、任职培训、岗位培训、专题培训、业务培训。进一步加强全国文化干部远程培训平台、全国文化干部培训基地以及师资库、教材库建设。强化培训质量管理，改进和完善培训考核评价机制，着力打造优秀培训品牌和特色培训项目。

（五）文化体制改革工程

深入推进文化体制改革，建立健全党委领导、政府管理、行业自律、社会监督、企事业单位依法运营的文化体制机制，破解文化发展的体制机制桎梏，进一步解放和发展生产力。

1. 完善文化管理体制

深化文化行政部门职能转变，建立健全行政权力和责任清单制度。继续深入推进行政审批制度改革，加强事中事后监管，促进简政放权、放管结合、优化服务“三管齐下”。深入推进政府管理与服务创新，综合运用法律、行政、经济、科技等手段提高管理效能。深化文化市场综合执法改革，逐步形成权责明确、监督有效、保障有力的文化市场综合执法管理体制，推进文化领域跨部门、跨行业综合执法。按照政企分开、政事分开原则，推动文化行政部门与其所属的文化企事业单位进一步理顺关系，依法赋予企事业单位更多的法人自主权。

2. 建立健全有文化特色的现代企业制度

加快国有文化企业公司制股份制改造，形成体现文化企业特点、符合现代企业制度要求的资产组织形式和经营管理模式。完善社会效益和经济效益综合考核评价指标体系，确保国有文化企业把社会效益放在首位，实现社会效益和经济效益相统一。进一步深化国有文艺院团体制改革，通过政府购买服务、原创剧目补贴等方式扶持转制院团的艺术创作生产。

3. 培育和规范文化类社会组织

加强对业务主管的文化类行业协会、基金会、民办非企业单位等社会组织的引导、扶持和管理，促进规范有序发展。积极发挥行业组织在行业自律、行业管理、行业交流等方面的重要作用。厘清文化行政部门与所属行业协会的职能边界，积极稳妥推进文化行业协会与行政机关脱钩。加大政府向文化类社会组织购买服务力度，将适合由社会组织提供的公共文化服务事项交由社会组织承担。

（六）文化发展保障工程

将打造文化强省升级版纳入各级党委、政府的工作重点中，纳入经济社会发展总体规划，建立健全统一协调的大文化工作格局，相关部门按照工作分工认真履职尽责，最大限度地动员全社会的力量，形成推动文化提质的强大合力。

1. 加强组织领导

制定出台支持文化改革发展的配套政策，成立省文化提质工作领导小组，坚持和完善党委统一领导、党政齐抓共管、宣传部门组织协调、相关部门分工负责、社会力量积极参与的工作机制，形成纵向畅通、横向协调的文化管理体系。采取有力的组织措施、考核措施、激励措施，健全抓落实的工作机制，以责任制促落实，以责任制保成效，形成一级抓一级、层层抓落实的工作局面。

2. 加大投入力度

进一步健全文化财政保障机制，加大政府投入力度。按照基本公共文化服务标准，推动落实基层提供基本公共服务所必需的资金。将购买公共文化服务资金纳入各级政府财政预算。加大政府性基金与一般公共预算的统筹力度，通过政府购买、项目补贴、定向资助、贷款贴息等多种手段引导和激励社会力量参与文化建设，建立政府、社会、市场共同参与的多元文化投入机制。科学划分各级政府文化事权与支出责任，推动各级财政转移支付不断向精准投入转变。推动财政进一步优化完善转移支付机制，重点向贫困地区、革命老区、民族地区、边疆地区倾斜。建立健全财政资金监督管理机制，建立文化财政资金绩效评价结果与预算安排挂钩制度，提高资金使用效益。进一步夯实文化统计基础，提升文化统计服务能力。

3. 完善政策法规

从体制机制、市场准入、投资融资、税收优惠、土地使用、基地园区建设等方面，依法依规制定和落实相关配套政策和法规体系，为湖南省文化改革发展提供政策支撑和法律保障。重点扶持转企改制国有文化单位，互联网信息服务、新媒体、新业态等重点行业和小微文化企业。出台关于传统村落保护利用，引进民间资本推动湖南新闻出版、广播影视业发展等政策性文件。出台文化产业知识产权保护、公共文化服务保障等有关地方性法规，建立健全湖南省文化政策法规体系。

4. 加快组织实施

各市州文化行政部门要充分认识推进文化强省建设的重大意义，积极推动各级党委和政府把文化建设摆在全局工作的重要位置，纳入经济社会发展全局，列入各级政府效能和领导干部政绩考核体系，做到文化建设与经济建设、政治建设、社会建设以及生态文明建设同部署、同落实。文化文物系统各单位、各部门要结合实际制定实施方案和年度执行计划。要明确重大工程和重大项目的责任主体和实施进度，对规划实施情况进行动态监测和跟踪分析，加强年度检查和考核评价，适时引入第三方评估，强化评估结果的运用。要重视对评估结果的科学运用，及时发现并解决问题，确保规划取得实效。

参考文献

国家统计局社会科技和文化产业统计司、中宣部文化体制改革和发展办公室：《中国文化及相关产业统计年鉴 2017》，中国统计出版社，2017。

B.14
南昌市创新驱动工业转型升级研究

魏博通*

摘　要： 党的十八大以来，南昌以创新驱动发展战略为导向，坚持新型工业化发展道路，以工业园区为主战场，坚持“强攻产业、决战工业”不动摇，创新驱动工业转型升级取得巨大成就，但也存在科技创新驱动工业转型升级的作用偏弱、传统制造向绿色制造转型升级滞后、战略性新兴产业对工业转型升级的推动作用不足、产业之间的融合渗透程度不高等问题，强化科技创新对工业转型升级的推动作用，推进传统制造向绿色制造转型升级，促进产业跨界融合发展，完善以企业为主体的技术创新体系是当前推动南昌创新驱动工业转型升级的重要举措。

关键词： 工业转型升级　创新驱动　南昌

在南昌的经济增长动力结构中，工业依然居于主导地位。但是经过40年的快速发展，原先所依赖的要素投入驱动型的增长模式已经难以为继，科技创新对于工业增长的作用越来越大。如何通过科技创新引领工业经济转型升级，实现发展方式的转变与工业的可持续增长，是新常态背景下南昌工业发展必须要解决的问题。

---

* 魏博通，南昌大学经济管理学院副教授。

一 南昌市创新驱动工业转型升级的背景与意义

（一）南昌市创新驱动工业转型升级的背景

1. 资源环境与要素成本约束趋紧已成为新常态下工业持续增长的瓶颈

20 世纪 70 年代末期以来，伴随着国家由重工业优先发展战略向比较优势发展战略的转型，我国的工业化进入快速发展时期，劳动力、资本、资源的高强度投入成为这一时期工业增长的主要特征。南昌受对外开放和体制改革红利的影响，资源禀赋优势得到充分利用，工业化水平不断提升，工业规模不断扩大。截至 2017 年，南昌市工业增加值达到 1764.59 亿元，成为江西省工业发展的主阵地、推动全省经济持续增长的主要引擎。但在南昌市工业化水平持续提升、工业经济实力逐步增强的同时，伴随着我国经济发展进入新常态，南昌市经济增长的动力结构正在发生深刻的变化，原来的要素驱动型工业增长模式受到劳动力、土地成本不断上升，资源供应日益短缺，生态环境承载力逐渐弱化的影响，已经成为工业持续增长的瓶颈，亟须通过发展方式的转型来摆脱这一困境。

2. 中低收入发展中国家积极承接劳动密集型产业给南昌市工业发展带来严峻的挑战

改革开放以来南昌市的工业化之所以能取得巨大的成就，一方面是由于充分利用自身的资源禀赋优势有效降低了成本，获得了市场竞争优势，另一方面则是因为实施对外开放政策，积极融入全球经济，通过专业化分工获得了产业发展的比较优势。经过几十年的发展，南昌成为中部地区重要的制造业生产基地，汇聚了纺织服装、钢铁冶金、医药加工、汽车制造、有色冶金等重要产业。但是，曾经的要素成本优势已经丧失，以前形成的产业发展优势正面临着部分发展中国家的严峻挑战。比如东南亚的马来西亚、泰国、越南、印度以及非洲的尼日利亚、埃塞俄比亚正凭借着劳动力成本较低的优势积极承接劳动密集型产业的转移，在这种背景下，南昌市的部分工业企业迫于成本压力出现了向这些国家的转移。只有适应经济发展新常态，围绕比较优势产业进行科技创新，重塑工业竞争优势，努力从价值链的低端向中高端转移，南昌市工业才能实现可持续发展。

3. 新一代科技革命与产业变革的兴起为南昌创新驱动工业升级带来了机遇

世界工业生产增长缓慢，国际贸易持续低迷，世界经济运行中的不利因素增多，未来全球经济的发展充满了变数。从世界经济发展的周期来看，新一轮的科技革命和产业变革正在孕育兴起，科技创新正加速推进，为了抢抓这次历史性的机遇，欧美各主要经济体都在奋力角逐，力争抢占产业创新的制高点。在这样的背景下，新技术、新产业、新的商业模式不断涌现，新能源、新材料、信息与互联网、生物医药、节能环保、低碳发展、空间开发、智能制造等正成为各国重点支持的产业领域①。南昌经过多年的快速发展，综合实力不断上升，积聚了科技创新所需的雄厚资本和人才资源，建立了具有市场竞争优势的产业体系。随着我国对外开放力度的不断加大，国内制度环境的不断完善，南昌完全有能力依托自身的产业优势，抢抓产业技术蛙跳发展的机会窗口，实现工业的转型升级，建成具有地区特色的产业创新中心和先进制造业基地。

（二）南昌市创新驱动工业转型升级的意义

1. 有利于实现工业增长动力的转换

改革开放以来，南昌市主要依靠资源要素的高强度投入实现了工业经济的快速增长，建立了低劳动力成本型和高资源消耗型的工业体系。进入 21 世纪以来，一方面，由于传统工业产品产出持续高增长，产能出现严重过剩；另一方面，由于资源要素供应趋紧，环境保护约束趋严，企业生产成本和社会成本增加，盈利水平严重下降。在这样的背景下，过去作为拉动工业增长引擎作用的钢铁、纺织服装、有色金属冶炼等传统产业增长的潜力逐渐枯竭，亟须新的接续产业成为工业增长的引擎。围绕重要产业领域，积极利

① 张来明、赵昌文：《以创新引领产业转型升级》，《光明日报》2016 年 1 月 27 日。

用新一代信息技术、大数据等现代技术与传统产业融合互动，加大技术改造和设备更新力度，积极推动战略性新兴产业发展，促进传统产业转型升级，是重塑工业结构新格局、实现工业经济增长动力转换的重要保障。

2. 有利于提升工业的竞争优势

工业是最具技术创新的领域，虽然经过多年的发展，南昌市的工业规模扩张实现了历史性的飞跃，竞争优势也比较突出，但目前面临的挑战还是非常严峻的，主要表现在工业结构中，中低端产品居于主导地位，稀缺的高端产能所占比重较小，工业“大而不强”的特征十分显著，这样的工业产出结构与国内日益增长的消费能力形成了突出的矛盾。当前，世界新一轮科技革命及由此引发的产业变革方兴未艾，在此次变革中，以云计算、大数据、量子通信等为核心的新一代信息技术正与传统产业深度融合，推动新产业、新业态、新产品、新的生产组织方式不断涌现，这将促进工业价值链向中高端延伸，最终推进工业实现良性循环发展。对于南昌市来说，立足本地区实际，努力与国外科研机构及大型企业加强合作，与国内其他地区加强经济与技术交流，着力完善创新的生态系统，抓住互联网跨界融合的机遇促进大数据、云计算等技术在工业中的运用，就能有效推动南昌工业的转型升级，提升南昌工业发展的竞争优势。

二　南昌市创新驱动工业转型升级的状况分析

在国家创新驱动发展战略的推动下，南昌市立足资源优势和产业基础，坚持把科技创新作为工业转型升级的主要动力，大力发展战略性新兴产业，努力用现代技术改造传统产业，工业转型升级取得很大成效。

（一）创新成为推动工业转型升级的重要动力

积极响应国家创新驱动发展战略，大力创建国家创新型城市，2017 年南昌市 R&D 经费占 GDP 比重达到 1.65%；专利授权量达到 9000 件，同比增长 4.7%；新认定国家高新技术企业超过 300 家，总数达到 619 家；完成技术合同登记额42.8亿元，同比增长9.38%。国家“两创”示范城市建设成果丰硕，已成功举办两届中国创新创业大赛，建成各类众创空间92家，其中国家备案23家，省级众创空间32家。以成功入围“国家知识产权示范城市”和“首批全国重点产业知识产权运营服务试点城市”为契机，通过开展专利授权补贴、实施专利产业化项目等多项措施，有力地提升了企业专利创造、运用、保护能力。成功获批建设中国（南昌）知识产权保护中心。创新创业能力大大提升，高新技术产业增加值占规模以上工业增加值比重达到28.9%，比2016年提高3.1个百分点；拥有国家级工程技术中心4家、重点实验室3家、省级产业技术联盟21家。国家企业技术中心、省级重点实验室、省级工程技术研究中心、市级重点实验室、市级工程技术研究中心成为南昌技术创新的重要平台。正在加快建设的天津大学微技术研究院、哈尔滨工业大学航天科创中心、北京理工大学VR创新中心、中科院纳米研究院等协同创新平台成为南昌从区外获取创新资源的重要来源①。

（二）战略性新兴产业成为优化工业结构的主要抓手

战略性新兴产业具有技术含量高、增长速度快、带动作用强的特点，南昌市把培育汽车和新能源汽车、电子信息、生物医药、航空装备等四大战略性新兴产业作为优化工业结构的主要抓手，工业结构转型升级成效比较显著。

电子信息产业近年来实现爆发式增长，成为增长最快的产业，其中移动智能终端产业呈井喷态势，华勤、闻泰、与德、龙旗、天珑等全国手机ODM企业前五强均已落户，全市已拥有整机生产企业9家、手机产业链生产企业30余家，零部件配套率达90%以上；LED产业加速壮大，新增深圳兆驰LED外延片和芯片、乾照光电南昌基地、艾立特光电南昌LED封装生产线、华夏光彩户外LED显示屏南昌生产基地等一大批项目，以硅衬底LED核心技术和MOCVD关键核心装备为支撑的LED产业实现裂变式的扩

① 2018年南昌市政府工作报告。

张。南昌市电子信息产业主营业务收入从 2012 年的 173.5 亿元增加到 2017 年的 882.3 亿元，年均增长 38%；规模以上工业企业从 2012 年的 31 家增加到 2017 年的 102 家。

汽车和新能源汽车产业也实现了快速增长，2017 年南昌汽车和新能源汽车产业主营业务收入增速达到 20% 以上。在产业布局上，南昌汽车产业已形成了以小蓝经开区为核心聚集区，并向新建区、经济技术开发区、青云谱区扩散的格局。在江铃集团、凯马百路佳客车的龙头带动下，格特拉克、远成汽配、南齿等骨干企业形成了配套比较完整的产业体系。目前，经开区江铃集团 30 万辆新能源汽车基地、江铃股份富山新能源汽车基地已经开工建设，江西凯马百路佳混合动力客车和纯电动客车列入国家新能源汽车目录，已成为海外市场有力的争夺者。

生物医药产业平稳发展。目前已经形成以南昌高新区、南昌经开区桑海产业园、小蓝经开区、进贤县为重点的四大产业集聚区，分别致力于中成药、化学药、生物药和现代医疗器械的研发和生产。依托济民可信、江中药业、汇仁药业、三鑫医疗等产业龙头企业，生物医药产业实现了快速发展，2017 年南昌生物医药产业主营业务收入达到 293.17 亿元，同比增长 13.5%。在生物医药产业中，中成药优势较大，生产规模居全国城市前列，目前济民可信生物医药产业园已顺利落户，中国（南昌）中医药科创城也正在加快建设，为未来中医药产业的发展注入强劲动力。

航空装备产业蓄势待发。南昌是我国重要的航空产业研发和生产基地，近年来，依托军民融合发展战略，以航空城建设为契机，紧紧抓住参与制造大飞机的历史机遇，其航空装备产业正成为支撑南昌工业转型升级的重要引擎，航空研发、航空制造、民航运输、通用航空、临空经济“五位一体”协同发展的产业体系正在逐步形成。

（三）改造传统产业成为工业结构转型升级的重要支撑

传统产业是工业结构转型升级的主战场，适应新的科学技术发展和产业变革的要求，采用高新技术、先进适用技术和信息技术改造提升食品、纺织服装、材料制造、机电制造等四个特色优势传统产业是工业结构转型升级的另一项重要内容。在这个过程中，积极响应国家供给侧结构性改革的政策要求，更多运用经济手段、法律手段清理“僵尸企业”，淘汰部分落后过剩产能，用新业态、新技术、新模式做强传统特色产业优势，成为促进传统产业实现转型升级的关键措施。

1. 食品产业

南昌重点推进的四大千亿元产业之一，以南昌小蓝经济技术开发区为载体，以江西正邦科技股份有限公司、江西中烟、双胞胎（集团）股份有限公司为核心，大力实施技术创新、管理创新、生产方式创新和商业模式创新，努力培育特色鲜明、竞争力强、市场信誉度高的知名品牌，并着力发展食品制造产业，开发具有市场潜力的方便休闲食品、营养保健食品，提升食品产业产品附加值，取得显著的成效。2017 年食品产业规模以上企业主营业务收入达到 998. 29 亿元，其中农副食品加工业为 823. 11 亿元，烟草制品业为 175. 18 亿元，分别比 2012 年增长了 77. 47% 和 39. 41% 。

2. 纺织服装产业

南昌传统的支柱产业，产业规模在中部地区省会城市中排名第一。由于产业链条的销售、生产环节存在信息脱节，代工代理多，自主品牌缺乏，进军网上市场乏力等，南昌的纺织服装产业在发展中面临着很大的挑战。近年来，南昌纺织服装产业的转型升级速度开始加快。一大批具有现代化水平的自动化、智能化生产设备应用在生产过程中，解决了难招工、劳动力成本上升带来的困扰，并适应消费趋势实现了个性化定制的需要；为了实现科学化的生产经营和管理，降低成本，开始引进专业化的管理团队，把管理业务外包；积极引进电商企业，鼓励电商企业与服装企业对接，推广“实体店 + 网络销售”发展模式，南昌纺织服装企业实现了网上营销的快速发展；加大新产品研发力度，从贴牌加工走向创立自有品牌，实现了从低附加值产品的输出向高附加值品牌输出的转型。2017 年南昌纺织服装产业规模以上企业主营业务收入达到 169. 73 亿元，发展的质量和水平大大提高。

3. 材料制造产业

南昌高新区依托江铜产业园，大力推动以江铜为龙头的高档电解铜箔、高精度铜板带、精密铜管、冷媒漆包线及相关下游产业的发展，形成了铜资源深加工产业链，提高了铜精深加工产品的市场占有率；安义工业园区依托铝型材产业特色优势，增强企业自主创新能力，优化调整铝型材产品结构，主攻高端系统门窗、工程幕墙及防水材料等产品方向，推动“互联网 + 建材”运营模式，唱响“中国门窗 · 安义制造”品牌，做大民用型材，发展工业型材，2017 年实现产值 192. 5 亿元，产能 140 吨，被住建部授予“中国铝材之乡”称号；通过延链、补链，努力将产业链条向下游产品、高端应用领域延伸，钨精深加工、稀土材料、陶瓷材料、金属和非金属功能材料等行业的产业链条逐渐完善，精深加工产能逐渐增大，产品附加值得到了很大提升。

4. 机电制造产业

以高新区智能制造基地为主要依托，积极对接《中国制造 2025》，推动“两化”深度融合，正积极建设机器人和智能装备产业园，重点发展高档数控机床、智能机械臂、工业和服务型机器人等。在智能机器人领域，已经涉及工业机器人和服务机器人，涌现出洪都航空、宝群电子等一批骨干企业；在智能化成套装备领域，已经涉及智能化纺织机械、汽车及其零部件装配生产线等诸多领域，涌现出洪都数控机械、洪都国际机电、泰豪科技、怡杉环保等一批有较强核心技术和优势产品竞争力的企业。在智能装备与部件领域，已经涉及 3D 打印、新型传感器、高档数控机床等智能装备与部件细分领域，涌现出奈尔斯—西蒙斯—赫根赛特中机、日月明铁道设备、江西科晨等一批实力较强的骨干企业。江西南昌高新区智能装备制造产业 2017 年主营业务收入达到 89. 8 亿元，同比增长 20. 8% 。

三　南昌市创新驱动工业转型升级过程中存在的问题

虽然南昌坚持创新驱动，大力促进战略性新兴产业快速发展，努力用现代技术改造传统产业，强力推进工业转型升级，但存在的问题仍较突出，主要体现在以下几方面。

（一）科技创新驱动工业转型升级的作用仍然较弱

近年来，在国家创新驱动发展战略的引导下，虽然南昌研发经费投入增长较快，财政科技支出显著增加，创新能力有一定程度的提升，对于工业转型升级的支撑作用明显增强，但创新活跃度、研发投入、科技产出等明显不够。2017 年南昌研发经费投入达到 84 亿元，占 GDP 的 1.68%，低于全国平均水平，在中部六省省会城市中处于下游。2013 ~ 2016 年，南昌科技财政支出分别为 5.42 亿元、7.90 亿元、8.1 亿元、10.2 亿元，占财政总支出的比重分别为 1.30%、1.67%、1.48%、1.74%，均未达到省里对各地市目标管理考核指标要求 2% 的水平，与周边省会城市相比也有较大差距。只是到 2017 年，市财政科技支出才大幅增长了 132.7%，达到 23.6 亿元，占财政支出的比重达到 3.6%。总的来说，作为一个省会城市和江西全省的科技创新中心，研发经费的投入力度和财政科技支出的强度对于工业转型发展所要求的科技创新服务平台建设、科技项目研发、科技成果产业化等均显得捉襟见肘，因此，江西规模以上工业企业创新能力在中部一直靠后，加大全社会研发投入的任务非常艰巨。

（二）传统制造向绿色制造转型升级滞后

近年来，在经济发展中，南昌市始终扭住工业这个牛鼻子，以工业的发展推动经济的全面增长，取得了巨大的成就。2010 ~ 2017 年南昌规模以上工业增加值从 650.92 亿元增加到 1764.60 亿元，按 2010 年不变价计算增长了 145.14%，年均增长 13.67%。工业的快速增长为全社会提供了丰富的产品，实现了资本的迅速积累和就业的持续扩张，但同时也消耗了大量的资源，给生态环境造成了巨大的压力。虽然近几年在“生态优先、绿色发展”的理念下，南昌市努力进行生态文明建设，大力构建科技含量高、能源资源消耗低的绿色制造体系，万元生产总值综合能耗在不断下降，化学需氧量、氨氮、二氧化硫和氮氧化物的排放总量也得到了有效控制，但由于能源结构依然以煤炭为主，加上燃煤质量差，废气和烟尘排放量还是很大。同时，燃煤产生的粉煤灰、炉渣、冶炼渣成为工业固体废弃物的主要来源，由于资金、技术条件的限制，清洁生产无法得到推广，导致工业固体废弃物处理率低。总体来说，南昌尚未摆脱高投入、高消耗、高排放的粗放型发展方式，资源能源消耗和污染排放依然比较严重，传统制造向绿色制造的转型刻不容缓。

（三）战略性新兴产业对工业转型升级的推动作用不足

工业转型升级的关键在于以新的动能替代旧的动能成为工业发展的引擎，旧的动能是指通过劳动、资源的高强度投入实现的劳动和资源密集型产业成为推动工业增长的主导力量，新的动能是指通过技术进步实现的资本和技术密集型产业成为推动工业增长的主要动力。对于南昌来说，在新常态下，通过实施创新驱动发展战略实现战略性新兴产业对于传统劳动和资源密集型产业的替代是工业转型升级的关键。2010～2017 年，南昌市的四大战略性新兴产业——医药制造业、汽车制造业、铁路船舶航空航天和其他运输设备制造业、电子通信及设备制造业的工业增加值从 157.02 亿元增加到 475 亿元，在工业结构中所占比重从 24.12% 增加到 29.48%，在 GDP 中的比重从 7.11% 提升到 10.91%。作为一个省会城市，战略性新兴产业工业增加值占 GDP 的比重和全国水平几乎一致，这充分说明南昌战略性新兴产业发展依然不足，对工业转型升级的作用仍然较弱。不仅如此，电子信息产业虽说已成为推动南昌工业增长的重要力量，但市场竞争主体是从事 OEM 或 ODM 代工生产的企业，科研能力不足，创新能力不强，处于产业链的低端环节，在未来很容易受到成本约束的影响而出现向外转移。高铁、航空产业设备的制造属于产业发展的高端环节，但目前还处于蓄势待发的阶段，基本没有形成现实的生产力，尚未成为推动工业转型升级的重要动力。

（四）产业之间的融合渗透程度不高

随着以互联网为核心的云计算、大数据、物联网等新一代信息技术的快速发展，为企业的信息化、智能化改造，优化生产工艺和业务流程，提高创新能力、管理水平和生产效率提供了良好条件，也为不同产业之间交叉渗透、融合共生奠定了坚实的基础。但是，由于产业管理体制的改革滞后于产业变革的发展，产业政策基本上还是以引导自我增强型的内部循环发展为主，推动产业融合、渗透发展的政策比较缺乏。具体表现在如下两点。

一是以互联网为核心的信息技术发展水平较低，与工业的融合创新还处于萌芽阶段。以江西航天云网科技有限公司为核心的互联网工业云平台已经建立，江西省工业园区综合信息服务平台也已上线，但工业企业关键生产工序的数控水平和关键环节的互联网应用程度都较低，用智慧物联网实现互通互融还处于孕育阶段，网络化协同制造、个性化定制、服务型制造等新型业态和模式只是在少数企业得到了应用。

二是工业企业与服务业的融合发展水平较低。长期以来，大多数工业企业主要承担全球生产体系中的制造加工环节，缺乏关键技术、研发设计、物流、营销网络、品牌管理等前端服务环节和后端增值服务，这种长期的分工锁定和路径依赖抑制了生产性服务的需求，导致工业企业尚未建立起“制造+服务”的盈利新模式。

（五）产学研协同创新体系建设滞后

产学研协同创新体系建设滞后主要体现在以下四个方面：第一，在政府层面，缺乏各部门间的统一协调机制，导致力量分散，动力不足，产学研协同的合力作用难以充分发挥；第二，很多企业主要还是依靠自身力量进行科技攻关，依靠外部的科研机构、大专院校建立“院企联盟”“校企联盟”联合攻关、协同创新的意识淡薄，积极性不高；第三，即便有些企业和高校、科研院所建立了协同创新平台，共同开发新产品、新技术，但由于缺乏明确的发展目标和任务、完善的利益分配机制，企业和高校院所之间无法相互信任，因此影响了企业对研发项目的投入意愿，产学研合作的效果也就大打折扣；第四，人才培养机制、激励政策、管理体制不完善，导致符合要求的产学研领军人才和创新团队缺乏。

四　南昌市创新驱动工业转型升级的对策研究

要实现创新驱动引领工业转型升级，就必须强化科技创新对工业转型升级的推动作用，推进传统制造向绿色制造转型升级，促进产业跨界融合发展，完善以企业为主体的技术创新体系。

（一）强化科技创新对工业转型升级的推动作用

1. 支持企业进行技术改造

以贷款贴息、事后奖补等方式，引导企业对产业链中的关键领域、薄弱环节和共性问题进行整体技术改造，推广共性适用技术，提升产业集群整体技术水平。支持企业根据国内外先进标准改造提升现有产品，加快产品升级换代，提高产品市场竞争力。

2. 推动工业向智能化方向发展

在政策上进行顶层设计，以战略性新兴产业和优势特色产业为重点，加大财政资金科技支出的力度，选择行业骨干企业开展智能工厂试点示范，鼓励企业使用大型控制系统、高档数控机床、自动化生产装配线等智能化制造装备，提升生产的智能化水平。

3. 军民技术融合成为核心产业发展的重要支撑

按照军民技术融合发展的要求，出台军工和民用技术目录，建立军民融合产业数据库，推动军工和民用资源共享。结合南昌实际，支持民营实体加强与军队院校、科研机构合作，推动军民重大技术创新转化应用，创建军民结合的产业示范基地，真正对南昌战略性新兴产业起到支撑和服务的作用。

（二）推进传统制造向绿色制造转型升级

1. 加快淘汰落后产能，化解过剩产能

强化能耗、环保、质量、安全等约束机制，综合运用经济、法律、技术、环保、质量、安全等差别化手段，加快淘汰落后产能，分类有序化解过剩产能，促进优胜劣汰和市场出清。

2. 积极推动工业节能减排和低碳行动

要严格落实节能减排责任制，严格考核问责，形成全区域覆盖、条块结合、分兵把口、责任明确、层层落实的节能减排工作体系。加快推进企业能源管理中心平台建设，为企业在生产过程中较好地实现节能、降耗和环保的目标创造条件。推进企业建立能源管理体系，开展重点行业企业能效对标活动，推动重点企业加强节能管理。

3. 大力发展节能环保产业

通过重点推进重大节能技术与装备产业化工程、再制造产业化工程、产业废物资源化利用工程、重大环保技术装备及产品产业化示范工程等，培育和建设一批节能环保产业集聚区，带动节能环保产业快速发展。

4. 推进工业园区的循环化改造和清洁生产

推动南昌工业园区的循环化改造，开展园区循环化改造试点示范工程，实现工业园资源利用的高效化、污染治理的集中化、产业链接的循环化。推动企业尤其是钢铁、建材、化工、石化、有色金属等行业的企业开展清洁生产审核，促进节能、降耗、减排、增效目标的实现。

（三）促进产业跨界融合发展

1. 推动工业与信息化的深度融合

大力实施“互联网＋”战略，促进云计算、大数据、物联网等新一代信息技术与工业融合发展，运用信息化、智能化成果优化企业的生产流程，改造企业的生产工艺，提高企业的管理水平与生产效率。在汽车、医药、食品、纺织服装、新材料、机电制造等战略性新兴产业和特色优势传统产业加强和深化两化融合，努力培育工业与互联网融合共生的新业态、新模式，提升企业的创新活力、发展潜力和转型动力。

2. 推动制造业向服务化拓展

大力实施服务型制造专项行动，促进制造企业由生产型制造向服务型制造转变，鼓励企业由单纯提供产品向前端服务环节和后端增值服务拓展，建立“制造＋服务”盈利新模式。支持有条件的企业逐步由提供产品使用培训、调试安装、售后维修等初级服务向提供设备全生命周期管理、客户产品设计、系统解决方案、工程总承包、电商平台等高级服务拓展。鼓励制造企业与电子商务企业开展战略投资、品牌培育、网上销售、物流配送等领域合作，打造制造、营销、物流等高效协同的生产流通一体化新生态。

（四）完善以企业为主体的技术创新体系

1. 鼓励大型企业发挥骨干作用组建产业共性技术研发基地

鼓励有实力的大型企业在创建国家级或省级企业技术中心、实验室、工程中心、协同创新中心的基础上，与行业内有实力的企业共同组建产业共性技术研发基地，实施国家和省级科技重大专项，在战略性新兴产业和先进制造业领域突破一批关键核心技术，提升行业技术水平。

2. 加快构建和完善以企业为主体的产业技术创新战略联盟

大力实施产学研协同创新行动计划，鼓励和支持大型骨干企业与科研院所、高等院校组建成立产业技术创新战略联盟，开展核心技术的联合公关。完善产业技术创新战略联盟的机构建设，健全产业技术创新战略联盟的运行机制，确保产业技术创新战略联盟的运行效率与效果。政府要通过科技计划等项目的支持，引导产业技术创新战略联盟将技术创新要素聚焦到产业持续创新链上，推动产业核心竞争力的提升。

3. 大力推动工业企业实施“互联网＋”协同研发设计

实施“互联网＋”研发设计推进计划，重点发展协同式研发设计模式，发展众创设计、众包设计、用户参与设计，培育百家基于互联网实现设计与生产联动、产学研异地协同研发的示范企业。鼓励有条件的企业建立虚拟化产品开发网络和协同研发设计云服务平台，延伸服务领域和创新服务模式。

参考文献

郭安：《2018 年南昌市政府工作报告——2018 年 1 月 7 日在南昌市第十五届人民代表大会第二次会议上》。

南昌市统计局：《南昌市 2017 年国民经济和社会发展统计公报》，2018 年 3 月 26 日。

B.15
以壮大集体经济为基础推动江西乡村振兴

江西省社会科学院课题组*

摘　要： 党的十九大报告首次提出了实施“乡村振兴战略”，壮大集体经济是实施乡村振兴战略的重要基础。江西高度重视村级集体经济发展，因地制宜进行了许多有益探索，形成了产业带动“生血型”、盘活资产“活血型”、资源开发“造血型”、服务创收“补血型”四种模式，但也存在缺“能人”、缺要素等困难，需要从大力实施“能人”治村工程、优选配强村“两委”班子、探索村集体经济振兴模式、强化政策保障机制等方面整体推进。

关键词： 乡村振兴　村级集体经济　江西

党的十九大报告首次提出了实施“乡村振兴战略”，并明确提出“深化农村集体产权制度改革，保障农民财产权益，壮大集体经济”，把壮大村集体经济作为实施“乡村振兴战略”的基本路径和必然选择。集体经济是根，是本，是乡村振兴的基础。习近平总书记在《摆脱贫困》一书中明确指出，发展集体经济是实现共同富裕的重要保证，是振兴贫困地区农业发展的必由之路，是促进农村商品经济发展的推动力。近期，江西省委省政府出台了

---

* 课题组成员：龚建文，江西省社会科学院副院长，研究员；张宜红，江西省社会科学院应用对策研究室副主任，副研究员；盛方富，江西省社会科学院应用对策研究室助理研究员。

《关于稳步推进农村集体产权制度改革发展壮大农村集体经济的实施意见》，全面部署深化农村改革、壮大农村集体经济的各项任务，是江西省贯彻落实党的十九大精神、实施乡村振兴战略的具体体现和重要手段。为夯实乡村振兴基础、壮大村集体经济，课题组深入江西南昌、九江、赣州、吉安、上饶、鹰潭、萍乡、宜春、新余等设区市进行调研，并形成如下调研报告。

一　壮大集体经济是实施乡村振兴战略的重要基础

党的十九大报告明确指出，乡村振兴的总要求是“产业兴旺、生态宜居、乡风文明、治理有效、生活富裕”，总目标是加快推进农业农村现代化。发展壮大集体经济对于乡村振兴、推进农业农村现代化具有重大意义。

1. 引导“产业兴旺”的重要力量

农民要富起来、农业要强起来，关键还是要靠产业振兴。集体经济可以沟通小农户与大市场，连接农村产业与城市市场，延长农业产业链，促进一、二、三产业融合发展，提升农业综合效益和竞争力，既使农民增收，又可拓展村集体经营性收入来源。

2. 实现“生态宜居”的重要途径

只有发展壮大集体经济，村级组织才有掌握得住、运用得了的资金，才能增强集体的服务功能，加快农村基础设施建设，改善村容村貌，优化农民生产生活环境，推进农业农村现代化建设。

3. 建设“乡风文明”的物质基础

乡风文明是乡村振兴的灵魂与精神支柱。只有集体经济变强了，村民变富了，才能引导农民群众树立社会主义核心价值观，不断提高农民群众的思想、文化、道德水平，培育尊老爱幼、助人为乐、遵纪守法、遵守公德等良好乡风民俗，促进农村社会和谐稳定。

4. 促进“治理有效”的根本保证

农村基层党组织是乡村治理的政治领导核心，其凝聚力、战斗力的强弱，直接关系到党组织在乡村治理中的领导作用；而集体经济的强弱，直接关系着治理基层的成效。实践证明，凡是集体经济“富裕村”，村级党组织经济有实力，服务有手段，干群关系十分融洽，乡村治理有序。相反，一些集体经济“薄弱村”，尤其是“空壳村”，就会陷入“经济无实力，发展无财力，服务无能力”的乡村治理无序困境。

5. 实现“生活富裕”的重要举措

乡村振兴战略的最终目标是实现共同富裕，保证全面小康一个都不少、共同富裕一个都不掉队。只有集体经济发展了，各类公益事业才能不断发展，社会保障体系才能不断完善，村民对美好生活需求才能不断满足，城乡融合发展才能不断推进，村民增收致富基础才能不断夯实。

二　壮大村集体经济的有益模式

近年来，江西省高度重视村集体经济发展，进行了许多有益探索，呈现良好的发展势头，如井冈山市率先脱贫后探索出了“市场主体引入”“红色教育带动”“公司 + 村集体 + 贫困户”等发展模式，余江县宅基地改革过程中探索出“村社合一”等村集体经济发展模式，消灭了部分“薄弱村”“空壳村”。如 2017 年赣州全市村集体经济平均年收入达 12. 8 万元，5 万元以下“薄弱村”甚至“空壳村”减至 1/3。根据影响村集体经济发展的产业、资产、资源、服务四要素，归纳总结为四种典型模式。

（一）产业带动“生血型”

充分发挥特色资源优势，引领带动特色优势产业发展，是江西增强村集体经济内生发展动力的有效路径。一是依托生态环境优势，发展乡村旅游产业。如井冈山市大陇镇引进井冈山陇上行农业开发有限公司建立度假村，通过产业互助模式，创建红墟坊乡村旅游公司，全镇 8 个村（居）在公司入股 40 万元，每年可获得近 8 万元的集体经营收入，参与入股的 48 户蓝卡贫困户每年可获得 1000 元的股金分红，其他群众通过以土地、房屋出租或入股的方式每年可获得 5000 元以上的租金或股金收入。二是发挥土地规模化优势，开展优特农产品种植。在农民自愿的基础上，采取返租倒包、租赁承包、土地入股等多种形式流转土地，发展蔬菜、水果、茶叶等优势农业产业，以增加村集体经营性收入。如新余市分宜县水川村党支部将分包到户的山地、农田分别按 70 元/亩、600 元/亩的价格返租到村集体，将近千亩回转的山地发展苗木基地，近百亩回转的农田建设蔬菜基地，村集体经济每年收入达 30 万元以上。

（二）盘活资产“活血型”

因村施策盘活存量资产，是江西激发村集体经济发展活力的重要手段。一是“城中村”通过整合闲置集体资产提高存量资产利用率。如吉安市万安县芙蓉镇五丰村利用地处县城的优势，村两委将老办公楼和旧仓库改建成高标准店面出租，年收入达 30 万元。二是“富裕村”积极推行农村集体资产股份权能改革。如前面提到的南昌市南昌县莲塘镇斗门村党支部，通过改革每年为村集体增收近 200 万元，类似的村还有南昌市青山湖区进顺村、宜春市万载县茭湖乡茭湖村等。三是“边远村”鼓励经营管理能手、种养大户等规模化经营荒山、荒水、荒地、荒滩等“四荒”资源，以增加村集体收入。如吉安市吉安县横溪村将集体的荒山、荒地租赁给农户种植葡萄，村集体收取 20～50 元/亩的租赁费。四是“三无村”（即地处边远且无一分田、无一亩山、无一塘水的村）充分整合外力，将挂点帮扶部门的项目资金整合成一块，在城区、县城、集镇繁华地段购置一些店面等固定资产，通过租赁经营获取收益来发展村集体经济。如新余市分宜县高岚乡盘溪村党支部将市、县组织部挂点帮扶的 6 万元资金在分宜县城购置了两个店面，每年租赁收入达 1.3 万元。

（三）资源开发“造血型”

挖掘整合开发优势资源，是江西引领带动村集体经济发展的重要法宝。一是依托区位优势组建投资经营实体。如南昌经济技术开发区蛟桥镇龙潭村党支部充分利用自身与江西旅游商贸学院相邻的区位优势，成立龙潭村投资实业有限公司及龙潭村物业管理处，与学院合作，兴建了学生公寓、综合大楼、学生食堂、商业店铺等，并统一由公司和物业经营管理，每年为村集体经济增收800余万元。二是依托当地丰富劳动力、农特产品等资源优势创办经济实体。如吉安市万安县芙蓉镇龙溪村通过引进乡贤创办宇翔红薯加工厂、龙溪利群制鞋厂等村企，村集体年收益达7万余元。三是创办酒店农庄等物业实体来开发利用山水风景、民族文化资源等。如新余市渝水区欧里镇昌坊村依托现有山水、古树、古村落等人文资源优势，发展农家乐休闲旅游和生态农业观光，2016年接待游客突破120万人次，旅游综合收入达2400多万元，村集体收入突破200多万元。四是通过“三变”改革壮大集体经济。如鹰潭市贵溪市金屯镇石岭村充分利用村集体土地资源和森林资源，加快推进“土地变资源、资源变资产、资产变资金”“三变”改革，实现由村集体资产负债10余万元到拥有净资产50万元的转变。

（四）服务创收“补血型”

服务创造价值，良好的服务就是生产力。搭建各类服务平台或组织，是江西引领带动村集体经济发展的重要举措。一是积极搭建公共服务平台（中心）。如萍乡市安源区高坑镇高坑村集体通过搭建宏远工业小区等优质工业平台，截至2016年底已有13家各类工业企业入驻，年产值达5.5亿元，为村集体经济增收达300万元；即将建成的“高坑高新电瓷产业聚集区”，将为村集体经济增收2000万元以上。二是发展各类中介服务组织，为企业和农户提供原料供应、技术指导、品牌注册、市场信息、产品营销、物业管理、宣传推介等有偿服务，从而增加集体经济收入。如宜春市上高县塔下乡田北村通过创办“运输信息服务站”和组建“田北村货运车队”，为村集体创收30余万元。

三　壮大村集体经济的困难与障碍

江西村集体经济总量小、实力弱的特征较为突出且普遍，“空壳村”依然存在。现有一些村集体经济发展模式仍在探索中，要在村集体经济薄弱村或“空壳村”推广复制，仍然存在诸多困难与障碍。

（一）经营“能人”缺乏，无力量搞集体经济

习近平总书记指出，农村要发展需要好的带头人。壮大村集体经济发展，更是需要好的带头人、好的班子，而现实是广大“空壳村”面临的最大困境在于缺“能人”。一是缺带头人。“七个党员六颗牙”是不少村党支部的真实写照，村两委班子年龄大、知识老化、思想固化，党员干部队伍不稳定，党组织凝聚力、号召力、战斗力不强等问题比较普遍。二是缺干事者。随着大量农村青壮年劳动力进城务工，农业兼业化、农民老龄化、农村空心化现象较为严重，留守村中的人员主要是“386199”部队（即妇女、儿童和老人），甚至有村干部反映：“现在村里老人去世，想按照传统殡葬都困难，因为村里已经凑不齐‘八仙’了，更别说那些懂经营管理、农业技术等干事人才。”三是缺服务者。“一间旧房子，挂块大牌子，两张破桌子，几个老头子”是不少基层农技推广站的真实写照，大多基层农技推广人员反映，由于工资待遇低、保障条件差等，具有一定学历、技术水平较高的中青年农技员人心浮动，一部分人搞起了化肥、种子买卖，一部分人就干脆外出打工，留下的农技推广人员普遍年龄偏大，“技术断层”现象明显，但又很难补充“新鲜血液”，高素质农技服务队伍基本呈“网破、线断、人散”的有名无实的瘫痪状态。

（二）发展要素缺失，无基础搞集体经济

常言说“巧妇难为无米之炊”，基层党组织再先进，本领再大，没有基础性要素资源做支撑，就好比是没有“下炊的米”，也就难言壮大村集体经济。目前，不少村集体陷入“无可用资源、无稳定收入、无资格融资”的尴尬境地。一是资源贫乏。在推行林权制度改革等过程中，对农村双层经营制度的认识存在一定偏差，认为村集体经济是计划经济时代的产物，再发展集体经济有“开历史倒车”之嫌，出现了“统的缺失、分的过度”等问题，

致使农村双层经营实际上长期处于“跛足”状态，进而导致大部分村庄拥有集体统管的荒地、荒滩、林场、草场、养殖场（集体畜）、房屋等资源不多，其中有矿产、旅游资源的就更少，山林水田土这些最基础性生产要素的缺失，是村集体经济无法落地生根的一个基础性问题。二是无稳定收入。部分村级组织主要依靠每年5万～8万元不等的财政转移支付维持正常运转，除此之外其他方面的收入少之又少。正如南昌市进贤县西湖李家带头人原南昌市市长李豆罗所说，“这几年，村民富了，可村集体却和以前一样几乎没什么收入，为此还要时常到省里、市里、县里跑部门、跑企业，四处‘化缘’”。三是融资困难。不少村干部认为，缺资金是制约村集体经济发展壮大的关键所在；而现实是，由于法律法规缺失，村集体经济组织市场法人地位不被市场认可，其资产资源绝大多数属于无效抵押担保物，难以从金融机构融资，融资难俨然成为村集体经济发展壮大的重要瓶颈。

（三）村级债务沉重，无资金搞集体经济

目前不少村集体经济组织都受到村级债务的困扰，甚至陷入“旧债未清，又负新债”的泥潭，沉重的村级负债像雪球一样越滚越大，使得村级财务状况不断恶化，越来越成为困扰农村改革发展稳定的突出问题。一是“牛毛债”剪不断、理还乱。很多村集体为维持运转、开展建设，不同程度都出现了一些负债，折射出当前村集体经济发展过程中的困窘。据某县某乡的调研，六个村委会中，仅有一个没有负债，其余五个均有负债，有的甚至负债累累。究其原因，除无稳定收入外，一方面，乡村建设债，新农村建设、农村道路、产业扶持、乡村旅游等项目建设一般采取“国家给一点，市级、区县配套一点，村上自筹一点”的办法来筹资，但“空壳村”无力出资配套，“一事一议”让群众筹资筹劳又难以开展，争取利用国家涉农项目资金成了“鸡肋”。有了项目就可能欠债，如一般情况下农村修建道路需要20万元/公里左右的成本，纳入农村道路建设项目计划的，政府会给予10万元/公里的补助，但资金缺口较大，仍须自筹，这样也会增加村集体债务负担；另一方面，由于涉农政策或村集体经济组织自身发展问题，一些村

还有历史遗留下来说不清道不明的“糊涂债”，如农业税未取消之前，农民拖欠集体“三提五统”现象严重，而收缴税费与干部工资挂钩，一些村不得不借钱垫缴而形成历史债务，没有人敢核销，更没有权利核销，成了无法化解的“呆坏债”。二是社会公共事业刚性支出增加。近些年，随着新农村建设的不断推进，各个村庄基本形成了水、路、医、教、养老等一系列集体公益性设施，村民对公益事业建设的期望也越来越高，然而上级财政对项目建设投入往往是一次性投入，项目配套和日常运营维护经费全靠村集体自己解决，对资金本就捉襟见肘的村而言，无疑雪上加霜。部分村干部反映，村级组织虽然是个村民自治组织，但在实际运转中，往往需要承担很多行政性事务，如环境卫生整治等，这些事务往往只有任务，少有经费，所需费用也由村集体负担。三是村办企业税费负担较重。不少具有经济实力的村，真切希望通过村集体资产股份制改革来做大做强村集体资产。然而，在股份制改革过程中，村集体经济组织市场主体地位得不到承认，即使改制为企业后，仍须缴纳征地管理费等各项行政事业性收费和增值税、所得税、印花税等税及其他服务性收费。可见，工商登记、税收等问题往往成为阻碍村集体经济发展的绊脚石。如新余市渝水区城南街办东风管理处实行产权制度改革后，成立了公司发展集体经济，每年收入500万元左右，需要缴纳税费80万～90万元，正如该公司总经理说，“沉重的税费负担是不利于村集体经济发展的”。

（四）政策机制不活，无保障搞集体经济

当前，村集体经济发展缺少宽松的政策环境，已有的扶持政策也缺乏力度，通行的结对帮扶举措大多只注重农户个体，往往忽视村集体经济，关于村集体经济发展的长效机制与监督制约机制亟待建立健全。一是专门的支持政策缺。不少村干部认为，当前国家惠农政策限于取消农业税、实施农业支持保护补贴等种植业领域，对发展壮大村集体经济，缺乏启动性支持和持续性推进政策。如办理相关手续、证照难，技术支持不到位，税收优惠与项目扶持力度不大等，迫切希望政府给予土地使用、启动资金、明确产权等方面的政策支持与扶持。

二是涉农项目资金统筹难。当前涉农资金规模其实并不少，但涉农项目与资金管理分属财政、民政、农业、林业、水利、农办、计生、教育、交通、卫生等众多部门，涉农项目与资金多头下达、零敲碎打、平均用力、撒胡椒面等问题，是基层干部群众反映比较强烈的问题。各部门间沟通衔接不够，职能交叉，政策要求不统一，极易造成资金项目分散和交叉重叠，基层干部群众期盼按照“山水林田湖草”是一个生命共同体的理念来整合并统筹安排涉农资金。三是土地政策制约大。从现实情况来看，土地依然是不少村集体最大最主要的存量资产，然而受土地性质的约束和已有政策的限制，农村集体土地开发盘活难，农村集体建设用地价值无法得到真正体现；在农业招商引资中，引入的农产品生产或加工企业需要建生产用房，在城市优先发展的导向下村级发展用地指标很难落实，存在国土、规划等部门办证难现象，严重制约了村集体经济组织引进工业企业和农产品加工企业等招商引资活动。

四　壮大村集体经济助推乡村振兴的路径

（一）强化“能人”治村，加强基层党组织建设

实践证明，村集体经济发展好的乡村都有一只优秀的“领头雁”、好的班子。一要选优村支书、配强村班子。要重点整顿村集体经济“空壳村”等软弱涣散村党组织，探索村党组织书记跨村任职机制，选派一批有经验、懂经营的村党组织书记或主任到“空壳村”兼任党支部书记；大力推进“能人治村”，实施新乡贤返乡工程，打破行业、身份、地域限制，注重从农民合作社负责人、优秀民营企业家、退休官员等致富带头人中选任村支部书记。同时，配强村“两委”班子，继续深入实施“一村一名大学生工程”，继续做好选派机关优秀干部到村担任驻村“第一书记”，鼓励和引导外出务工经商人员，充实到村级组织班子，进一步改善农村基层组织的年龄结构、知识结构。二要加强基层党组织标准化建设。加强顶层设计，强化全省对基层党组织标准化建设的领导；总结各地基层党组织标准化试点经验，

并分步分领域推广；开展党建标准化认证认可试点，由第三方进行监督和认证，形成党建标准化工作长效机制。三要优化完善“三治”融合乡村治理体系。加强农村管理立法建设；健全和完善村民会议、村民代表大会、村民议事会、村民理事会、村民监督会等村级配套组织建设并赋予其一定前置审批权，把村党组织班子成员推选为村务监督委员会主任或担任村民理事会理事，引导基层党组织和农民群众制定符合时代要求、乡村实际的村规民约，确保村的各项事业在党的领导下进行。

（二）强化能力培训，提升村“两委”干部素质

通过实施“一村一名大学生工程”，以及这次村“两委”换届，农村基层党组织成员的年龄结构、学历结构等均有明显改善，但村“两委”班子年龄偏大、知识老化、思想固化的现象依然存在，制约了基层党组织凝聚力、号召力、战斗力的增强。为此，一要大力实施村干部素质提升工程。将村干部培训纳入年度培训计划，省委组织部组织领导市、县（区）开展村党支部书记、村干部培训班，对村“两委”干部、集体经济组织负责人等进行轮训，重点突出习近平新时代中国特色社会主义思想和党的十九大精神的学深悟透；加强乡村振兴、脱贫攻坚、美丽乡村、壮大村集体经济等“三农”工作战略决策和新修订的农村基层党组织工作条例等内容的培训；强化现代农业技术、生产经营管理等能带动产业发展的技能学习，全面提升村“两委”组织力、服务能力。二要使培训方式多样化。采取集中培训、以会代训、专题培训等多种形式，分期分批组织村干部外出参观学习和挂职培训，确保每名村干部每年都能接受培训。

（三）强化因村施策，探索村集体经济振兴模式

千村有千面，资源要素禀赋各异。为此，必须因地制宜、因村施策，探索村集体经济振兴有效模式。一是“服务型”集体经济振兴模式。凡是基层党组织能很好地带领群众利用区位、资源、资产优势，其集体经济均较强。因此，要有序推进经营性资产股份合作制改革，以集体资产参股供销合

作社、农民专业合作社和经营稳定的工商企业等经济实体，参与收益分配；创办综合服务社、便民服务店等，提供家政、养老、商贸等生活服务；通过盘活闲置办公用房、学校等不动产开展租赁经营，建设专业市场、标准厂房、商业门面、仓储中心等物业项目。二是“种养型”集体经济振兴模式。传统农业村凡是能引导和组织群众找准自身发展优势和潜力，大多通过多种形式实现了村集体经济的壮大。可见，对于传统农业村，尤其是大多数“空壳村”，可采取“支部 + 合作社（协会） + 农户”等形式，以土地入股、保底分红、集体提成等方式，引导和组织群众合理流转土地，联办产业基地，推进规模化、集约化经营。与此同时，鼓励基层党组织牵头组建或领办创办各类服务实体，提供农资供应、农机农技、劳务用工、仓储运输、加工销售等生产服务。三是“开发型”集体经济振兴模式。凡能引导和组织群众合理开发利用特色资源的基层党组织，其村集体经济大多较强。对于特色资源村，可在符合村镇建设规划的前提下，鼓励村集体以入股、租赁和流转等形式，依法合理开发利用村域内土地、森林、水面、自然景观等资源，发展现代设施农业、林下经济，建设特色农产品种养基地，发展旅游农业、观光农业、休闲体验农业，增加村集体资源开发收入。

（四）强化支持保障，创新引领村集体经济政策体系

政策保障体系尚未建立健全是制约基层党组织引领支持村集体经济发展的一个重要因素。一是加大财政投入力度。设立基层党建工作专项资金，加大对村级组织运转、村级公共事业和基础设施建设转移支付力度，探索政府优先购买村集体提供的相关服务机制；整合各部门支农惠农资金，建立村集体经济发展专项基金，鼓励市、县政府财政出资设立专项风险补偿基金，以奖代补扶持村集体经济发展。二是加大金融与社会资本支持力度。尽快将村集体经济组织纳入“惠农信贷通”支持对象和评级授信范围，设立村集体经济专项信贷资金，简化对村集体经济组织经营或参股的项目审批手续，扩大村集体经济组织抵押物范围。乡村两级积极作为，发挥村党组织主观能动性，引导优质工商资本有序规范进入农村，与集体经济组织合作发展实体经

济。三是加大用地支持力度。土地整理、农村宅基地改革结余出来的土地，优先支持村集体经济发展；允许集体土地征用时将一定数量的建设用地一次性留给被征地的村集体组织。村集体使用村内符合土地利用规划和城镇规划的土地，可不办理征地手续，只需要办理农用地转用手续，涉及的农转用地指标优先保障。

（五）强化机制创新，构建科学监督考核体系

“无人干事、不愿干事”是很多村集体经济“薄弱村”“空壳村”的真实写照，其背后原因是缺乏相应的监督考核机制。为此，一要创新考核升迁机制。明确将发展村集体经济纳入县乡两级党委书记政绩考核升迁的重要指标，压实责任；改进村“两委”干部考核机制，把振兴村集体经济作为村“两委”选拔到乡镇公务员、事业单位干部的重要指标，让村干部政治上有盼头；同时，探索建立村干部待遇报酬稳定增长机制，让村干部经济上有甜头。二要建立健全村集体经济民主决策机制。发挥村党支部领导和村民理事会、村民监督委员会等监督作用，认真落实“四议两公开”，建立健全村集体经济民主决策机制，明确规定凡是涉及村集体经济的发展策略、新上项目、新办实体和关系村民切身利益的事项，须按照市场调查、科学评估、民主决策的程序步骤组织实施；县（市、区）、乡镇政府负责对农村集体经济组织的投资规模和经营性债务规模进行监控和提示。三要健全集体资产核算登记分配制度。逐村建立村集体“三资”台账，建立健全村集体经济财务收入预算、开支审批、财务公开等制度，严格控制非生产性开支，杜绝村级不良债务。建立集体经济“反哺”制度，每年按一定比例提取，对农民特别是贫困群众进行分红，改善民生、增进福利。

参考文献

习近平：《摆脱贫困》，福建人民出版社，1992。

《中共江西省委　江西省人民政府关于稳步推进农村集体产权制度改革发展壮大农村集体经济的实施意见》（赣发〔2017〕19号），2017年9月1日。

《中共江西省委　江西省人民政府关于实施乡村振兴战略的意见》（赣发〔2018〕6号），2018年2月13日。

龙晓柏、龚建文：《英美乡村演变特征、政策及对我国乡村振兴的启示》，《江西社会科学》2018年第4期。

王世杰：《发展村集体经济是实现乡村振兴的关键抓手——塘约重走合作化道路的启示》，《理论与当代》2018年第4期。

陈美球、廖彩荣、刘桃菊：《乡村振兴、集体经济组织与土地使用制度创新——基于江西黄溪村的实践分析》，《南京农业大学学报》（社会科学版）2018年第3期。

张杨、程恩富：《壮大集体经济、实施乡村振兴战略的原则与路径——从邓小平“第二次飞跃”论到习近平“统”的思想》，《现代哲学》2018年第1期。

附　　录

Appendix

B.16
长江中游城市群省会城市合作行动计划（2017 ~2020年）

为支撑长江经济带建设和中部崛起，加快融入“一带一路”，进一步深化武汉、长沙、合肥、南昌四个省会城市（以下简称“四市”）合作，引领长江中游城市群协同发展，特制定本行动计划。

一　总体要求

（一）指导思想

遵循“五位一体”总体布局、“四个全面”战略布局，坚持创新、协调、绿色、开放、共享五大发展理念，率先贯彻国家《长江经济带发展规划纲要》《促进中部崛起“十三五”规划》《长江中游城市群发展规划》战略部署，积极落实湘鄂赣皖省际合作协议要求，以四市共同签署的《武汉共识》《长沙宣言》《合肥纲要》《南昌行动》等合作协议为基础，共同推进重大事项、重大项目、重大政策布局，大力提升四省会城市辐射引领服务功能，推动长江中游城市群形成“核心带动、多极协同、一体发展”新局面，努力把长江中游城市群建设成为长江经济带重要支撑、全国经济新增长极和具有重大国际影响力的国家级城市群。

（二）基本原则

——平等协商，互利共赢。以区域共同发展为基础，广泛深入开展交流与合作，多层次、多途径、多形式扩大区域共同利益，激发内生动力，凝聚强大合力。

——优势互联，扬长补短。实施差异化发展路径，集合集成各市比较优势，并加以放大、拓展和延伸，建立区域经济发展新优势。

——政府引导，市场主导。遵循市场经济规律和区域经济发展规律，以开放为先导，努力跨越行政区划界限，着力消除市场壁垒，促进要素便捷流动和资源优化配置。

——统筹推进，重点突破。以构建新型城市群为主攻方向，统筹规划和推进区域内经济社会发展。先行先试，突出重点，力争在区域经济一体化重点领域和区域合作体制机制创新上取得突破。

（三）总体目标

到 2020 年，武汉、长沙、合肥、南昌四市“政府引导、市场主导、社会参与”的协调发展体制机制进一步完善，“互利共赢、长期稳定”合作氛围更加浓厚，生产要素自由流动和优化配置水平明显提升，基础设施联通化、市场一体化、产业发展协同化、生态文明共建常态化、公共服务同城化、开放合作深入化水平大幅提高，成为全国城市群中心城市合作的典范；长江中游城市群省会城市在国家宏观布局中的战略地位进一步凸显，引领带动武汉城市圈、环长株潭城市群、皖江城市带、环鄱阳湖城市群等协调互动发展，加快把长江中游城市群打造成中西部新型城镇化先行区、内陆开放合作示范区、“两型”社会建设引领区，切实成为长江经济带联动发展的重要支撑、中部崛起的核心增长地带、我国经济增长的第四极。

二　基础设施互联互通行动

（一）行动目标

按照先行引导、适度超前、合理布局的原则，加快长江中游四市基础设施一体化建设，推动交通、能源、信息、水利等基础设施建设水平明显提升，共建共享、互联互通、畅通快捷的现代化基础设施综合网络加快形成。

（二）重大事项

1. 共同完善综合运输体系

建设互联便捷的陆路交通。协同推进城市群高速铁路、城际铁路网络建设，构建四市互达“90 分钟经济圈”。协同推进区域内高速公路项目建设和国道建设，加快与全国骨干路网的对接。推进长江中游省会城市公交一卡通工程建设，助推武汉城市圈、环长株潭城市群、合肥都市圈、环鄱阳湖城市群等城市群（圈）内的交通一体化建设。（牵头部门：交通运输、发展改革部门）

构建联江通海的水运格局。共同争取国家加大长江航道“畅中游”工程的投入力度，尽快实施长江中游干支流航道改造升级工程，实现内河水运通江达海，推进洞庭湖、鄱阳湖、巢湖支线航道建设。提升四市港口枢纽功能，建立武汉港、长沙港、合肥港、南昌港等港口合作交流机制，整体推进与长江上下游港口的接驳运输与合作，支持九江－武汉－岳阳‘中三角’省际集装箱公共班轮稳定运行，以武汉长江中游航运中心为核心，充分发挥长沙港、合肥港、南昌港的内河航运功能，提升港口、航运、物流合作层次，进一步构建长江中游港口群。（牵头部门：交通运输、发展改革、城乡建设部门）

打造高效快捷的空中走廊。强化四市机场的枢纽功能，协调发展国际国内航线，优化航空运输网络主线，提高航空运输服务水平，共同打造中部国际航空港群。共建干支线运输市场，探索通用航空综合开发模式，加大对通用航空的投资和建设力量。共同争取将长江中游城市群区域列入低空试点范围。加快武汉、长沙、合肥、南昌临空经济区建设，支持长沙申报建设国家级临空经济示范区。（牵头部门：交通运输、发展改革部门）

建立智能一体的运输合作体制。整合共享交通通道和枢纽，推动交通大数据中心建设，推进“两港（空港、河港）四网（铁路网、轨道交通网、快速路网、高速公路网）”一体化综合交通运输体系建设，推进铁水、水水和空铁联运，推行客运“一票式”和货运“一单式”联程服务，提升多式联运水平，推进综合交通枢纽和物流中心的“无缝对接”。建立城市交通运输管理运营监控平台和综合应急指挥系统。进一步深化四市中欧铁路货运班列、近海近洋运输合作，制定统一扶持政策，联合组织货源，携手在中亚、欧洲、东南亚等区域建立转运中心，打造长江中游城市群联通亚欧的国际物流运输大通道。（牵头部门：交通运输部门）

2. 增强能源保障能力

推进四市油、气、电输送网络一体化建设，多渠道开拓能源资源，促进资源共享，构建安全、清洁、经济、高效的一体化能源保障体系。共同加强能源输入通道建设，加大西部天然气引入力度。大力发展智能电网，推进新能源加快并网，共同探索电力安全体系及应急处置体系，提高区域电网抗灾害能力和减灾应急能力。（牵头部门：能源管理部门）

3. 统筹信息基础设施建设

共同加快构建泛在高效的信息网络，加快四市新型智慧城市建设，支持云计算、大数据与物联网、移动互联网等融合发展，打造智慧城市群。加强四市政务网络资源共享，推进人口、法人、空间地理、宏观经济信息四大基础数据库建设，推动政务信息系统互联互通和数据共享交换。加快建立四市之间数字认证、物流配送、网上支付等电子商务支撑体系和公共信息平台，协同建设长江中游城市群信息港。建立网络信息安全应急体系合作机制，加强重要数据在各环节的安全保护。推进武汉、合肥、南昌等大数据交易中心和产业基地建设，支持长沙建设信息安全产业基地，支持武汉建设国家网络安全人才与创新基地。（牵头部门：网络信息管理、发展改革、国土规划、经济和信息化部门、商务部门、公安、统计部门）

4. 推动水利工程共建

加快完善水利基础设施网络，进一步加强长江、淮河干流堤防建设，推进汉江、湘江、赣江等主要支流河道综合治理，积极开展水系综合整治。按照流域防洪规划，完善以河道堤防为基础，以流域综合调度为重点，以蓄滞洪区运用为补充的防洪减灾体系。共同完善长江、洞庭湖、鄱阳湖、巢湖等水系的防洪和水量调度，建立联合调度系统和监管合作机制。共同抓好水库除险加固和排渍排涝设施建设，加强防灾减灾特别是洪涝灾害方面合作交流，全面提高城市防洪减灾能力。（牵头部门：水务、城乡建设部门）

专栏1：基础设施联通工程

◇建设“90分钟互达”高铁网。重点规划建设长沙—九江—合肥、武汉—九江—南昌、合肥—九江—南昌、武广高铁复线（武长段）等高速铁路。建设武汉城市圈、环长株潭城市群、皖江城市带和环鄱阳湖城市群城际铁路。

◇实施武汉天河、长沙黄花、合肥新桥、南昌昌北机场扩建工程。

◇实施长江安庆至武汉、赣江、汉江、湘江、江淮运河等航道升级改造工程。

◇加快武汉长江中游航运中心建设，加快建设长沙、合肥、南昌等港口。

◇共同编制《长江中游城市群交通发展规划》。

◇推进泛武汉、长株潭、环鄱阳湖等大型能源储备基地项目建设。

◇推进蒙西－华中煤运通道、西气东输三线、新疆煤制气外输管道等主干管道向长江中游城市群供气支线等项目。

◇布局LNG船舶加注站码头，开展LNG江海联运试点。

◇完善四市互联网骨干直联点，推动长沙、武汉等下一代互联网示范城市建设，应用推广城域量子通信网络。

◇建设长江中游城市群信息港。

三　市场一体化行动

（一）行动目标

深化政府“放管服”改革，改善对经济体系的调控，推动资金、技术、劳动力等生产要素自由高效流动，各类市场主体活力竞相迸发，引领带动长江中游城市群建设统一开放、竞争有序的一体化大市场，进一步激发区域市场活力和经济增长动力，奠定长江中游城市群一体化发展的市场基础。

（二）重大事项

重点布局全国性内需大市场。争取国家在四市开展扩大内需长效机制试点。共建四市本地产品销售一体化市场，促进商品在四市之间自由流通。规范发展多功能、多层次的综合性产权交易市场，加快公共资源交易领域的市场一体化建设。推进招投标、政府采购等领域的市场一体化建设，促进民间投资便利化。（牵头部门：工商、商务、城乡建设、公共资源交易管理等部门）

加快推进金融一体化机制建设。推动金融同城化，构建区域性金融结算、交易平台，推动区域内金融机构跨行政区划互设机构，开展业务合作，享受本地金融机构同等待遇。加强金融工作主管部门之间协作，搭建合作共享的民间金融征信平台，优化城市群金融生态环境。建立长江中游城市群金融管理部门负责人对话机制。依托各地现有交易平台，加强城市群内的金融交易合作，鼓励全国性证券期货交易所和交易机构参与区域性要素市场建设。支持武汉、长沙、合肥打造全国金融后台服务基地。（牵头部门：金融部门）

建立工商市场管理一体化机制。实行统一的市场准入制度，实现市场主体登记注册一体化。推进城市群消费维权协作平台、长江中游城市群工商政务云平台建设，建立消费者维权一体化机制。强化跨地区著名商标保护措施，加强知识产权保护合作，完善知识产权保护执法协作、应急联动、议事会商等协调机制，联合开展执法打假。（牵头部门：工商、科技、知识产权部门）

建立区域信用联动机制。建立城市群企业信用信息互通共享机制，实现组织机构代码、企业登记、信贷、纳税、合同履约、产品质量监管等信用信息共享。建立完善信用激励和惩戒联动机制，建立一体化的企业质量信用等级评价制度，建立地区间诚信企业、诚信个人和失信黑名单互认制度，营造“一处守信、处处受益，一处失信、处处受制”的社会诚信发展环境。（牵头部门：信用管理、工商、食品药品监管、质量技术监督、税务、金融等部门）

逐步建立统一的人力资源市场。构建一体化的就业创业服务体系，实现人力资源网互联互通，及时发布人力资源和岗位信息。深化人才交流合作，探索建立统一的人才评价体系，实现人才资质互认互准，促进人才顺畅流动，互相支持急需紧缺人才培养。进一步完善“双创”合作机制，建立“众创空间”联盟。建立劳动人事争议仲裁联系机制，加强劳动保障监察，联合开展年终务工人员工资清欠行动。（牵头部门：人力资源和社会保障部门）

进一步完善质量技术监督一体化机制。建立区域标准联盟机制，在信息技术、智能制造及生命健康等战略性新兴产业及现代服务业领域共同培育发展团体标准、组建标准技术联盟，探索开展一体化的质量评估、验证和认证。构建一体化的质量技术基础联动机制。定期通报产品质量监督抽查结果、特种设备安全监管、行政执法领域相关工作。继续加强品牌互认、检验检测结果互认。（牵头部门：质量技术监督部门）

建立食品药品监管一体化机制。整合四市检验检测机构、高等学校和科研机构等资源，推动资质互认、资源共享、结果互认互信，构建学科完整、项目齐全、功能完备的技术保障体系；共同搭建综合平台，实时归集和共享食品药品日常监管、行政许可、审评认证、监督执法、检验检测等信息，提高区域协同监管能力；加强四市沟通联系，探索区域一体化的食品药品监管体系、追溯体系和应急体系建设。（牵头部门：食品药品监管部门）

专栏2：市场同标工程

金融一体化建设工程。成立金融监管协调联席会议。以武汉股权托管交易中心和湖南股权交易所为基础，建设长江中游地区股权交易市场。联合建立金融风险监测指标体系和金融安全立体防护网。举办长江中游城市群金融峰会。

工商一体化建设工程。联合打造工商政务云平台，建立消费维权联席会议制度，推进12315等平台联网运行。举办长江中游城市群年度工商峰会。

区域信用机制联动工程。统一四市信用评价标准，建立城市群企业信用信息互通共享平台和资本市场诚信数据库。举办长江中游城市群信用论坛。

创新创业合作工程。实施人才流动政策对接工程，实现人才资质互认互准，互相支持人才培养，共建人才协助联盟。共同建立高端人才和行业领军人才绿色通道。联合建立一批劳动力资源基地和职业技能培训基地。

监督监管一体化建设工程。建立长江中游城市群标准技术联盟。建设区域性食品药品检验检测中心。

四　产业协同发展行动

（一）行动目标

巩固全国重要能源原材料基地、现代装备制造和高技术产业基地的地位，大力实施创新驱动战略，项目合作、技术创新、协作配套、企业重组等产业协同发展平台健全完善，先进制造业和战略性新兴产业加快发展，一批具有国际水平的产业集群和新型工业化示范基地培育形成并发展壮大。

（二）重大事项

1. 携手打造先进制造业产业集群

共同实施战略性新兴产业发展重大行动。推进国家级高新技术开发区合作，发挥武汉东湖、长株潭、合芜蚌（合肥）国家自主创新示范区的战略平台作用，加强联动，形成合力，扩大武汉、长沙、合肥综合性国家高技术产业基地和南昌航空及生物等专业性国家高技术产业基地的辐射带动能力。引导产业优化布局和分工协作，推动产业集聚向产业集群转型升级。协同发展新一代信息技术、高端装备制造、装配式建筑、新材料、生物、节能环保、新能源与新能源汽车等战略性新兴产业。（牵头部门：经济和信息化、发展改革部门，各国家级高新区）

共同实施制造智能化提升行动。全面提升食品加工、家电、纺织服装、汽车、工程机械、建材等行业的设计、制造、工艺和管理水平，打造全国重要的汽车产业基地和智能家电产业基地。（牵头部门：经济和信息化、科技部门）

共同实施绿色制造行动。全面推进传统制造业绿色改造，推广应用绿色工艺技术装备，重点打造绿色产品、绿色工厂、绿色园区、绿色企业。（牵头部门：经济和信息化、发展改革部门）

共同实施“四基”强化行动。不断夯实和提升工业基础能力，建设一批制造业创新中心和工业设计中心，打造具有全球竞争力的精品原材料产业基地。（牵头部门：经济和信息化、科技、发展改革部门）

共同实施质量品牌升级行动。以龙头企业为引领，以产业链条为纽带，构建一批专业特色鲜明、品牌形象突出、服务平台完备的现代产业集群，打造一批国际知名品牌。（牵头部门：经济和信息化、工商部门、发展改革、质量技术监督部门）

专栏3：新兴产业集群共创工程

新一代信息技术产业。以武汉、南昌为中心发展光电子产业，以合肥、武汉为中心积极打造平板显示产业链，支持武汉、合肥建设存储器产业基地。

新能源汽车产业。加大新能源汽车研发和推广力度，形成从关键零部件到整车的完整创新体系，打造武汉、长沙、合肥、南昌等新能源汽车生产基地。

高端装备制造产业。推进武汉、长沙、南昌、合肥等市分工协作，重点发展高档数控装备及系统、激光加工设备、输变电设备制造、工业机器人、中高端工程机械装备等制造。

先进轨道交通装备产业。依托武汉、长沙、合肥、南昌等城市产业基础，研发新一代绿色智能、高速重载轨道交通装备系统，建立世界领先的现代轨道交通产业体系。

航空航天产业。支持南昌、武汉建设国家航空产业基地，支持长沙、武汉建设北斗导航产业基地。

新材料产业。积极发展新型功能材料、先进结构材料、高性能复合材料、前沿新材料，重点建设武汉、长沙、合肥等新材料基地。

现代生物医药产业。积极推动生物医药产业技术创新，加快推进生物医药产业规模化、集群化、国际化发展，建设武汉、长沙、合肥、南昌等生物医药基地。

2. 合作共建现代服务业集聚区

共同推进现代服务业试点。联合授牌长江中游服务业集聚区，抱团向市场要地位，推进武汉、长沙、南昌等国家服务业综合改革试点、国家电子商务示范城市及物流园布局城市建设的合作交流，支持合肥等城市开展国家服务业试点，共同探索和完善服务业发展体制和政策。（牵头部门：服务业管理、商务、交通运输部门）

联合构建无障碍旅游区。建立互为旅游目的地的客源联动机制，推广“一程多站式”旅游。推行“旅游一卡通”并逐步扩大景点数量。推进起草（房车）露营地建设，打造中部地区自驾游集散中心。完善旅游峰会制度，

联合开展旅游推介活动，合作开发国内外旅游市场。（牵头部门：旅游部门）

合力发展现代物流业。构建辐射全国、连接国际的物流平台和区域性商贸中心，推动城市群智能物流网络和多式联运基础设施建设，形成以四市为中心的两小时高效物流服务圈。（牵头部门：交通运输、商务、发展改革部门）

推进会展业全面合作。鼓励会展企业跨城市参展或办展，共同开发中部大市场。共同申办一批全国性知名会展活动，共建长江中游城市群会展集群。（牵头部门：商务部门）

协同发展文化创意产业。积极推动广播影视、新闻出版、设计服务、动漫游戏等文化产业跨区域发展，促进文化和科技融合，共同打造在国内外具有重要地位的文化产业基地。（牵头部门：文化部门）

共同培育高技术服务业。依托国家高技术服务业基地、高新技术产业化开发区和高新技术（现代服务业）产业化基地，着力发展工业设计、信息技术服务、科技服务、商务咨询、商标品牌、检验检测认证、节能环保服务等高技术服务业。（牵头部门：发展改革部门、科技、经济和信息化、质量技术监督部门）

专栏4：现代服务业集聚区共建工程

现代物流业。重点建设湖北国际物流核心枢纽，着力打造一批区域性物流城市和国家级示范物流园区。

电子商务业。推进武汉、长沙、合肥、南昌等国家电子商务示范城市建设，推进电子商务进农村综合示范。

旅游业。武汉、长沙、合肥、南昌共同打造高铁旅游走廊、华中地区自驾游等精品旅游路线和旅游品牌。

会展业。重点做大做强武汉国际光电子博览会、长沙装备制造展、合肥家电博览会、南昌中国绿色食品博览会和中国国际机电产品博览会等品牌展会，并开展广泛合作。

文化创意产业。重点推进武汉数字媒体工程技术中心、国家动漫出版产业发展安徽基地、湖南国家动漫游戏产业振兴基地建设，推动湖北华中文化产权交易所建设成为中部地区文化产品创新要素市场，支持武汉、长沙、合肥、南昌建设国家数字出版基地。

3. 联合壮大优势农产品基地

共同打造全国都市农业发展先行区。共同发展现代种业，建设长沙等现代种业基地、武汉“中国种都”。加强肉蛋奶和水果产业基地建设。共同实施“菜篮子工程”。推动粮食绿色增效生产，打造绿色食品产业集群。大力发展农产品加工业，加快发展休闲农业，实施“互联网＋”现代农业行动，推动一二三产业融合发展。（牵头部门：农业部门）

加强农产品产销对接合作。定期在四市轮流举办农超对接活动，组织农产品生产企业、加工企业、农民合作社与大型超市、农产品批发市场、大型餐饮企业、大型采购集团等洽谈采购、投资、合作事宜。（牵头部门：商务、农业部门）

4. 协同开展产业技术创新

开展重大科技合作。积极推进科技创新改革与试点工作。策划一批重大科技合作项目，在智能装备、电子信息、生物、新能源、新材料、航空航天等科研领域联合攻关，实现重大关键技术产业化、自主化。（牵头部门：科技部门）

建立创新平台共享机制。推进国家重点（工程）实验室、工程（技术）研究中心等高端创新平台跨区域共享，建设网络化的科技基础条件平台和产业共性技术研发试验平台，促进创新资源开放共享。推进科技领域专家库共建共享。（牵头部门：科技、发展改革部门）

打造产业创新高地。鼓励高等院校、科研院所、重点实验室、企业工程技术（研究）中心等共同组建跨地域的技术转移中心和产业技术创新战略联盟，在产业链条上下游各环节开展合作。共同推进知识产权互利合作，联合开展重大科技经济活动知识产权评议工作。（牵头部门：科技部门、知识产权部门）

5. 共同搭建产业合作平台

加强产业政策对接。建立产业转移推进机制和利益协调机制。鼓励企业参与异地工业园区和特色产业园区的开发。建立跨区域的产业投资和并购基金，支持优质资本、优势企业开展跨地区企业并购和资产重组，跨区域联合建设产业园区。（牵头部门：经济和信息化、工商联等部门）

争取重大产业专项布局。争取国家重大产业项目布局，争取创建一批重要的战略性新兴产业基地和现代服务业集聚区。争取国家支持四市建设先进制造业基地。（牵头部门：发展改革、经济和信息化部门）

积极开展联合招商。利用中博会、名优创新产品展销会等固有活动平台，加强重点产业、重点企业和重点园区招商。大力拓展新的招商领域。联合四市力量，组织创新型招商活动，联合赴长三角、珠三角、环渤海产业转移区域开展经贸洽谈和招商引资活动，建立招商引资信息共享机制。（牵头部门：招商部门、经济和信息化部门）

五　生态文明共建行动

（一）行动目标

到2020年，四市低碳环保领域合作更加密切，以省会城市为中心的环保联动机制初步建立，生态环境治理成效显著，水资源和水环境保护进一步加强，沿江沿湖特色更加突出，以沿江防护林体系为主的绿色廊道的天然生态屏障建设完成，生态文明建设合作交流长效机制建立完善，“两型社会”和生态文明建设共同走在全国城市前列。

（二）重大事项

1. 共同构筑生态屏障

共同保护水资源水环境。加强保障“一江三湖”及汉江、赣江、湘江等流域水生态保护和水环境治理，推广武汉“湖长”制度。加强水源地保护、河湖管理，共同推进水环境综合治理，建立健全水环境监测预警网，确保主要江河湖泊水功能区水质达标率稳步提高。推进水生态文明示范城市建设、水生态文明城市试点和国家生态园林城市建设等工作的合作交流。建立南昌、长沙关于鄱阳湖和洞庭湖流域水生态功能区建设合作机制。（牵头部门：水务、环保、园林部门）

构筑网络化生态屏障。共同构筑以沿江、沿湖和主要交通轴线绿色廊道为纽带的长江中游城市群生态屏障，加快沿江防护林体系、环鄱阳湖与环洞庭湖防护林带、高速公路和铁路沿途绿化带等重点工程建设。加强长江中游自然保护区、风景名胜区、森林公园和地质公园建设和管控力度。发挥长江中游城市群湿地生态保护联盟在湿地保护、环保意识教育等方面作用。积极推进武汉海绵城市试点建设，逐步扩大试点范围。（牵头部门：林业、水务、城乡建设部门）

2. 共促城市群绿色发展

大力发展循环经济。加快在武汉和长沙建立湖北国家城市能源计量中心、湖南国家节能计量中心。在长江中游城市群全面建立再生资源回收网络。复制推广武汉城市矿产交易所经验，打造全国具有示范作用的城市矿产交易平台。建立长江中游城市群再制造联盟。（牵头部门：发展改革部门）

倡导绿色低碳生产生活方式。充分发挥武汉、长沙、南昌、合肥国家低碳城市试点及国家可持续发展实验区示范作用，初步建立以低碳排放为特征的长江中游重点产业控碳体系。积极开展节能减碳全民行动，推行能效引领节能举措，出台绿色低碳产品支持政策，推动形成与国情、市情相符的绿色生活方式和消费模式。（牵头部门：发展改革部门）

3. 完善跨区域环保机制

加强环境污染联防联治。强化跨界水质断面和重点断面考核管理，推动跨界水污染防治，到2020年重点流域基本消除劣Ⅴ类水体。推进环保产业市场一体化，加强环境准入与管理合作，对环境污染第三方治理等从事环境保护业务的企业给予完全相同的政策与待遇。适时在汉江、湘江流域全面开展生态补偿，探索建立洞庭湖蓄滞洪区生态补偿制度。建立危险废物跨省转移通报协作机制，加强对危险废物跨省转移行为的监控。构建大气污染联防联控机制，实施四市清洁空气行动计划，探索在长沙建立长江中游城市群大气污染监测立体网络和环保信息交流平台。加强在用车排气污染监管，推动机动车排污监管平台联网。（牵头部门：环保、水务、经济和信息化）

完善生态保护市场化机制。建立生态环境损害赔偿、生态产品市场交易、生态保护补偿协同推进的新机制。推进重点流域、重点区域排污权交易，扩大排污权有偿使用和交易试点。加快建立四市统一的碳排放权交易制度。建立四市统一的绿色产品标准、认证、标识等体系，建立完善绿色产品研发生产、运输配送、购买使用的财税支持和政府采购等政策。完善专业化第三方开展生态破坏、环境污染治理各项体制机制。（牵头部门：发展改革、环保、林业、财政部门）

实施环境监管执法联动。建立健全跨行政区的环境治理跟踪机制、协商机制和仲裁机制等，加强联合监管和纠纷调解工作。加强节能监督和环保执法队伍建设，构建安全监管预警机制，提高环境执法强度。（牵头部门：环保、发展改革部门）

专栏5：环境共保工程

◇推进汉江、湘江水污染治理和再生水利用项目。推进洞庭湖及鄱阳湖水生态安全保障项目。共建水生态文明试点城市。

◇推进环鄱阳湖与环洞庭湖防护林带工程建设。

◇支持长株潭国家节能减排财政政策综合示范城市建设。

◇在四市国家级开发区创建国家循环经济示范区、国家生态工业示范园区。

◇建设长江中游城市群再生资源利用产业示范基地。建设湖北国家城市能源计量中心、湖南国家节能计量中心。

◇深入推进长江中游城市群湿地生态保护联盟建设项目。加快推进鄱阳湖、洞庭湖、汉江中下游等重要湿地国家生态补偿试点项目。

◇在南昌设立中国南方森林碳汇基金。支持南方林业产权交易所和中部林业产权交易中心建设区域性林权交易市场。

◇支持武汉建设全国碳交易能力建设（湖北）中心。支持武汉、长沙建设中部碳排放权交易中心和全国碳金融中心。

六　公共服务共建共享行动

（一）行动目标

到2020年，四市公共资源要素优化配置、共建共享、流转顺畅、协作管理的体制机制进一步健全，区域内基本公共服务供给总量有效扩大，服务质量有效提升，教育、医疗、社保、养老、住房等公共服务体系更加健全灵活，基本公共服务均等化水平迈向新高度，群众满意度逐步提升，切实让四市乃至长江中游城市群的市民成为共建共享发展的主体。

（二）重大事项

教育共建共享。深入推进各阶段教育教学合作与交流，建立教育信息网络互联互通与共建共享机制，探索合作培养人才、合作培训教师、合作开发课程、共享数字化教学资源、共享教学科研成果。建立城市间友好学校关系，开展合作共建，培育教育品牌，提升办学水平。深化教育科学研究合作。（牵头部门：教育部门）

文化体育共建共享。加强长江中游城市群国家级公共文化服务示范区和示范项目的合作交流。推动建立公共图书馆、文化馆、博物馆联盟。做大做强长江中游城市群城市演艺联盟。联合推进世界文化遗产、全国重点文物的保护与展示。积极参与长江流域主要城市非物质文化遗产保护战略联盟建设，在非遗生产性保护、非遗元素衍生品开发、文化与旅游结合等方面加大合作力度，对落地非遗企业给予优惠政策。推进长江中游省会城市体育联盟建设，完善合作协调机制，推动长江中游城市群体育事业一体化发展。（牵

头部门：文化、体育部门）

卫生医疗共建共享。坚持民生优先，推动长江中游城市群公共卫生资源共享提效升级。推进优质医疗资源结对合作，建立紧密型医学人才、核心技术、血液供给等互惠体系。推进医学科研领域联合攻关。深入推进长江中游城市群急救联盟建设，推进突发事件水上、陆地、航空紧急医疗救援网络及区域紧急医疗救援联动机制建设，打造互联互通的突发公共卫生事件信息决策指挥系统和信息监测平台。共同建立沟通顺畅、科学有效的重大疾病联防联控机制，建立信息和技术资源共享平台；建立区域内卫生计生人才培养和协同创新机制；探索医生跨市多点执业试点。（牵头部门：卫生部门）

联手打造社会保障网。以增强公平性、适应流动性、保证可持续性为重点，构建长江中游城市群一体化社会保障网。优化社会保险关系无障碍跨地区转移接续机制。推进妇幼保健一体化合作共享及社区卫生合作。完善异地领取养老金资格认证机制和资格认证信息公共平台。坚持政府主导，发挥市场机制作用，调整和优化住房保障供应和保障方式，继续做好公积金异地互认互贷。（牵头部门：人力资源和社会保障、卫生、公积金管理部门）

联合创新社会治理。创新和完善人口服务和管理制度，促进人口有序流动、合理分布和社会融合。健全公共安全体系，加强跨区域联合执法、警务协作与协同处置。推进传染病疫情联防和动植物、食品、农产品安全通报和事故协查等工作方面的合作。（牵头部门：公安、卫生、水务、食品药品监管部门）

专栏6：公共服务共建共享工程

教育。共建一批特色职业教育基地和职业教育集团。建立健全教育局局长联席会议制度。

文化体育。推进四市文化领军人物、文艺精品联合培养项目。举办中华优秀戏曲文化艺术节、文物艺术品交流会。联手申办国际国内重大体育赛事。联手创办区域性品牌赛事。

卫生医疗。实现检查检验结果互认、疑难杂症远程会诊和双向转诊。鼓励四市大型综合性医疗卫生机构跨区域布点。完善长江中游城市群公共卫生协作中心建设。

社会保障。实行“医保直通车”。推进城乡居民医保实现跨市结算。

社会治理。开展安全生产执法和应急救援指挥能力共建行动，提升防灾救灾和自救互救能力。建立流动人口居住地和户籍地信息共享平台。在维护社会稳定、打击违法犯罪、处置突发事件、打击长江流域河道违法采砂等方面实现区域联动。

七　深化开放合作行动

（一）行动目标

实施开放带动战略，推进高水平双向开放，到2020年，全方位、多层次、宽领域的开放发展新格局基本形成，国内外区域合作不断深化，商贸流通、对外贸易、对外投资、承接产业转移、口岸通关等领域一体化水平明显提升，努力打造成为我国全方位开放重要支撑区。

（二）重大事项

1. 共建开放大通道和大平台

推动口岸大通关建设。深化通关一体化改革，完善口岸联络机制，加强在口岸规划管理、电子口岸平台建设、临港物流园区及海关、检验检疫特殊监管区域建设等方面合作，实现口岸管理相关部门“信息互换、监管互认、执法互助”。（牵头部门：商务、交通运输部门）

搭建开放型经济合作平台。争取国家加大四市自由贸易园区、综合保税区等试点布局力度。依托湖北自贸区，开放共享四市现有的外贸公共服务平台和商务合作平台。做大做强“中部投资贸易博览会”等会展品牌，完善城市群联合招商和贸易平台，合作开拓国际市场。（牵头部门：商务部门）

2. 合力提升开放型经济水平

推动企业走出去。支持企业跨区域建立企业联盟，参与海外“一带一路”项目建设，争取更多地承揽以勘测、设计、咨询、施工为一条龙的国际工程总承包项目。（牵头部门：商务部门）

推动外贸优化升级。加快企业跨区域物流总部基地和国际商品交易中心分销平台建设。开展跨境电子商务应用示范和区域合作，促进跨境电子商务集聚发展。整合外贸公共服务平台和服务外包基地，构建形成互通式对外贸易服务体系。积极开展中欧国际货运班列合作，完善区域交通网络，降低货物运输成本。（牵头部门：商务部门）

3. 加强国内国外区域合作

共建长江经济带。加强与长三角、成渝城市群等协作联动，共同构建长江经济带发展新格局。密切与上海、重庆航运中心和沿江主要港口的联系，建立沿线港口合作机制，促进长江港口联动发展。（牵头部门：发展改革、交通运输部门）

全面深化与重点地区合作。进一步加强与京津冀、珠三角等城市群联络交流，积极参与非首都功能转移，深化泛珠三角合作。加强城市群（圈）内城市合作，依托长江中游城市群省会城市会商平台，不断扩大城市群城市合作的主体范围。（牵头部门：发展改革部门）

共同推进国际合作。深化与伏尔加河流域、密西西比河流域、莱茵河流域、英国北方经济增长区等城市群合作。鼓励龙头企业联合开拓“一带一路”沿线市场，打响长江中游省会城市品牌。共同举办大型研讨会、经贸洽谈会，广泛邀请“一带一路”沿线国家和地区参加，促进企业和产业合作“请进来”和“走出去”双向互动。深化与“一带一路”沿线国家和地区在旅游、文化、生态、科技、教育、卫生等领域的合作交流。（牵头部门：四市外事、商务、经济和信息化、贸促会等部门）

专栏7：深化对外开放工程

◇重点建设武汉、长沙、合肥等跨境电子商务综合试验区。

◇依托武汉、长沙等国际航空港，打通“一带一路”沿线主要城市空中通道，创新中欧班列集货运营模式。

◇深化长江中游城市群与美国密西西比河城镇组织、英国北方经济增长区的合作与交流，定期召开高级别合作论坛，推进武汉、长沙、合肥、南昌等城市与曼彻斯特、利物浦、利兹、谢菲尔德等中心城市之间的国际合作。

◇大力推进中德（安徽）合作智慧产业园区、中法武汉生态新城建设。

◇深化武汉港、长沙港、合肥港、南昌港等港口与美国有关港口交流合作，积极促进双方企业在对方管辖范围内投资落户，共同推动绿色新型港口发展。

八 保障措施

1. 进一步强化协调推进机制建设

一是争取国家成立推进长江中游城市群建设的专门协调机构，建立与国家级战略协调机构的汇报衔接机制，共同向国家争取“一地试点、四市联动”的政策，争取国家部委和省委省政府支持。二是拓展现有协调机制的功能，进一步完善会商会、合作协调会机制，强化做实城市合作秘书处，建立完善专题合作组机制，完善“决策—协调—执行”合作框架。三是定期进行评估，每年邀请第三方研究机构对省会城市合作进行评估，总结合作成效，找准存在的困难和问题，提出政策建议。四是健全政府间合作绩效考核机制，研究出台城市群合作发展绩效指标体系，并纳入各地绩效考核。五是加强四市有关干部的共同培训和挂职交流。（牵头部门：城市合作秘书处、四市组织和绩效考核部门）

2. 强力推进新一轮合作行动计划的落实

一是四市要将《行动计划》明确的主要目标和重点任务，纳入本地区年度工作计划，并明确分管市领导和责任部门。二是各专题合作组明确牵头城市，制定具体实施方案，明确阶段目标和完成时限。三是加强协调监督，城市合作秘书处各成员单位、各专题合作组要加强本地区、本系统专项合作任务的落实推进，每半年将推进落实《行动计划》进展情况报秘书处，秘书处汇总后报四市市委市政府和国家、省主管部门。四是加强宣传与舆论引导，突出宣传四市及长江中游城市群合作发展的重要意义和重大举措，增强公众对城市群一体化发展的认同感，形成全社会关心、支持和主动参与的良好氛围。（牵头部门：城市合作秘书处、秘书处成员单位、宣传部门）

3. 搭建城市合作发展平台

一是组建长江中游城市群城市合作专家委员会，面向全国组建专业背景广泛的专家咨询委员会，为省会城市合作提供理论支撑、智力支持。二是推进成立长江中游城市群城市行业联盟，开展多种形式的合作，制定城市群有关行业发展规划和行业标准。三是成立长江中游城市群发展研究会，强化城市间合作发展各层面重大问题研究，为城市群一体化发展提供咨询服务，成为四市商、学、研交流互动的桥梁。四是探索联合设立长江中游城市群发展基金，为跨区域的基础设施建设、产业协调发展、人才培养、科技创新、环境治理和生态补偿等提供资金支持。五是筹划建立长江中游城市群合作银行，推进金融机构服务和支持四省会城市实体经济发展、创新创业。六是支持建立四市商会合作交流机制，充分发挥商协会的积极作用，组织企业抱团发展。（牵头部门：发展改革、工商联、贸促会、财政、金融部门）

4. 完善城市合作的规划政策和法制保障

一是建立规划先导机制，省会城市共同签署的合作协议、行动计划、工作要点等合作发展相关内容，要主动对接《长江中游城市群发展规划》、《促进中部地区崛起“十三五”规划》及各专项规划。突出重点，明确年度工作重点，制定年度计划，力争一年完成若干在全国有影响、有示范意义的工作。二是加快顶层设计和系统谋划，启动研究制定《长江中游四省会城市合作条例》，构建长江中游城市群四省会城市合作统一法规政策体系。三是联合制定长江中游城市群城市合作发展相关配套政策，动态清理修订不利于城市群合作的法规、规章，为长江中游城市群城市在产业发展、基础设施、信息共享、生态保护、人力资源、户籍管理、医疗教育等方面一体化提

供制度保障。（牵头部门：发展改革、法制等部门）

5. 完善重点区域及毗邻城市合作机制

一是坚持四市共同发力、协同推进各项合作任务的同时，依据不同城市发展特点与现实基础，在基础设施、产业、市场、生态、公共服务、对内对外开放等领域，不断完善省会城市间的双边、三边合作机制。二是加强省会城市与毗邻城市及城市群其他城市之间的合作，建立城市群城市合作“扩员”机制，鼓励支持与非省会城市之间开展多元化合作，争取长江中游相关省政府授权各省会城市牵头，组织本省相应城市组群诸多城市参与合作，带动武汉城市圈、环长株潭城市群、皖江城市带、环鄱阳湖城市群等城市组团一体化发展。（牵头部门：城市合作秘书处、长江中游城市群相关城市）

长沙市人民政府　　　　合肥市人民政府

南昌市人民政府　　　　武汉市人民政府

2017 年 4 月 10 日

Abstract

Building a modern economic system is a major strategic plan for Chinese economic construction made by the party's 19th National Congress. Establishing the modern industrial system that is compatible with the high-quality development stage is an urgent requirement and strategic goal of Chinese current economic development. On April 26, 2018, Xi Jinping further clarified at the symposium on promoting the development of the Changjiang River Economic Belt in Wuhan: correctly grasp the relationship between the elimination of old kinetic energy and the cultivation of new kinetic energy, and promote the construction of a modern economic system in the Yangtze River Economic Belt. Therefore, it is of great practical significance to promote the construction of a modern economic system in Changjiang Middle Reaches Megalopolis.

The book consisting of three parts: the general report, the special report and the regional report. There are 15 research reports. The main report focuses on the evaluation of the modern economic system of the middle reaches of the Changjiang River. Through an in-depth analysis of the connotation of the modern economic system in the new era, a relatively complete evaluation index system is constructed; the level of the modern economic system of Changjiang Middle Reaches Megalopolis is scientifically and objectively evaluated. The construction situation and the implementation path that should be promoted in the future. The general report also studies the problems that Hubei should solve in the construction of modern economic system, and proposes countermeasures to shape more leading development. The special report consists of five reports, mainly from the topics of regional ecological construction, basic public services, general aviation industry development, urbanization and collaborative innovation development in the middle reaches of the Yangtze River. The regional report consists of nine reports, which study the specific practices and experiences of Hubei, Hunan and Jiangxi provinces for the establishment of a modern economic system. They mainly study urban group development, military-civilian integration, technological innovation drive, and industrial upgrading. In the regional report, the research content of Hubei Province mainly focuses on the urban group and the "One main Two deputy and Multi-poles" regional pattern construction; the research content of Hunan Province is the development path of high-tech industry and cultural industry and the development of technological innovation; The research content mainly includes rural revitalization and other aspects for Jiangxi Province; the report also introduces Wuhan's optimization of the Changjiang River main axis to lead the high-quality development of the Yangtze River Economic Belt. The Nanchang innovation-driven industrial transformation and upgrading has contributed to the construction of a modern economic system.

On the basis of achievements, the Changjiang Middle Reaches Megalopolis strive to actively build and improve a modern economic system, so that the middle reaches of the Changjiang River can maintain a strong and strong development momentum, and it can become a new growth pole for the Chinese economy. Development has an inexhaustible motive force.

Contents

Ⅰ General Report

Abstract: General Secretary Xi Jinping proposed "promoting the construction of a modern economic system in the Yangtze River Economic Belt". As one of the three growth poles in the Yangtze River Economic Belt, the Changjiang Middle Reaches Megalopolis are of importance position in the construction of the modern economic system in the country. It should carefully analyze the situation, make up for strengths in various aspects, jointly promote the construction of a modern economic system Megalopolis and strive to achieve leading development and high-quality development in the Changjiang Middle Reaches.

Keywords: Changjiang Middle Reaches Megalopolis; Modern Economic System; Leading Development

Ⅱ Special Reports

Abstract: Hubei, Hunan and Jiangxi provinces, which are located in

Changjiang Middle Reaches Megalopolis, have always attached great importance to ecological construction, and a series of measures have been made, which have got great achievements, but there were also many shortcomings. In 2016, most of the indicators in the annual evaluation results of national ecological civilization construction were only in the middle level. The gap should be compared, and the intensity of ecological construction will be further increased to build a beautiful city group.

Keywords: Changjiang Middle Reaches Megalopolis; Ecological Construction; Ecdogical Environment

Abstract: The research on the coordination between economic development and basic public service level has important theoretical and practical significance. The study used the improved entropy method and coordinated development based on the panel data of 28 prefecture-level cities in the middle reaches of the Yangtze River in 2005 – 2016. The degree model, the calculation and analysis of the coordinated development degree of its economic development system and basic public service system, the empirical results showed that the economic development and basic public services of the middle reaches of the Yangtze River in 2005 –2016 are in the stage of sub-harmonic development; The coordinated development level presents a "pyramid" type, with many cities on the verge of imbalance. The 25 cities except Wuhan, Changsha and Nanchang belong to the economic lag (profit and loss) subtype; the city scale and the coordinated development degree have a certain correspondence. The larger the city, the higher its coordination level. It is suggested to promote the coordinated development of the urban agglomeration economy and basic public services in the middle reaches of the Yangtze River by strengthening strategic understanding, accelerating high-quality economic development, promoting classified policies, and strengthening support for small and medium-sized cities.

Keywords: Changjiang Middle Reaches Megalopolis; Economic Development; Basic Public Services; Coordination

Abstract: The general aviation industry as a strategic emerging industry is becoming the focus of Chinese industrial development in the new era. At present, the Changjiang Middle Reaches Megalopolis face a great historical opportunities in the development of the general aviation industry. At the same time, it also faces many challenges such as high technical thresholds of the general aviation industry, insufficient marketization and fierce competition in other regions of the country. This paper proposed the basic ideas and strategies for future development of the general aviation industry in the Changjiang Middle Reaches Megalopolis through the basis of the development of the general aviation industry, the basic statement of recent progress, the multi-dimensional analysis of the existing industrial layout and major enterprises in the three provinces of Hunan, Hubei and Jiangxi.

Keywords: Middle Reaches of the Yangtze River; General Aviation Industry; Multi-dimensional Analysis

Abstract: The Changjiang Middle Reaches Megalopolis, one of the three major urban agglomerations in the Yangtze River Economic Belt, was treated as the research object, and the urbanization efficiency of the urban agglomeration were measured and analyzed. The three-stage DEA method was used to compare the Changjiang Middle Reaches Megalopolis of the urban agglomeration between 2005 and 2015. The urbanization efficiency of each city was measured, and the results of the model was analyzed. The evolution law and characteristics of urban agglomeration were analyzed through horizontal and vertical comparison. Finally, the corresponding suggestions were proposed according to the urbanization efficiency development, change characteristics and conclusions of the Changjiang Middle Reaches Megalopolis.

Keywords: Changjiang Middle Reaches Megalopolis; Urbanization Efficiency; Three-stage DEA

Abstract: This paper used the DEA method to explore the way and countermeasures of coordinated innovation development of urban agglomerations based on the quantitative analysis of the innovation efficiency of cities and towns in urban agglomerations. Through the analysis of the evaluation index system for the innovation and development of urban agglomerations, the results showed that the innovation development of the urban agglomerations in the Changjiang Middle Reaches Megalopolis is still at the primary level, and the imbalance of internal development in the provinces has not improved significantly, and the imbalance in the development between Jiangxi and Hunan provinces has been intensified. Finally, through qualitative analysis of the development status of collaborative innovation in the Changjiang Middle Reaches Megalopolis, and comparative analysis with the three major urban agglomerations of Beijing-Tianjin-Hebei,

Yangtze River Delta and Pearl River Delta, it pointed out the shortcomings of the innovation and development of the middle reaches of the Yangtze River for seeking more efficiency path and targeted recommendations.

Keywords: Changjiang Middle Reaches Megalopolis; Innovation Efficiency Evaluation; Collaborative Development; DEA

Ⅲ Regional Reports

B.7 Research on the Development Path and Countermeasure of Hubei City Group

Abstract: The geographical function of a city is usually a combination of economic, ecological, cultural, and transportation functions, which directly reflecting the influence and radiation-driven ability of the city in the region. This paper taken 17 prefectures and cities in Hubei Province as the research object, and calculated the functions of the five major cities of economy, ecology, culture and transportation, then explored the development path of new urban groups in the existing urban group development model.

Keywords: Regional Function; Urban Group Development; Analytic Hierarchy Process

B.8 Research on the New Pattern of Regional Development of "One main Two deputy and Multi-poles" in Hubei Province

Abstract: The problem of insufficient and imbalance development in Hubei has always been more prominent, and regional economic differences are among the best of the candidates in the country. Although the implementation of the "one master and two deputy" strategies proposed in this century has achieved remarkable results, the regional differences is shown enlarge trend. This problem can be effectively alleviated by the improved "one main two deputy and multi-poles" strategy, but there are still many problems in the implementation process and it need to be dealt with seriously.

Keywords: Hubei; One Main Two Deputy and Multi-poles; Regional Coordination; New Pattern

Abstract: Wuhan is an important national central city in the Yangtze River Economic Belt. It undertakes a major strategic task of accelerating the high-quality development of the Yangtze River Economic Belt. The Yangtze River region has already become one of the important space carriers for carrying urban functions and development energy levels of Wuhan, but there are some unsolved problems such as insufficient balances between the two sides of the Yangtze River, the current commercial features of the Yangtze River Business Function Zone are not clear enough, the problem of transportation of public space and other aspects are inadequacy of connected. In combination with the actual situation, it is recommended to highlight the characteristics through industrial planning, strengthen infrastructure interconnection, formulate negative lists, increase open innovation, enhance government services, enhance international and domestic exchanges, and enhance the level of informationization, so as to promote the high concentration of modern service functions in the Yangtze River main axis area, which leading the Yangtze River Economic Belt and the rise of the Central Region.

Keywords: Yangtze River Economic Belt; the Main Axis of the Yangtze River; Wuhan; High Quality Development

Abstract: Wuhan has a good foundation for the deep development of military-civilian integration. The basic pattern of military-civilian integration has taken shape. However, there still have some problems such as poor channels of the Participation Army, insufficient power of the military to turn the people, low level of sharing of military and civilian resources, and ineffective mechanisms. Drawing on the experience of the integration of military and civilian integration in cities such as Shanghai, Xi'an and Chengdu, the paper proposed policy recommendations to promote the integration of military and civilian integration in Wuhan: 1) establish a special local military-civilian integration leadership; 2) strengthen planning and guidance for military-civilian integration; 3) Accelerate the construction of Guanggu National Defense Science and Technology Industrial Park and national commercial aviation base; 4) Build a military-civilian collaborative innovation platform; 5) Guide superior private enterprises into military research and production; 6) Strengthen financial and fiscal support for military-civilian integration.

Keywords: Wuhan; Military-Civilian Integration; National Defense Science and Technology Industrial Park in Guanggu

Abstract: The current fundamental way to solve environmental problems is to rely on green technology innovation. However, the resources and ecological environment of the Xiangjiang River Basin have become increasingly prominent in recent years. The distribution of water resources in the basin is uneven, the water use efficiency is not high, and the pressure of sustainable development continues to increase. The root cause of the lack of green technology innovation has become an great obstacle to hindrancing to the green development of the Xiangjiang River Basin. Based on the analysis of the main problems faced by the current Xiangjiang River Basin in terms of green technology innovation, this paper proposed to continue to develop from the green technology innovation platform, the green technology independent innovation capability, and the introduction and cultivation of green technology innovation talents. It is conducive to promoting the institutional mechanism of green technology innovation in the Xiangjiang River Basin and comprehensively constructing a new pattern of green development in the Xiangjiang River Basin.

Keywords: Green Development; Xiangjiang River Basin; Technological Innovation

Abstract: Since the establishment of the Changsha High-tech Industrial Development Zone by the state, the development zone of Hunan Province has developed rapidly. Practice has proved that the industrial park has played an important role in promoting opening to the outside world, attracting investment, promoting regional economic growth and scientific sustainable development of Hunan, which has become an important engine for promoting economic and social development of Hunan province. In recent years, Hubei Province High-tech Industrial Development Zone has achieved remarkable results. At the same time, the lack of release of policy dividends, the unsatisfactory management system, the lack of innovation orientation, the weak support of innovation elements, and the weak industrial competitiveness are also urgently needed to be resolved. Promoting the upgrading of high-tech parks should focus on five aspects: policy support mode, management system mechanism innovation, evaluation and evaluation system construction, optimization of factor resources allocation, and innovation industry cluster construction. These can provide strong protection for an accelerated developed modern industrial system and an open platform of Hunan.

Keywords: Hunan; High-tech Industrial Development Zone; Promoting and Upgrading

B. 13 Research on the Status of Hunan Cultural Industry Development, Provincial Comparison and Promotion Path

Gao Lilong / 233

Abstract: Since Hunan took the lead in proposing and vigorously implementing the strategy of strengthening the province, the leading role of culture in the economic society has been continuously manifested and enhanced. With the implementation of the strategy of strengthening the province and the achievement of the staged goals, the way to continue to give play to cultural development advantage of Hunan and improvement of short-board, promoting the transformation and upgrading of the cultural industry, creating an upgraded version of the province of strong culture, and strive to be at the forefront of the nation in the construction of a strong cultural province, have become important issues that needed to be solved urgently. Based on the analysis of the status of cultural industry development in Hunan Province, this paper looked for the main problems existing in the development of cultural and creative industries in Hunan. By comparing with the provinces of culturally strong provinces, it was found that the development gap of Hunan cultural industry still exists compared with developed regions. Finally, the paper proposed the six major projects: cultural industry growth, literary and artistic creation, cultural propaganda and exchange, cultural talents, cultural system reform and cultural development guarantee as the main promotion path for development of Hunan cultural industry.

Keywords: Hunan; Cultural Industry; Path

B. 14 Research on Transformation and Upgrading of Innovation Drive Industry in Nanchang City

Wei Botong / 252

Abstract: Since the 18th National Congress of the Communist Party of China, Nanchang has been guided by the strategy of innovation-driven development and adhered to the road of new industrialization development, it takes the industrial park as the main battlefield. "Strengthening and deciding the industry" is unshakable, and innovation has driven great achievements in industrial transformation and upgrading, but the existence of technological innovation drives the transformation and upgrading of the industry is weak, the transformation of traditional manufacturing to green manufacturing is lagging behind, the promotion of strategic emerging industries to industrial transformation and upgrading is insufficient, the degree of integration between industries is not high. Strengthening the technological innovation to promote the transformation and upgrading of industry, promoting the traditional manufacturing to green manufacturing transformation and upgrading, the promotion of industrial cross-border integration development and the improvement of enterprise-based technological innovation system are important measures to encourage the transformation and upgrading of Nanchang innovation-driven industries.

Keywords: Industrial Transformation and Upgrading; Innovation Drive; Nanchang

Abstract: The report of the 19th National Congress of the Communist Party of China first proposed the implementation of the "Village Revitalization Strategy". Strengthening the collective economy is an important basis for implementing the rural revitalization strategy. Jiangxi attaches great importance to the development of village-level collective economy, and has carried out many beneficial explorations according to local conditions and formed four modes: industry-driven "blood-forming", revitalizing assets "blood-activating type", resource development "hematopoietic type", and service-generating "blood-filling type". There are also difficulties such as lack of "capable people" and lack of elements. It is necessary to take whole advancement of many aspects: vigorously implement the "energy-man" village management project, optimize the "two committees" of the village, explore the village collective economic revitalization model, and strengthen the policy guarantee mechanism.

Keywords: Rural Revitalization; Village-level Collective Economy; Jiangxi

Ⅳ Appendix

皮书起源

“皮书”起源于十七、十八世纪的英国，主要指官方或社会组织正式发表的重要文件或报告，多以“白皮书”命名。在中国，“皮书”这一概念被社会广泛接受，并被成功运作、发展成为一种全新的出版形态，则源于中国社会科学院社会科学文献出版社。

皮书定义

皮书是对中国与世界发展状况和热点问题进行年度监测，以专业的角度、专家的视野和实证研究方法，针对某一领域或区域现状与发展态势展开分析和预测，具备原创性、实证性、专业性、连续性、前沿性、时效性等特点的公开出版物，由一系列权威研究报告组成。

皮书作者

皮书系列的作者以中国社会科学院、著名高校、地方社会科学院的研究人员为主，多为国内一流研究机构的权威专家学者，他们的看法和观点代表了学界对中国与世界的现实和未来最高水平的解读与分析。

皮书荣誉

皮书系列已成为社会科学文献出版社的著名图书品牌和中国社会科学院的知名学术品牌。2016 年，皮书系列正式列入“十三五”国家重点出版规划项目；2013~2018 年，重点皮书列入中国社会科学院承担的国家哲学社会科学创新工程项目；2018 年，59 种院外皮书使用“中国社会科学院创新工程学术出版项目”标识。

权威报告·一手数据·特色资源

皮书数据库

ANNUAL REPORT(YEARBOOK) DATABASE

当代中国经济与社会发展高端智库平台

所获荣誉

- 2016年，入选“‘十三五’国家重点电子出版物出版规划骨干工程”
- 2015年，荣获“搜索中国正能量 点赞2015”“创新中国科技创新奖”
- 2013年，荣获“中国出版政府奖·网络出版物奖”提名奖
- 连续多年荣获中国数字出版博览会“数字出版·优秀品牌”奖

成为会员

通过网址www.pishu.com.cn访问皮书数据库网站或下载皮书数据库APP，进行手机号码验证或邮箱验证即可成为皮书数据库会员。

会员福利

- 使用手机号码首次注册的会员，账号自动充值100元体验金，可直接购买和查看数据库内容（仅限PC端）。
- 已注册用户购书后可免费获赠100元皮书数据库充值卡。刮开充值卡涂层获取充值密码，登录并进入“会员中心”—“在线充值”—“充值卡充值”，充值成功后即可购买和查看数据库内容（仅限PC端）。
- 会员福利最终解释权归社会科学文献出版社所有。

数据库服务热线：400-008-6695
数据库服务QQ：2475522410
数据库服务邮箱：database@ssap.cn
图书销售热线：010-59367070/7028
图书服务QQ：1265056568
图书服务邮箱：duzhe@ssap.cn

S 基本子库
UB DATABASE

中国社会发展数据库（下设 12 个子库）

全面整合国内外中国社会发展研究成果，汇聚独家统计数据、深度分析报告，涉及社会、人口、政治、教育、法律等 12 个领域，为了解中国社会发展动态、跟踪社会核心热点、分析社会发展趋势提供一站式资源搜索和数据分析与挖掘服务。

中国经济发展数据库（下设 12 个子库）

基于“皮书系列”中涉及中国经济发展的研究资料构建，内容涵盖宏观经济、农业经济、工业经济、产业经济等 12 个重点经济领域，为实时掌控经济运行态势、把握经济发展规律、洞察经济形势、进行经济决策提供参考和依据。

中国行业发展数据库（下设 17 个子库）

以中国国民经济行业分类为依据，覆盖金融业、旅游、医疗卫生、交通运输、能源矿产等 100 多个行业，跟踪分析国民经济相关行业市场运行状况和政策导向，汇集行业发展前沿资讯，为投资、从业及各种经济决策提供理论基础和实践指导。

中国区域发展数据库（下设 6 个子库）

对中国特定区域内的经济、社会、文化等领域现状与发展情况进行深度分析和预测，研究层级至县及县以下行政区，涉及地区、区域经济体、城市、农村等不同维度，为地方经济社会宏观态势研究、发展经验研究、案例分析提供数据服务。

中国文化传媒数据库（下设 18 个子库）

汇聚文化传媒领域专家观点、热点资讯，梳理国内外中国文化发展相关学术研究成果、一手统计数据，涵盖文化产业、新闻传播、电影娱乐、文学艺术、群众文化等 18 个重点研究领域。为文化传媒研究提供相关数据、研究报告和综合分析服务。

世界经济与国际关系数据库（下设 6 个子库）

立足“皮书系列”世界经济、国际关系相关学术资源，整合世界经济、国际政治、世界文化与科技、全球性问题、国际组织与国际法、区域研究 6 大领域研究成果，为世界经济与国际关系研究提供全方位数据分析，为决策和形势研判提供参考。

法律声明